甘肃省一流学科建设项目资助成果

教育部人文社会科学重点研究基地西北师范大学西北少数民族教育发展研究中心资助成果

西师教育论丛

主编 万明钢

西北地区中学德育课程实施研究

李海月 著

中国社会科学出版社

图书在版编目（CIP）数据

西北地区中学德育课程实施研究／李海月著.—北京：中国社会科学出版社，2020.6
ISBN 978-7-5203-6144-6

Ⅰ.①西… Ⅱ.①李… Ⅲ.①中学—德育—教学研究—西北地区 Ⅳ.①G631

中国版本图书馆 CIP 数据核字（2020）第 045951 号

出 版 人	赵剑英
责任编辑	周晓慧
责任校对	无 介
责任印制	戴 宽

出　版	中国社会科学出版社
社　址	北京鼓楼西大街甲158号
邮　编	100720
网　址	http://www.csspw.cn
发行部	010-84083685
门市部	010-84029450
经　销	新华书店及其他书店
印　刷	北京明恒达印务有限公司
装　订	廊坊市广阳区广增装订厂
版　次	2020年6月第1版
印　次	2020年6月第1次印刷
开　本	710×1000 1/16
印　张	16.25
插　页	2
字　数	242千字
定　价	86.00元

凡购买中国社会科学出版社图书，如有质量问题请与本社营销中心联系调换
电话：010-84083683
版权所有　侵权必究

总　　序

　　正如学校的发展一样，办学历史越久，文化底蕴越厚重。同样，一门学科的发展水平，离不开对优良学术传统的坚守、继承与发展。西北师范大学教育学的发展，也正经历着这样的一条发展之路。回溯历史，西北师范大学前身为国立北平师范大学，发端于1902年建立的京师大学堂师范馆，1912年改为"国立北京高等师范学校"，1923年改为"国立北平师范大学"。1937年"七七"事变后，国立北平师范大学与同时西迁的国立北平大学、北洋工学院共同组成西北联合大学，国立北平师范大学整体改组为西北联合大学下设的教育学院，后改为师范学院。1939年西北联合大学师范学院独立设置，改称国立西北师范学院，1941年迁往兰州。从此，西北师范大学的教育学人扎根于陇原大地，躬耕默拓，薪火相传，为国家培育英才。

　　教育学科是西北师范大学教育学院的传统优势学科，具有悠久的历史和较强的实力。1960年就开始招收研究生，这为20年后的1981年获批国家第一批博士点打下了坚实的基础。当时，西北师范学院教育系的师资来自五湖四海，综合实力很强，有在全国师范教育界影响很大的著名八大教授：胡国钰、刘问岫、李秉德、南国农、萧树滋、王文新、王明昭、杨少松，他们中很多人曾留学海外，很多人迁居兰州，宁把他乡做故乡，扎根于西北这片贫瘠的黄土高原，甘于清贫、淡泊名利、默默奉献，把事业至上、自强不息、爱岗敬业的精神，熔铸在西北师范大学教育学科发展的文化传统之中，对西部教育事业的发展作出了重要贡献。"随风潜入夜，润物细无声。"先生之风，山高水长。为西北师范大学早期教育学科的卓越发展作出重大贡献的先生们，他们身体力行、典型示范，对后辈学者们潜心学术，继承学问产生了重要的、潜移默化的影响，体现了西北师范大学的教育学人扎根本土、潜心学术、面向全国、放眼世界，站在学科发展前沿，培养培训优秀师资，服务地方经济社会发展的教育胸怀与本色。

西北师范大学教育学科历经历史沧桑的洗礼发展走到今天，已形成了相对稳定而有特色的研究领域。尤其是在国家统筹推进世界一流大学和一流学科建设的大背景下，西北师范大学的教育学作为甘肃省《统筹推进高水平大学和一流学科建设实施方案》规划的一流学科建设项目，迎来了学科再繁荣与大发展的历史良机。为此，作为甘肃省一流学科建设项目成果、西北师范大学课程与教学论国家重点（培育）学科建设成果、教育部人文社会科学重点研究基地西北师范大学西北少数民族教育发展研究中心科研成果，我们编撰了"西师教育论丛"，汇聚近年来教育学院教师在课程与教学论、民族教育、农村教育、高等教育以及学前教育等方面的学术成果。这些成果大多数是在中青年学者的博士学位论文，科研项目以及扎根教学实践的基础上进一步凝练的结晶。他们深入民族地区和农村地区的村落、学校，深入大学与中小学的课堂实践，通过详查细看，对语文、数学、英语、物理、化学、研究性学习等学科课程教育教学的问题研究，对教育基本理论问题的思考，对教育发展前沿问题的探索……这些成果是不断构建和完善高水平的现代教育科学理论体系，大力提高教育科学理论研究水平和教育科学实践创新能力，进一步发挥教育理论研究高地、教育人才培养重镇、教育政策咨询智库作用的一定体现，更是教育学学科继承与发展的重要过程。

筚路蓝缕，以启山林。目前付梓出版的这些著作不仅是教师自我专业成长的一个集中体现，也是西北师范大学教育学院教育学科发展与建设的新起点。当然，需要澄明的是，"西师教育论丛"仅仅是西北师范大学教育学研究者们在某一领域的阶段性成果，是研究者个人对教育问题的见解与思考，其必然存在一定的不足，还期待同行多提宝贵意见，以促进我们的学科建设和发展。

万明钢
2017 年 9 月

目 录

前　言 …………………………………………………………… (1)
第一章　西北地区中学德育课程实施的背景 ………………… (1)
第二章　中学德育课程实施历程与研究回顾 ………………… (7)
第三章　课程实施理论 ………………………………………… (24)
第四章　中学德育课程实施的政策依据 ……………………… (62)
第五章　研究的目的与方法 …………………………………… (79)
第六章　西北地区中学德育课教师的观念 …………………… (95)
第七章　西北地区中学德育课教师的教学行为 ……………… (114)
第八章　西北地区中学德育课程实施的影响因素及影响
　　　　程度 …………………………………………………… (154)
第九章　制约西北地区中学德育课程实施的主要困难 ……… (190)
第十章　研究的结论与政策建议 ……………………………… (209)
参考文献 ………………………………………………………… (232)
附　录 …………………………………………………………… (242)

前　言

习近平在学校思想政治理论课教师座谈会上强调："思想政治理论课是落实立德树人根本任务的关键课程。青少年阶段是人生的'拔节孕穗期'，最需要精心引导和栽培。我们办中国特色社会主义教育，就是要理直气壮开好思政课……思政课作用不可替代。"中学德育课是思想政治理论课程体系的重要组成部分，是在中学开设的以落实立德树人为根本任务，以培育社会主义核心价值观为根本目的，帮助学生形成正确的思想观念，养成良好的道德品质，确立正确的政治方向，增强社会理解与参与能力的学科课程，包括高中阶段的"思想政治"课和初中阶段的"道德与法治"课。本书所言指的中学德育课专指初中阶段的"道德与法治"课，新中国成立以来，其课程名称几经变革，使用过"政治""思想政治"，新世纪以来，伴随着我国第八次基础教育课程改革的浪潮，该课程也开始了一场史无前例的变革，更加关注从初中学生的生活出发培养学生的思想观念和道德品质，2003 年，课程名称由原来的"思想政治"变为"思想品德"，2016 年，为贯彻落实中央有关在中小学开展法治知识课程的要求，又变更为"道德与法治"。本书聚焦中学德育课课程改革，课程方案的落实情况，分析影响课程实施的因素，这对落实立德树人根本任务，改进学校思想政治理论课教学，深化基础教育课程改革具有重要意义。西北地区由于历史、自然、传统等原因，教育发展水平与全国其他地区相比存在较大差距，研究西北地区中学德育课程实施现状，发现存在的问题及其原因，探寻实施中学德育课程的有效路径，将对提高西北地区中学教育教学质量，深化学校德育课程改革，促进教育均衡发展起到积极作用。

"办好思想政治理论课关键在教师,关键在发挥教师的积极性、主动性、创造性。"本书主要着眼于教师的观念(知识观、课程观、教学观和教师观)及其教学行为(教学目标、教学内容、教学方法和教学评价),揭示西北地区中学德育课程实施现状,厘清影响教师实施中学德育课程的因素及影响程度,深入分析制约西北地区中学德育课程实施的主要困难,并提出破解德育知识化难题以及深入推进新课程改革的若干建议。

本书梳理了课程实施的相关理论、中学德育文件课程的基本特征及其实施的相关研究成果,在此基础上,采用问卷调查、访谈、课堂观察的方法,对西北地区中学德育课程实施的现状、存在的问题、影响因素等进行了研究。问卷调查的对象是实施新课程的中学德育课教师,为保证调查对象在城乡、性别、教龄、职称、受教育层次、骨干与非骨干等方面的分布具有较好的代表性,采用整群随机抽样方法在甘肃、新疆和宁夏三个省区对344名教师进行问卷调查,并分别选取城市和农村共4所初中学校、14名德育课教师和5名学校管理者进行课堂观察及访谈。

中学德育课教师在观念上认同新课程理念,但理解和接受程度不高。教师普遍具有新课程所倡导的建构主义知识观,对道德知识的本质有着比较清晰的认识,德育课程的学习,其知识只能为实现情感态度价值观目标奠定基础;教师虽然认同在教学中学生是主体的观点,将情感体验和道德实践视为重要的道德学习方式,但又认为教比学重要,在教学中不能充分发挥学生的主体性;教师对新课程提出的生活德育理念比较认同,对中学德育课的课程价值评价较高,而且具有调适的课程实施取向;教师已经具有新的教师角色观和多元评价观,但是在对师生关系的认识上,依然表现出根深蒂固的权威意识和学生管理思想。对于新课程理念的接受程度,不同类别教师存在着差异。

中学德育课教师的教学行为已经发生变化,但仍呈现出明显的智育化倾向。教师在制定教学目标时主要还是依据学生的知识和能力基础,没有充分考虑学生的兴趣和需要,关注的仍然是知识目标的达成情况;教师对教材内容的调适及课程资源的开发利用已经成为一种普遍现象,但为了强化考点,经常会增加和补充练习题,通常不太重视教材中的主题探究内容；大部分教师采用多样的教学方法，如课堂讨论、小组合作等，但总体上还是以讲授与一般性提问相结合、提出少量带有启发性的问题或者讲练结合等为主，对新的教学方法的使用重形式轻目的与意义；教师已经开始尝试使用多元评价方式，但评价内容的重点是学生对原理、概念的记忆程度。教师的教学行为在不同类别教师中呈现出一定的差异性。

在中学德育课程实施的影响因素中，强影响因素是教师知识、教师心理、课程评价和学生因素；一般影响因素是学校文化、学生家长、教材、校长因素、课程资源、教育行政支持；弱影响因素是社会教研活动、课标、教参。从总体上讲，教师自身影响因素是最重要的方面。这些因素对新课程实施产生了积极和消极两方面的影响，对不同类别教师的影响程度存在着差异。

目前，制约西北地区中学德育课程实施的突出因素有教师素质、校长的课程领导能力及学校德育环境、课程文本的实用性、课程评价的导向性、教师发展与课程资源等，这些因素交织在一起，共同作用于课程实施系统，导致西北地区中学德育课程实施水平不高，课程改革阻力较大。

据此，本书提出如下建议：树立德育为先的观念；加强对中学德育新课程的宣传力度，为中学德育课程改革营造良好的舆论氛围；高度重视西北地区基础教育课程改革，为推动中学德育课程改革提供经费和政策保障；重建中学德育课程与其他课程和教育活动之间的联系，重建与学生生活的联系，构建一体化的学校德育系统；加强教师培训，提高中学德育课程师资队伍水平；建立有效的课程实施监控和评议机制，及时诊断和解决课程实施中的问题；加强对中学德育文件课程的分析研究，不断修订、调整文件课程，使之更加符合西北地区实际；深化德育课程评价制度改革；加强课程资源建设，提升德育课程教学的有效性等。

课程改革与实施是一个复杂的过程，本书研究难以反映中学德育课程实施全貌。从中学德育课程实施的历程来看，该课程变动频繁。希望读者通过对本书的阅读能够对西北地区中学德育课程实施的现状有所了解，以期对中学德育课程改革的深入推进有所帮助。

本书的写作与完稿得到了很多师长与同行的帮助与支持。这里，衷心感谢西北师范大学的王嘉毅教授、王鉴教授和傅敏教授对书稿提出的修改意见。还要感谢甘肃白银市教科所的蒋明老师、宁夏大学的周福盛院长、青海师范大学李晓华处长、兰州市二十二中的黄春梅老师、兰州八中的林一鸣老师以及那些在基层学校任教的大学同窗在问卷发放过程中给予的帮助！同时，也要向那些在问卷数据输入过程中提供帮助的学生们表示感谢，向兰州市和临夏州积石山县个案学校的领导和老师表示深深的谢意。

最后，我衷心感谢西北师范大学教育学院的资助。

限于本人的能力，本书在很多方面还存在一些不足之处，敬请专家同行指正。

李海月

2018 年 7 月于甘肃兰州

第一章　西北地区中学德育课程实施的背景

21世纪是以知识创新和应用为重要特征的知识经济时代，培养具有高度科学文化素养和人文素养的人，对于21世纪人类的发展具有关键作用。习近平同志多次指出，"两个一百年"奋斗目标的实现，中华民族伟大复兴中国梦的实现，归根到底靠人才、靠教育。

第一节　落实立德树人根本任务要求进一步深化中学德育课程改革

《国家中长期教育改革和发展规划纲要（2010—2020年）》提出"坚持以人为本、全面实施素质教育是教育改革发展的战略主题，是贯彻党的教育方针的时代要求，其核心是解决好培养什么人、怎样培养人的重大问题……坚持德育为先。立德树人，把社会主义核心价值体系融入国民教育全过程。……把德育渗透于教育教学的各个环节，贯穿于学校教育、家庭教育和社会教育的各个方面。……构建大中小学有效衔接的德育体系，创新德育形式，丰富德育内容，不断提高德育工作的吸引力和感染力，增强德育工作的针对性和实效性。"党的十八大首次强调把立德树人作为教育的根本任务。为深入贯彻这一精神，2014年教育部颁布的《关于全面深化课程改革 落实立德树人根本任务的意见》指出，立德树人，是发展中国特色社会主义教育事业的核心所在，是培养德、智、体、美全面发展的社会主义建设者和接班人的本质要求。党的十九大报告进一步明确和发展了"立德树人"的目标、任务与使命，强调"要全面贯彻党的教育方针，落实立德树人根本任务，发展素质教育，推进教育公平，培养德智体美全面发展的社会主义建设者和接班人"。"要以培养担当民族复兴大任的时代新人为着眼点""广泛开展理想信念教育,深化中国特色社会主义和中国梦宣传教育,弘扬民族精神和时代精神""培育和践行社会主义核心价值观",引导青年"有理想、有本领、有担当",更好地"构筑中国精神、中国价值和中国力量"。这对中学德育课程改革提出了更高的要求,为进一步深化中学德育课程改革提供了重要依据。

青少年时期是人格发展的关键时期,青少年学生对未来充满憧憬和向往,有塑造自我、健全自我、追求知识、形成良好人格品质、消除不良人格特点的强烈愿望。培养学生健康完美的人格,必须实行素质教育,素质教育的核心就是培养全体国民的健康人格,教育学生学会做人,做一个合格的人。从这个角度说,人格也是做人的标准。思想品德素质是人的素质结构中最重要的素质,思想品德教育是素质教育的灵魂,它为学生的成长指明方向,指出行为榜样和动力,因而中学德育课在促进青少年学生人格成长中负有非常重要的责任。

"思想品德,是人们在社会生活中,通过处理与自身、与他人、与集体、与国家、与社会的关系,而逐渐培养起来的做人做事的稳定的思想方式和行为习惯。在现代社会,社会成员的思想品德状况,对社会的发展具有关键的作用。"[1]青少年思想品德的培育,在我国精神文明建设中具有基础性的作用。作为落实立德树人根本任务的关键课程,中学德育课程改革,直接关系到培养什么人、怎样培养人、为谁培养人这一根本问题。

第二节 中国社会实践的深刻变化对中学德育课程改革提出了严峻挑战

改革开放以来,中国社会结构发生了一系列变化,人们在思想、意识、文化和行为方式等方面也发生了深刻变化,社会对人才素质的要求更高,原来的教育模式已经不能满足社会对新型人才的需求,对

---

[1] 教育部思想品德课程标准研制组:《思想品德课程标准解读》,北京师范大学出版社2003年版,第3页。

中学德育课程改革提出了挑战。

第一，随着对外开放的不断扩大和经济全球化进程的日益深入，各种文化和思潮纷纷涌来且相互激荡，中学生面临着大量西方文化思潮和价值观念的冲击，原来在思想意识高度一致、文化传统相对单一的环境下形成的思想品德教育方法，已经不能适应现今文化多元和价值多样的环境。现在的思想品德教育，更多的不应该是告诉中学生什么是唯一正确的品行操守、理想信念，而应是引导他们基于社会环境对各种价值观念进行比较、反思，形成自己的德行品格、思想意识和理想信念。

第二，随着社会主义市场经济体制改革的深化，我国社会经济成分、组织形式、就业方式、利益关系和分配方式日益多样化，人们的选择性、多样性和差异性也日益增强，原来在利益平均、分配平均、大家都服从组织分配的环境下形成的思想品德教育方法，已经不能适应现今多种经济成分共存、职业选择范围扩大、利益分配多元的环境。现在的思想品德教育，更多的不是要求人们否定个人利益，而是帮助他们在自我实现的基础上为社会做贡献；也不是简单地否定其他思想意识，而是用社会主义核心价值观引领多样化的思想和观念。

第三，在经济全球化和市场经济的双重影响下，我国的社会结构和文化传统都发生着急剧的变化，原来家长式的教育方法和灌输方式，已经不适应这种人人要求自主、平等、独立思考的文化氛围。现在的思想品德教育，更多的不是要求人们无条件地接受某种理想信念，而是引导他们基于自己生活的社会环境，经过自己的探索，自主地树立自己的理想，独立地确立自己的信念。

第四，随着社会的发展，学校与社会的关系越来越紧密，网络和信息技术使各种信息快速传播，原来在"象牙塔"中进行的思想品德教育方式，已不能适应处在各种社会现象影响以及各种信息冲击之下现代中学生的要求了。现在的思想品德教育，重要的不是告诉中学生什么是正确的道德品格、思想观念和理想信念，而是帮助他们鉴别真假，提高他们对错误东西的抵御力。

第五，现在的中学生大多是独生子女，他们是在家庭过多照顾的情况下长大的，有很强的优越感，从小生活在人为的"理想"环境中，缺乏家庭合作与竞争的社会化环境，缺乏人际交往的训练和现实环境的磨炼，原来比较直接的"理想目标"教育，就不太适合对现实了解不深的这一代中学生了。现在的思想品德教育，重要的不是仅仅提供某种远大目标，而是帮助他们如何从现实出发，通过艰苦奋斗实现目标。引导中学生从现实出发，通过艰苦奋斗实现人生理想。①

综上所述，我国经济社会的剧变要求改造和完善现有的思想品德教育模式，深化中学德育课程改革，实现其课程功能、课程结构、课程内容、课程实施方式和评价方式等全方位的转变，以回应时代的需求。

第三节　世界性的德育课程改革浪潮促使我们反思我国的德育课程改革

20世纪六七十年代，随着科学技术的进步，崇尚科技教育和工具理性成为主流，由于轻视青少年的思想道德教育，西方社会被一系列社会问题，如人际冲突、吸毒、赌博、淫乱、暴力行为、利己主义等所困扰。面对日益严重的道德危机，联合国教科文组织1944年召开的第44届国际教育大会提出"和平文化"的理念和培养"世界公民"的目标，1989年和1996年该组织提出"学会关心""学会共处"的教育主题。②世界各国对道德教育在促进人和社会可持续发展，增进个人之间及种族、文化、宗教群体和主权国家之间的理解、团结和宽容，促进对人权的尊重、维护世界和平的作用进行了总结，并号召将公民教育的国际发展趋势反映到课程设计的思想之中。

尽管各国课程改革的重点和方向不同，但都从本国国情出发，力图消除各自课程的积弊，旨在建立一套能够经受住未来社会挑战的德育课程体系。重视思想品德教育已经成为世界教育发展的趋势，绝大

---

① 韩震：《改善中学思想品德和思想政治课教育》，《思想政治课教学》2006年第1期。
② 教育部思想品德课程标准研制组：《思想品德课程标准解读》，北京师范大学出版社2003年版，第3页。

多数国家都对全球范围内道德或公民教育课程实施的共同点、各自的特色及存在的问题等进行了专题研究,对其道德和公民教育所取得的成绩和存在的不足也进行了分析,同时总结本国学校德育的经验教训,吸取进步的科学精神和其他民族的精神气质,形成视野开阔、立足国情、求同存异、强调特色的总体特征。这股世界性的德育课程改革浪潮,在给我们带来各国德育课程改革有益经验的同时,也给我们以极大的启示和警醒,使我们更清楚地看到了我国中学德育课程的弊端,看到了我们与别国的差距,从而大大增强了我们进行中小学德育课程改革的紧迫感和使命感。

第四节 中学德育课程改革亟须走出学科改革的困境

近些年来,基础教育课程改革已经取得了可观的成绩和经验,各地的基础教育课程改革实验和课程理论工作者的学术研究成果,为新一轮国家基础教育课程改革奠定了基础。但我国大一统的课程编制方式、课程实施效果的评价方式以及人才的选拔方式,积淀了诸多顽疾,新课程改革的理论研究破瓶颈而行,已是丰富而厚重,并昭示了极大的生命力,但课程改革的实践却薄弱而滞后。

现行基础教育课程存在着诸多问题,诸如传统的基于精英主义思想和升学取向的过于狭窄的课程定位根深蒂固;受片面追求升学率的制约,过分偏重"考试类课程",忽视"非考试类课程";人为地划分主课与副课,造成"理重文轻"和"主重副轻"的学科歧视;过分偏重学科类课程,忽视活动类课程;偏重必修课程和分科课程,忽视选修课程和综合课程,从而导致教学内容偏难和过分关注学科体系的完整,忽视创新精神和实践能力的培养;受"标准化""规范化"的制约,过分要求所有学生达到同等标准,从而导致过高的统一要求,忽视学生的个性差异;注重知识传授,忽略学生"全人"的发展,不能培育学生形成积极主动的学习态度和形成正确价值观,等等。[1] 中学德育课程由于受社会历史的因素、学科的属性和现实地位

---

[1] 胡德海:《教育学原理》,甘肃教育出版社1998年版,第596页。

的影响，其表现尤甚。

中学德育课程改革历经十余年后，在教材改革、教法改革以及教学评价改革等方面虽然有了一定的突破和创新，但在应试教育的现实压力下，旧的问题并未得到实质性的解决，课程改革既存在所谓的"穿新鞋走老路"的现象，又呈现出新的德育问题，如课堂教学的迷误、教学目标的虚化、教材使用的迷失、教学设计的偏颇、课堂内外的疏离、社会实践活动的空白、教师引导作用的缺位、农村德育课程改革的"短板"、教学评价的失衡等问题。[①] 就目前来看，中学德育课程改革依然没有非常成熟的范式，也没有改变旧有状态的务实举措，课程改革的理论与实践差距较大，教育管理者、学科教师处于"期待"或"观望"状态，"德育首位"与"德育无位"的矛盾突出。[②] 因此，在今后的改革实践中，如何优化教学，突破改革之瓶颈，进一步深化并推进中学德育课程改革，是每一位教育工作者面对的重要课题。

---

① 陈光全、杜时忠：《德育课程改革十年：反思与前瞻》，《课程·教材·教法》2012年第5期。

② 易连云：《德育课程论：理念与文化》，人民教育出版社2001年版，第182—192页。

第二章 中学德育课程实施历程与研究回顾

第一节 国外德育课程改革的主要理论和实践

高度重视德育课程在培养学生思想道德素质方面的作用，是当今世界各国学校德育的一个共同特点。但是，在不同社会、不同意识形态条件下，人们对德育课程的理解不同，所提出或实施的德育课程模式就大相径庭。

直接德育课程①模式在20世纪的西方国家经历了一个被否定到某种程度的复归和新的重构过程。约翰·杜威（John Dewey）强烈反对传统德育课中过分重视知识的传播和灌输的倾向，主张改革学校德育，认为现代德育最重要的源泉及特征是生活，只有放手让儿童参与社会实践活动，才能形成现代道德品质。德育应以"儿童为中心"，重点是发展人的道德判断能力，培养有主体性的新人。倡导实践型德育，改粗暴说教的"直接德育法"为渗透生活中的"间接德育法"。与此同时，直接德育课程的传统模式又遭到了著名的"哈梅实验"实证研究结果更为有力的冲击。杜威领导的进步主义教育运动引发了西方道德教育史上的一场革命，20世纪前半期，美国基本不设专门的德育课程，而是实施把德育渗透到各科教学中间接进行的全面主义教育课程。

---

① 所谓"直接德育课程"是指开设专门的德育学科进行德育教育，又可称为德目主义课程。班华将德育课程分为认识性、活动性和隐形性德育课程三类；檀传宝将其中的认识性德育课程称为学科德育课程，并将其再细分为两类：第一类是专门的德育学科课程，如道德与法治课；第二类是以学科课程方式存在的其他学科课程中所包含的德育内容及其影响。理论界一般只是简单地划分为直接德育课程与间接德育课程两类进行研究。

战后西方国家在经济高速发展的同时,并没有带来社会道德的进步,学校德育的"真空"加重了20世纪六七十年代西方国家的道德危机。面对危机,各种道德教育流派纷纷涌现,其中一些理论为直接德育课程的存在进行辩护,同时主张对其进行新的重构,对西方国家德育课程的实施产生了重要影响。在美国出现了至今仍有重要影响的两大道德教育流派:一是道德认知发展理论;二是价值澄清理论。道德认知发展理论的代表人物是劳伦斯·柯尔伯格(Lawrence Kohlberg)。他们认为,德育的核心就是发展道德认知力,提出了道德认知发展的三个阶段六个水平,建立起以发展人的道德认知力为重点的德育模式,根据"心理学理论—教育实践—哲学反思"的研究思路,提出了两种著名德育课程教学法即"新苏格拉底法"和"公正团体法",并提出了隐性课程与德育的问题。在这一理论影响下,美国学校开设旨在发展道德判断力的德育课,倡导道德两难问题讨论法等教学模式和方法,以道德认知发展论为主线建构起新的德育课程模式。1966年,路易斯·拉斯思(Louise Raths)、梅里尔·哈明(M. Harmin)和悉尼·西蒙(Sidmey B. Simon)合著的《价值与教学》出版,标志着价值澄清理论作为一个独立的理论流派的诞生。价值澄清理论反对将价值强加给学生,认为道德教学旨在帮助学生自由选择自己的价值。"价值澄清理论对传统德育课程的批评和否定,与其说是对传统教学方式的否定,不如说是提出了一种新的德育课堂教学方式,尽管这种教学方式存在明显的缺陷,并不能完全解决德育课堂教学中的所有问题,但价值澄清理论在德育课程教学实践中取得了明显的成功。"[①]

英国道德哲学家约翰·威尔逊(John Wilson)一方面反对传统德育课程知识灌输和权威主义倾向;另一方面也反对其他各学派所建议的用"掺杂""渗透""附加"等办法,在不触动现行学校活动计划和课程设置的前提下进行道德教育的主张。他认为,"把道德作为一门附加外围的课程看待必将招致灾难",坚持给道德教育

[①] 佘双好:《当代西方道德教育流派德育课程理论的特征与局限》,《清华大学教育研究》2000年第3期。

课程独立的地位，给予其充分的时间和空间，主张将道德思维课列入课程表，使学生很容易识别这门学科。他倡导直接教学法，认为直接教学法是一种诚实的教育方法，是一种专业性方法，可以向学生提供某些值得依靠的东西。威尔逊还一一列举反对直接教学法的观点，并加以澄清。他针对价值澄清理论在教学实践中逐渐显示出的道德相对主义和教师过于放任的流弊，提出直接教学法，对德育课程理论具有独特的价值。[①]

英国道德教育学家麦克菲尔（Pater Mcphail）倡导的体谅德育模式是当代英国德育课程改革的主要依据。她反对道德教育中那些过于理性的方法，认为一个有道德的人就是能深思熟虑地考虑别人的意见，觉察别人的感觉而与人和谐相处，能时常从别人角度来考虑的人。道德主要靠理解和体会，而不是靠教授，主张以道德情感为主线构建德育课程，致力于"教学生如何关心"，并在此基础上编写了在实践中获得巨大成功的两套德育课程教材：《起始线》和《生命线》，为学校德育课程教学提供了别具一格、深受欢迎的教材。体谅德育模式是建立在对学生道德发展状况与需要的了解基础之上的，其优点是切合学生的发展实际，有道德教育的针对性。在道德教育方法上，麦克菲尔认为，讨论、角色扮演、对话、讲故事等是最有效的方法。

从20世纪80年代起，美国新品格运动兴起，至今方兴未艾。美国的品格教育强调直接或正面的价值影响，同时还体现了综合性的特点，其实施的途径包括学科课程渗透、学校范围内全员参与、与家庭和社区的互相融合、道德纪律、合作学习、道德实践等。马文·博克维兹等人（Marvin W. Berkowitz et al.）归纳出了有效品德教育的八大要素：学生得到了尊重和关怀的对待；学校存在积极的角色榜样；有自律与发挥影响力的机会；提供反思、争论和合作的机会；学校有明确的品德教育的目标与标准；提供社会技巧的训练，提供实施道德行动的机会；家长和社区的积极参与；有一个支持达到品德教育标准的

[①] 佘双好：《当代西方道德教育流派德育课程理论的特征与局限》，《清华大学教育研究》2000年第3期。

（社会）大环境。① 我国学者冯增俊在评述美国德育课程的历史转型时指出，美国德育的现代变革，是一个通过否定之否定，对以往的各种德育课程模式的扬弃整合，一次次在新的水平上实现时代性嬗变，从而建构起多样内容与形式兼备、互为一体的新型的德育课程模式的历史过程。②

第二节 我国中学德育课程实施历程

一 课程初创时期（1949—1965 年）

1949 年 12 月，中央人民政府教育部在北京召开了新中国成立后的第一次全国教育工作会议，确定了教育工作总方针，指出："在青年学生中进行政治与思想教育，其主要目的乃是逐步地建立革命的人生观……这种教育首先要建立为人民服务的思想……应当提倡和鼓励马克思列宁主义世界观和毛泽东思想的学习。"③ 当时，为使学校尽快开学，各地军事管制委员会派出干部到学校指导帮助开展工作，在废除训导制度、推行民主管理的同时，取消了"党义""公民""童子军""军事训练"等课程，在开设各种文化课的同时，开设了全新的"政治课"。这一时期大致可以分为两个阶段：第一阶段是新中国成立头七年的"以俄为师"倾向阶段，第二阶段是全面建设社会主义十年的曲折发展阶段。

1950 年 8 月，教育部印发新中国第一个《中学暂行教学计划（草案）》，全国中学各年级均以老解放区新教育经验为基础④，开设了政治科目，但国家没有制定教学大纲和统一规定各年级的课程设置。1951 年 6 月，教育部印发《关于改定中学政治课名称、教学时

---

① Marvin W. Berkowitz, Esther F. Schaeffer and Melinda C. Bier, "Character Education in the United States," *Education in the North*, New Series, Number 9, 2001.
② 冯增俊：《美国小学德育课程模式历史转型及启示》，《教育研究》2003 年第 12 期。
③ 北京师范大学教育科学研究所：《中小学教育政策法令选编》（上册），北京师范大学出版社 1979 年版，第 5 页。
④ 何东昌：《中华人民共和国重要教育文献 1947—1975》，海南出版社 1998 年版，第 7 页。

数及教材的通知》①，首次统一规范了中学德育课的名称、课时和教材，指出"为了有系统地通过各科教学进行爱国主义的政治思想教育，原教学计划所列政治一科名称，应即取消"，改为具体学科名称：初三是"中国革命常识"。同年11月，教育部印发《关于中学"政治课"略有变更的通知》，规定初三讲授"中国革命常识课本"，从初一到高三增设"时事政策"内容。1953年，教育部印发《关于中学时事政策课的教学如何改进的指示》，要求各地改进中学时事政策课教学，印发《中学教学计划（修订草案）》及1953年8月至1954年7月试行《中学教学计划（修订草案）的调整办法》，规定在初中二年级开设"中国革命常识"课。1954年，教育部印发《关于中学部分学科的设置、授课时数的变更及政治教材的通知》，指出1954—1955学年度初二的"中国革命常识"课暂不开设，补授"卫生常识"课。《1956—1957学年度中学授课时数表的通知》规定，初三开设"政治常识"课。这一阶段，该课程几乎每年都有微调，总的来说，1951年至1957年的课程带有"以俄为师"的倾向，与此前此后的课程有显著区别。②

1956年社会主义改造完成，我国开始全面建设社会主义。1957年3月，毛泽东在普通教育工作座谈会上指出："要加强学校思想政治教育……政治课要联系实际，生动有趣，不要教条式的，要使中学生知道一些为人在世的道理……课本要两三年修改一次，使之不脱离实际。"③"要恢复中学方面的政治课，取消宪法课，要编新的思想政治课本。"④ 根据这一指示精神，同年6月，教育部印发《关于1957—1958学年度中学教学计划的通知》，决定在初、高中各年级增设政治课。同年8月，教育部印发《关于中学、师范学校设置政治课

---

① 有关"政治课"调整的所有"通知""意见""指示""教学计划""教学大纲""课程标准"等文件大多引自人民教育出版社2001年出版的课程教材研究所编《20世纪中国中小学课程标准、教学大纲汇编·思想政治卷》。

② 陈桂生：《我国基础教育中的"思想道德课程"问题》，《北京大学教育评论》2006年第4期。

③ 《毛泽东论教育》，人民教育出版社2008年版。

④ 中央教育科学研究所：《中华人民共和国教育大事记（1949—1982）》，教育科学出版社1984年版。

的通知》，规定"课程总称为'政治课'，政治课在学校全部思想政治教育工作中有着各科教学和课外教育所不能代替的独特的任务"。规定政治课的教学内容是初一、初二讲"青年修养"，初三讲"政治常识"。还未等这一通知的各项要求贯彻落实，10天后，教育部和团中央又联合印发《关于对中学和师范学校学生进行社会主义思想教育的联合通知》，要求"今年下半年（即1957—1958学年度上学期。——引者）中学和师范学校原定各年级政治课的内容决定改为进行以反右派斗争为中心的社会主义思想教育"。1958年3月，教育部印发《关于1958—1959学年度中学教学计划的通知》，把"政治课"改为"社会主义教育课"。此后，各地中学虽然规定开设社会主义教育课，实际上是以社会主义教育运动代替了政治课。①

1959年3月，教育部印发《中等学校政治课教学大纲（试行草案）》，对课程的任务、课程设置和时间安排、编写教材的原则、教学注意事项、成绩考查和操行评定等方面做了规定，在附件中提供了初中"政治常识"课题目录以及供中专、师范、高中使用的政治常识纲目、经济常识纲目和辩证唯物主义常识纲目。以1959年教学大纲的颁布为标志，中学德育课迈出了形成学科课程的重要一步。此后，课程设置基本上沿袭了这一大纲的框架。

1964年，中央宣传部、高教部党组、教育部临时党组在北京召开全国高等学校、中等学校政治理论课工作会议，着重讨论了过渡时期的阶级斗争及其在学校中的表现，明确了政治理论课在反对修正主义的斗争中，在同资产阶级争夺青年一代的斗争中所担负的重大任务。另外，会议还着重讨论了政治课如何改的问题。中共中央批转了这次会议的报告和《中央宣传部、高教部党组、教育部临时党组关于改进高等学校、中等学校政治理论课的意见》，确定了以毛泽东思想为指针，坚决贯彻"少而精"原则，把毛泽东著作作为最基本的教材，加强党的领导，教师队伍革命化和执行启发式教学法等方法改进政治课程和教材，并且进一步调整课程设置，首次规定在全国使用统

---

① 谢树平、李宏亮、胡文瑞：《新编思想政治（品德）教学论》，华东师范大学出版社2006年版。

编课本。同年，人民教育出版社出版了4本教材，统称"中学政治课本"，这是新中国成立以来教育部组织编写并在全国统一使用的第一套教材。以统编教材的出版为标志，中学德育课完成了其学科形成历程。

纵观这一时期，中学德育课的开设是为政治斗争服务的，课程的社会功能、政治功能十分突出，抹杀了课程的个体性功能，教学的运动式、成人化、概念化倾向严重。[①] 新中国成立之后的头七年该课程和教材的信息比较紊乱，调整变化频繁。由于缺乏经验及学校教育整体上"照搬苏联经验"的影响，对思想政治教育究竟采用什么样的课程载体认识不清，"当时认为政治课的思想教育作用可以由其他所有的课来代替，不要再开政治课了"[②]。在全面建设社会主义的10年里，由于党的工作在指导方针上有严重的失误，中学德育课经历了曲折的发展过程，德育课基本成为政治运动的附属物。

二 挫折磨难时期（1966—1976年）

随着"文化大革命"的开始，中学德育课程和教材建设也遭受了极为严重的破坏。1966年，中共中央、国务院发出批转教育部党组《〈关于1966—1967学年度中学"政治"、"语文"、"历史"教材处理意见的请示报告〉的通知》，指出"目前中学所用教材，没有以毛泽东思想挂帅，没有突出无产阶级政治……不能再用……政治和语文合开，以毛主席著作为基本教材……选读一些社会主义文化大革命中的好文章和革命作品……对旧的政治、语文、历史等教材中的错误内容，应当发动师生进行揭发批判"[③]。事实上，从1966年夏开始，学校被迫实行"停课闹革命"，中学德育课基本停开。1972年后，各年级虽然开设"政治课"，但内容极不稳定，有的学习"毛主席语录"，有的学习马列和毛主席著作选编，有的学习报刊文章，各地情况也不相同。

---

① 吴慧珠：《新中国小学德育课程的演变》，《课程·教材·教法》2006年第2期。
② 李正文：《记取历史教训，加强中学政治课教学》，《中学政治课教学》1982年第5期。
③ 何东昌：《中华人民共和国重要教育文献1947—1975》，海南出版社1998年版。

中学德育课经历初创时期后,其学科地位逐渐被师生所认同,但在"文化大革命"期间,该课程被运动挟持,跟随当时政治运动的需要,变成了"运动课",无论从内容上还是形式上都引起了广大师生的反感。课程、教材、教师队伍被完全打乱,长期积累起来的教学经验被否定,理论联系实际的传统被扭曲,教师教和学生学的积极性遭受了极大打击,课程的地位受到了严重损害。这一时期,"由于林彪、'四人帮'的十年捣乱,思想战线上长期充满了胡言乱语,以致人们对于从事政治教育工作的许多干部和教师失掉了信任"[①]。"文化大革命"期间,中学德育课遭到了一场浩劫,课程体系被搞乱,教师队伍被打散,声誉被败坏,学生思想遭毒害。[②]

三 恢复重建时期（1977—1985 年）

随着"文化大革命"的结束,中学德育课步入恢复重建时期。1978 年,教育部颁布《全日制十年制中小学教学计划（试行草案）》,规定中学德育课包括《科学社会主义》《社会发展简史》《政治经济学常识》《辩证唯物主义常识》四门课程,并出版了统编教材。由于教育部没有制定、印发教学大纲,课程的开设直接继承了"文化大革命"前形成的学科课程基本框架,可以说是对传统的恢复。

1980 年 9 月,为明确中学德育课的地位和任务,提高教学质量,教育部印发《关于改进和加强中学政治课的意见》。1981 年,中小学学制恢复 12 年制。教育部政治教育司印发《中学政治教学大纲（征求意见）稿》,并在苏州召开使用全国中学德育课新编教材讨论会,参会成员达 500 人,这是新中国成立以来第一次大规模讨论中学德育课教材的专题会议。1982 年,教育部印发《初级中学青少年修养教学大纲（试行草案）》《初级中学社会发展简史教学大纲（试行草案）》《高级中学政治经济学常识教学大纲（试行草案）》《高级中学辩证唯物主义常识教学大纲（试行草案）》,这是新中国第二次印发该课程的教学大纲,但同时也是首次分科目设置教学大纲,对内容的

---

① 《邓小平文选》第 2 卷,人民出版社 1994 年版。
② 教育部:《关于印发〈改进和加强中学政治课的意见〉的通知》,1980 年 9 月 12 日。

规定比较翔实。同年，人民教育出版社与分科制定的教学大纲相对应，出版了 5 套教科书及各册教科书的教学参考书，其中，原拟定于初二开设的《政治常识》课改为《法律常识》课。加上 1978 年组织编写的全国通用教材，这是新中国出版的第三套统编中学德育课教材。

"文化大革命"后，中学德育课得以恢复重建，课程建设与当时思想领域"正本清源、拨乱反正"的任务相适应，课程设置、教学大纲和统编教材迅速得到了广泛认同。但是，比较注重"完整地、准确地"讲授马克思主义的基本观点和原理，过分强调知识的理论性、系统性，抽象的概念和原理较多，脱离学生的生活实际和思想实际，对学生思想上的触动较少，容易造成知行脱节。

四 改革发展时期（1986—2000 年）

1985 年，中共中央印发的《关于改革学校思想品德和政治理论课程教学的通知》，成为指导中学德育课改革的一个纲领性文件，其中，对中学德育课改革的方针、方法、步骤、措施等做出了明确阐述，对改革的内容提出了具体要求。此次课程改革的显著特点是实行一个大纲、多套教材、教委审定、推荐选用的新体制，其标志性事件是成立全国中小学教材审定委员会。1986 年，国家教委印发《中学思想政治课改革试验教学大纲（初稿）》，规定了中学德育课改革试验的课程设置方案：初一《公民》，初二《社会发展简史》，初三《中国社会主义建设常识》。为保障课程改革的顺利推进，成立了国家教委中小学思想政治教材研究中心，负责具体协调各套教材编写委员会的工作和组织思想政治教材审查工作。这一时期全国共编写了 7 套德育课教材。1987 年，国家教委在改革试验的基础上召开教学大纲修订会，形成了《中学思想政治课各科改革试验教学大纲（试行草案）》。

20 世纪 80 年代末 90 年代初，东欧剧变、苏联解体，世界社会主义遭受严重挫折，国内发生"政治风波"。在这样的大背景下，中学德育课完成了新的教学大纲的研制工作。在总结改革试验教学大纲经验的基础上，在贯彻"两史一情"教育①的过程中，1992年印发《全日制中学思想政治课教学大纲（试用稿）》，规定全日制中学初中和高中各年级均不再分列课名，统称"思想政治"课，以利于通盘考虑教学内容。其中，初一重点进行公民道德和法制教育，初二重点进行社会发展常识教育，初三重点进行有中国特色社会主义和宪法常识教育。1993年，修订后的新大纲《九年义务教育全日制初级中学思想政治课教学大纲（试用）》正式出版。

以邓小平同志南方谈话和党的十四大为标志，我国改革开发和社会主义现代化建设进入了一个新的发展阶段。为适应新形势，1994年中共中央印发《关于进一步加强和改进学校德育工作的若干意见》，全面阐述了新时期德育课程改革的要求，提出了整体规划学校德育课程体系的任务，明确了新时期德育课程改革的重点是教学内容与教学方法。在中学德育课程改革历程中，这是党中央指导德育课程改革的又一纲领性文件。为贯彻文件中有关课程和教材建设的要求，国家教委于1995年印发《关于进一步加强和改进中学思想政治课教学工作的意见》，把制定课程标准作为落实中央要求的一项重要措施明确下来，并提出了编订课程标准的主要任务和基本思路，国家教委基础教育司在人民教育出版社的协助下，组建了课程标准工作小组，1996年、1997年国家教委分别印发《九年义务教育小学思想品德课和初中思想政治课课程标准（试行）》，这不仅是中学德育课有史以来第一次颁布课程标准，而且是在中小学各科中率先颁布的课程标准。依据新颁布的课程标准，由人民教育出版社承担新教材的组织编写和出版工作，1999年秋季学期，依据课程标准编写的中学德育课示范性教材在全国使用。2001年，根据教育改革试验成果，修订、调整了课程标准和教材，一直使用到2003年。

总体来看，这一时期的中学德育课程改革实现了真正意义上的发

---

① 1991年3月，江泽民总书记致信国家教委主任李铁映，指出"要对小学生（甚至幼儿园的孩子）、中学生一直到大学生，由浅入深、坚持不懈地进行中国近代史、现代史及国情教育"。根据这一指示，国家教委制定了《中小学加强中国近代、现代史及国情教育的总体纲要（初稿）》，并要求在中小学语文、历史、地理和思想政治等学科教育中加强中国近、现代史和国情教育，当时被称为"两史一情"教育。

展，教学内容更加适应现代化建设和学生个体的发展需要，强调课程的整体设计，注重教材的可读性和基本事实的引入，把九年义务教育作为一个完整的阶段加以规划，并与高中阶段相衔接，体现了总体目标的一以贯之和教学内容的层次划分。课程类型由单一的分科课程开始向综合性课程转变；把系统知识的讲授和学生思想政治道德素质的培养结合起来，改变了过去以马克思主义三个组成部分编制课程的模式，体现了以育人为中心的目标。但它仍然存在一些问题，如未能充分考虑中学生身心发展的特殊性，强调学科体系，忽视对学生实践能力的培养等。从1986年教学大纲到1992年教学大纲再到1996—1997年课程标准的发展，反映了我国中学德育课程从改革到发展再到成熟的成长特点，中学德育课学科建设越来越规范化、专业化。

五 繁荣创新时期（2001—2015年）

2001年，教育部正式启动了新一轮基础教育课程改革，颁发了《基础教育课程改革纲要（试行）》等一系列政策文件，初步构建了符合时代要求、具有中国特色的基础教育课程体系。中学德育课迎来了课程改革的繁荣期。2003年、2004年教育部颁布《全日制义务教育初中思想品德课程标准（实验稿）》，标志着我国中学德育课进入了新一轮课程改革阶段。初中采用"思想品德"这一课程名称，取代自1992年以来一直使用的"思想政治"，新课程在培养目标、课程设置、课程内容等方面进行了改革。2010年《国家中长期教育改革和发展规划纲要（2010—2020年）》颁布，明确了"以学生为主体，以教师为主导，充分发挥学生的主动性，把促进学生健康成长作为学校一切工作的出发点和落脚点。关心每个学生，促进每个学生主动地、生动活泼地发展，尊重教育规律和学生身心发展规律，为每个学生提供适合的教育"。"坚持德育为先。立德树人……把德育渗透于教育教学的各个环节。"2011年，教育部印发《义务教育思想品德课程标准》，明确了中学德育课是一门以初中学生生活为基础、以引导和促进初中学生思想品德发展为根本目的的综合性课程，课程融思想性、人文性、实践性、综合性为一体，注重以学生的生活为基础，以学生成长过程中需要处理的关系为线索，有机整合道德、心理健康、法律、国情等内容，形成了"成长中的我""我与他人和集体""我与国家和社会"三个主题，追求"帮助学生做负责任的公民、过有意义的生活"的课程理念。与以往相比，新课程改革的目标更加清晰，在课程总目标的基础上，设置分类目标，从知识、能力、情感态度价值观三个维度进行具体阐述。

这一时期的中学德育课可以说呈现出一种现代化发展的趋势，课程开始关注人文精神的发展。以学生发展为本这一核心理念的提出，突出反映了这一价值取向的重大转变。中学德育课程改革在课程目标、课程内容、课程实施、课程评价等方面均体现了课程的核心理念——一切为了学生的发展。此次课程标准较20世纪80年代以来的改革有非常大的调整，推动了中学德育课的科学化、制度化、规范化。中学德育课的立足点转变到以育人为本、以发展人为本、以促进人的全面发展为本，从而为学生的终身发展奠定基础。中学德育课程改革让道德教育回归学生生活，让思想教育的内容充分融入生活，让一种以知识教育为主的道德教育走向强调知识、能力、情感态度价值观整合的，并以感受体验为基础的道德教育，让既往单向灌输式的道德教育变成一种讨论性的、对话性的、分享性的道德教育，让过去孤立封闭在学校和课堂中的道德教育变成一种全息开放的道德教育，变成一种不是成人中心、权威中心的道德教育。①

六 新时代深化发展时期（2016年至今）

党的十九大做出了中国特色社会主义进入新时代的重要判断，我国教育事业也步入加快教育现代化、建设教育强国的轨道。2018年，全国教育大会召开，进一步强调了立德树人的根本任务，加强学校思想政治工作，深化教育体制改革创新，充分激发教育事业发展活力。中学德育课程改革逐步进入新时代深化发展期。2016年，为贯彻《中共中央关于全面推进依法治国若干重大问题的决定》所提出的在中小学设立法治知识课程的要求，教育部决定从2016年

---

① 朱小蔓：《当前中国中学道德教育课程标准及其创新方式》，《全球教育展望》2004年第4期。

起，将义务教育小学和初中起始年级"品德与生活""思想品德"教材名称统一更改为"道德与法治"，并且从2017年开始，"道德与法治"课统一使用"部编本"教材。"道德与法治"课以社会主义核心价值观为基本遵循，将道德、心理健康、法律、国情等知识融合起来，整体建构教材的内容体系。课程重点关注两个方面的问题：一是如何根据青少年身心发展特点，系统思考、整体设计，生动活泼地落实社会主义核心价值观与中华优秀传统文化教育；二是在注重大中小衔接的基础上，怎样进一步加强道德与法治的有机结合，并优化国情和心理教育等内容的融入与表达。① "道德与法治"课注重将社会主义核心价值观同中华优秀传统文化内容相结合，在完整的历史文化脉络中涵养学生的品德；注重系统设计法治教育内容，采用专册与分散融入相结合的方式，安排法治教育内容。课程力图进一步改变以往学科教学偏于知识传递和记诵、应考的积弊，强调道德与法治学习方式方法的革新，让学生在生成性的活动中积极表达、善于思考、习得方法、努力践行。② 这些新变化将进一步推动中学德育课程建设与改革的新局面。

第三节 中学德育课程实施研究现状

目前我国理论界有关中学德育课的研究成果较少。研究专著有两类：一类是思想品德（思想政治）学科教学论专著，另一类是以德育课程为主题的专著，其中也只在部分章节涉及中学德育课的实施问题。通过文献检索发现，有关中学德育课程实施的研究，主要包括教材改革、教法改革、教学评价改革和不同国别的课程实施比较研究等。

---

① 教育部：《道德与法治教材将社会主义核心价值观落小落细》，http://www.moe.gov.cn/jyb_xwfb/moe_2082/zl_2016n/2016_zl44/201609/t20160901_277383.html，2016-09-01。

② 教育部：《新编义务教育道德与法治教材总主编就有关问题答记者问》，http://www.moe.gov.cn/jyb_xwfb/moe_2082/zl_2016n/2016_zl43/201608/t20160831_277242.html，2016-08-31。

一 实施文本的研究

课程实施的文本是课程实施的重要依据,也是课程实施研究的背景和参照。对中学德育课程实施文本的研究主要在体现课程标准和教材两个方面。

有关课程标准的研究,学者们主要针对新课程标准的特点及新课程理念展开讨论,指出中学德育课的特点是鲜明的思想性、科学性、实践性、人文性和综合性。回归生活的新课程理念也是理论界讨论的热点。鲁洁提出了"回归生活世界"的理路,对学校的德育课程改革提出了方法论意义上的指导。[①] 高德胜在其专著《生活德育论》中系统论述了这一思想。

对教材的研究主要集中在三个方面:一是有关新教材使用的总体思路和原则的研究。二是有关教材所反映的某方面的主题和特征的研究。三是有关不同版本教材的研究。

二 实施中教与学方式的研究

新一轮基础教育课程改革的一个基本理念或指导思想是促进教师教学方式和学生学习方式的转变。这方面的研究成果比较丰富,包括方法论、教学模式、具体教学方法等。

高德胜认为,在对话与灌输两种教学范式中,学校德育课程应抛弃灌输而转向对话,因为它们有着不同的道德意蕴,发挥着不同的道德教育作用。[②] 陈少娟、吴慧珠对"感悟—导行"课堂教学模式进行了研究,[③] 刘建德提出了"引领—尝试"的教学模式。[④] 此外,在新课程理念的指引下,基层教研员、一线教师展开了对新的教学方法的

[①] 鲁洁:《生活·道德·道德教育》,《教育研究》2006 年第 10 期。
[②] 高德胜:《对话与灌输:道德教育的视角》,《全球教育展望》2010 年第 3 期。
[③] 陈少娟、吴慧珠:《思想品德课的课堂教学模式》,《课程·教材·教法》2000 年第 5 期。
[④] 刘建德:《思想品德课"引领—尝试"教学模式的研究与实践》,《思想政治教学》2007 年第 8 期。

研讨,主要有"愉快教学法"①"活动教学法"②"情景教学法"③"体验式教学法"④等。

三 实施现状及对策研究

有学者对思想品德课教学在教学目标、活动设计、教学方法、教学过程、媒体运用中所存在的问题做了总结。⑤有学者在分析学校德育的总体状况后指出学校的间接德育课程知识取向严重以及间接德育课程应试化倾向明显。⑥熊丽研究发现,思想品德新课程中存在着教学内容过多而导致课时不足,教学过程重形式而导致教育目标落空,教师教育理念新但在落实中走样等问题。⑦还有学者指出,在思想品德课程实施中存在着教师积极性不高、教师专业发展与课程改革要求存在距离、课程资源短缺、教师培训低效影响课程实施、家长与校长及社会对思想品德课程改革的支持力度不大等问题。⑧

陈光全、杜时忠反思了德育课程改革10年的情况,认为改革取得了显著的成绩:建构了生活化德育的基本理论,推动了德育教师的专业化发展,促进了学生德育课程学习方式的多样化,把德育教材建设带入多姿多彩的新时代,从而变革了学校德育的整体面貌。当然,德育课改中也存在着教学目标虚化、教学设计偏颇、教材使用迷失、忽视学生生活的问题。对今后10年德育课程改革的发展趋势,强调

---

① 黄阿明:《思想品德教学中的愉快教学法》,《教学与管理》2010年第10期。
② 任凤超:《课内活动教学促进学生自主性学习的研究——以中学思想品德新课程改革实践为例》,硕士学位论文,天津师范大学,2007年。
③ 邹西萍:《情景教学法在思想品德课教学中的作用》,《中学思想政治教学》2006年第11期。
④ 刘燕平:《论〈思想品德〉课中的体验性教学》,硕士学位论文,内蒙古师范大学,2010年。
⑤ 戴建华:《试论中学思想品德课堂教学设计现存的问题及应对策略》,《课程·教材·教法》2010年第1期。
⑥ 梁明月、班建武:《学校德育课程的问题、原因及对策》,《教育科学研究》2010年第11期。
⑦ 熊丽:《中学思想品德课程改革的问题及对策研究》,硕士学位论文,东北师范大学,2008年。
⑧ 张慧玲:《思想品德课程实施中存在的问题及改进对策》,《内蒙古师范大学学报》(教育科学版)2005年第4期。

要坚持并发展生活德育理论，提升德育课程的教学品质和研究品质，深化德育课程资源建设。①

四 德育课程评价的研究

中学德育课评价涉及人的情感、品性、理想、信念等非认知领域，而对这些方面的评价没有行之有效的方法，所以评价结果具有模糊性和不确定性。

高德胜认为，采取"只问耕耘，不问收获"的只督导不量化的模糊性策略是最适合这门课的评价方式。而且鉴于我国历来重视青少年的思想道德教育工作，只要健全各种配套措施和课程实施的督导制度，我们是可以最大限度地避免因评价策略的改变而带来的阵痛的。② 有学者依据新课程改革的要求，构建了一套课堂教学评价体系。③ 还有学者试图寻求思想品德评估量化的可行性。④ 有学者验证了学校实施成长记录袋评价方式的成效及问题。⑤ 一些中学教师深入探讨了考试改革的问题，指出应采用更合理的考试方式（譬如客观题闭卷，主观题开卷），做好考试命题研究。⑥

五 课程实施的比较研究

在横向比较方面，班华主编的《现代德育论》总结了当代西方国家道德教育改革的共同特点。⑦ 易连云主编的《德育课程论：理念与

---

① 陈光全、杜时忠：《德育课程改革十年：反思与前瞻》，《课程·教材·教法》2012年第5期。
② 高德胜：《不是什么都能考的——对"思想品德"课考试的思考》，《思想理论教育》2007年第1期。
③ 金利：《对中学德育课程课堂教学评价问题的分析》，《思想政治课教学》2006年第2期。
④ 刘淑萍：《思想品德评估量化的可行性及其意义》，《南京政治学院学报》2005年第6期。
⑤ 宋笑丽：《中学生思想品德成长记录袋评价的实施状况研究——以金华十五中为例》，硕士学位论文，浙江师范大学，2009年。
⑥ 张治升：《风物长宜放眼量——对中考取消思想品德课的几点思考》，《中学政治教学参考》2011年第14期。
⑦ 班华：《现代德育论》，安徽人民出版社2001年版。

文化》详细介绍了美国、英国、法国、日本、韩国和印度的德育课程实施情况，为我国学校德育课程改革提供了有益的参考。①

在纵向比较方面，刘黔敏对比了自新中国成立以来整个小学和中学阶段德育学科课程的演变，为读者展示了德育学科课程理念变迁的特点。② 还有学者将改革开放后的思想品德（政治）课程的发展划分了几个阶段，如两阶段说、③ 三阶段说、④ 四阶段说。⑤ 这些研究总结了历次课程改革的经验和教训。

---

① 易连云：《德育课程论：理念与文化》，人民教育出版社2011年版。
② 刘黔敏：《德育学科课程：从理念到运作》，博士学位论文，南京师范大学，2005年。
③ 赵爱华：《政治教育学》，教育科学出版社1998年版。
④ 张同印：《反思历史 总结经验 开创中学思想政治课的新局面——40年的回顾与展望》，《北京师范学院学报》（社会科学版）1989年第5期。
⑤ 吕同舟：《高中思想政治课改革的有关情况介绍》，基础教育司德育与校外教育处，2006年。

第三章 课程实施理论

第一节 课程的内涵

本书是关于中学德育课程实施的研究,试图揭示西北地区中学德育课教师实施新课程的现状、问题,这就需要从有关课程实施的基本理论中寻找本书的理论支点,从有关的国家政策文件中寻找评价实施效果的政策依据。

要研究课程实施,首先必然会涉及对课程的基本认识问题,只有在对课程的本质属性、内涵和外延的认识基础上,才能开展满足理论要求、符合客观规律的研究。在长期的课程实践活动中,人们形成了丰富的关于课程的种种认识,本书接纳怎样的课程认识,也就是研究者秉承怎样的课程观问题,这是研究开展的基础。

一 课程的概念

课程是一个十分复杂的概念,以致"要得出一个精确的并为大家所认同的课程定义,既不现实也不可能"[①]。在课程概念的界定上,学者们见仁见智,难有共识。当人们使用课程这个概念时,只有使用者对其做出解释,才能知道使用者所指的课程是什么。课程是从拉丁语"currere"一词派生出来的,意为"跑道"(race-course),根据这个词源,西方最常见的课程定义是"学习的进程"(course of study),简称"学程"。当代西方的课程文献对"currere"的动词形式表现出

---

① 施良方:《课程理论——课程的基础、原理与问题》,教育科学出版社1996年版,第2页。

浓厚兴趣，重点放在"跑"上，着眼点放在个体对自己经验的认识过程上。

自 1918 年博比特（Bobbit）出版《课程》一书之后，关于课程问题的著作和文章开始涌现，提出了各种各样的课程定义。胡森（T. Husen）等人主编的《简明国际教育百科全书·课程》列举了九种课程定义：①

- 在学校建立一系列具有潜力的经验，目的是训练儿童和青年以群体方式思考和行动。这类经验就叫课程。（Smith et al.，1957）
- 学习者在学校指导下学得的全部经验。（Foshay，1969）
- 课程是一般性的整体内容计划或特定的教材，学校应该提供给学生，以便他们能合乎毕业资格、获得证书或进入专门职业领域。（Good，1959）
- 我们认为，课程是一种方法论的探索，它要探明被看作学科要素的各个方面，即教师、学生、科目和社会环境。（Westbury and Steimer，1971）
- 课程是学校的生活与计划……一种有指导的生活事业；课程成为承担人类生活的奔腾不息的活动长河。（Rugg，1947）
- 课程是一种学习计划。（Taba，1962）
- 为了在学校帮助下使学生的个人和社会能力获得不断的、有意义的发展，通过知识和经验的重建而形成的，有计划和有指导的学习经验以及预期的学习结果。（Tanners，1975）
- 课程基本上必须包括五大领域的严格学习：（a）掌握母语并系统学习语法、文学和写作；（b）数学；（c）科学；（d）历史；（e）外语。（Bester，1955）
- 课程被认为是有关人类经验的日益广泛的可能的思维方式——不是结论，而是结论产生的方式以及建立这些结论即所谓真理并使之发挥效用的背景。（Belth，1965）

事实上，每一种课程定义都有其社会背景、认识论基础和方法论依据。尽管课程作为教育研究领域最活跃最复杂的概念之一，一直被

---

① 江山野主编：《简明国际教育百科全书·课程》，教育科学出版社 1991 年版，第 65 页。

认为具有难以把握、离散和含混不清的特点，人们在研究具体的课程问题时，总是需要根据自己的研究目的出发，以不同的视角对其加以阐释，从而为自己找寻理论研究的立足点。换句话说，总是要从概念和定义出发对课程进行梳理，本书也是如此。在如此之多的课程定义中，存在着一些具有代表性的观点，对这些课程定义加以归类和辨析，有助于我们对课程的理解。

（一）课程即教学科目

这种观点由来已久，也被普遍使用，认为课程即学科，或者指所有学科（教学科目）的总和——广义的课程；或者指一门学科——狭义的课程。这种定义的实质，是强调学校向学生传授学科的知识体系，是一种典型的"教程"。

（二）课程是行动计划，是教学的预期结果

这是拉尔夫·泰勒（R. Tyler）和塔巴（H. Taba）等人提出的观点，认为要事先制定一套有结构、有序列的学习目标，所有教学活动都是为达到这些目标服务的。泰勒把课程研究的基本课题概括为四个方面：一是学校应该达到何种教育目标？二是提供哪些教育经验才能实现这些目标？三是怎样才能有效地组织这些教育经验？四是我们怎样才能确定这些目标正在得到实现？这种课程定义，反映的是一种线性课程观。在西方课程理论中相当盛行的课程行为目标，便是一个典型的例子。

约翰逊（M. Johnson）清楚地阐明了其内涵：课程不是关注学生在学习情境下做了什么，而是关心他们学到了什么，课程关注的是产生什么结果，而不是关心发生了什么。[①]

（三）课程是学习者的经验或体验

卡斯威尔（H. L. Caswell）和坎贝尔（D. S. Campbell）认为，课程是"儿童在教师指导下所获取的所有经验"。我国学者靳玉乐认为，课程是学生通过学校教育环境获得的旨在促进其身心全面发展的

---

① Mauritz Johnson, "Appropriate Research Directions in Curriculum and Instruction," *Curriculum Theory Network*, 6 (Winter 1970–1971), p. 25.

教育性经验。① 这是源于杜威对经验和教育的定义,这种观点把学校中几乎所有的事情乃至校外的事情都看作课程的组成部分。将课程定义为学习者的经验,突出了学生学习主要取决于自己的行为方式,弱化了教学中教师的主体地位,更关注每个学生在对学习活动的思考中获得了哪些东西,体现了人本主义课程理论。

在教师和课堂层面,结合我国新课程改革的理念,以及课程多元化、持续化发展的特性,"课程即经验"的定义更符合现代教育场域里所需的概念。② 新课程在保证学生获得基础知识和基本技能的基础之上,更注重学生在学习过程中的体验与经验,课程不仅是由国家以及地方行政部门制定和确定的文本,而且是学校、教师对课程的理解及应用,并最终体现在学生获得的经验上。但是,这种定义同样过于理想化,操作起来难度很大。

(四) 课程是一种社会文化的选择

持此种观点的代表人物劳顿(Lawton)主张,在制定与实施课程的过程中,应尽可能地发挥教师的作用。教师运用自己对哲学、社会等方面问题的看法来认识课程、组织课程。每一位教师都可以按照自己的方式进行选择。也就是说,教师对在课堂上执行课程有选择权。而教师所做的选择与教师自身的背景、教师的能力、教师的知识水平、教师对相关问题的理解以及教师对待课程的哲学观点等方面的因素有关。因此,在不同的课堂教学中,就可能出现不同的教师选择和确定的不同课程。这种课程认识强调教师在实施课程中应该拥有更多的课程选择权利。而且在一个具体的课程发展模式中,不论是否赋予教师以课程选择权,在实际课程运作中,教师都会在不同程度上依据自己对课程的理解做出相应的课程判断与决策处理。③

(五) 课程是一种社会改造

持这种观点的学者认为,课程不是要使学生适应或顺从社会文化,而是要帮助学生摆脱现存社会制度的束缚,认为课程的重点应当

---

① 靳玉乐:《现代课程论》,西南师范大学出版社1995年版,第16页。
② 简楚瑛:《课程发展理论与实践》,教育科学出版社2010年版,第6页。
③ 马云鹏:《课程实施探索——小学数学课程实施的个案研究》,东北师范大学出版社2001年版,第22页。

放在当代社会的问题、社会的主要弊端、学生关心的社会现象等方面，要让学生通过社会参与，形成从事社会规划和社会行动的能力。学校的课程应该帮助学生摆脱对外部强加给他们的世界观的盲目依存，使学生具有批判意识。①

通过对课程定义的探讨，可以发现，每一种有代表性的课程定义都有一定的指向性，即都是指向当时特定的社会历史条件下课程所出现的问题，所以都有某种合理性，但同时存在着某些局限性。而且每一种课程都隐含着作者的一些哲学假设和价值取向。正如施良方告诫我们的，对于研究者来说，重要的不是选择这种或那种课程定义，而是要意识到各种课程定义所要解决的问题以及伴随而来的新问题，以便根据课程实践的要求，做出明智的决策。②

二 课程的分类

美国课程论专家古德莱德（Goodlad）对课程进行了分类，提出了五种不同运作层次的课程。③

（一）理想的课程（ideological curriculum）

理想的课程也称"观念的课程"，是指由一些研究机构、学术团体和课程专家提出的应该开设的课程。古德莱德认为，有成千上万的"观念的课程"被倡导，同时也有几乎同样多的课程被抛弃，这些被抛弃的课程在后来又往往以某种形式复活。这类课程是否产生实际影响，关键要看它是否为官方所采用。

（二）正式的课程（formal curriculum）

正式的课程也称"文件课程"，这是指由教育行政部门规定的课程计划、课程标准和教材，也就是被列入学校课程表中的课程。其实，我们许多人理解的课程往往就是这类课程。

---

① 施良方：《课程理论——课程的基础、原理与问题》，教育科学出版社1996年版，第7页。

② 施良方：《课程理论——课程的基础、原理与问题》，第10页。

③ J. I. Goodlad, "The Scope of Curriculum Field," In J. I. Goodlad, et al., *Curriculum Inquiry: The Study of Curriculum Practice*, New York: McGraw-Hill, 1979.

（三）领悟的课程（perceived curriculum）

这是指任课教师所领会的课程。由于不同教师对正式的课程会有各种理解和解释方式，教师对课程"实际上是什么"或"应该是什么"的领会，与正式的课程之间有一定的距离，从而会对正式课程作用的发挥产生某些积极或消极的影响。

（四）操作的课程（operation curriculum）

这是指教师在课堂上实际实施的课程。研究表明，教师领悟的课程与他们实际实施的课程之间会有一定的差距，因为教师要根据学生的反应随时进行调整。

（五）经验的课程（experiential curriculum）

这是指学生实际体验到的课程。尽管经历了同样的课程学习，但不同的学生会获得不同的学习经验或体验。古德莱德认为，这是五类课程中最重要的课程，是被内化和个性化了的课程，该层次的课程是对课程组织的最终检验，即每一个学习者究竟受到了怎样的影响。

还有一种将课程的运行水平进行划分的方法，即预期课程（intended curriculum）、实施课程（implemented curriculum）、达成课程（attained curriculum）。第一水平为教育系统水平，由课程指导（course outlines）、教学大纲（official syllabi）和教材组成（textbooks）；第二水平为学校和教室水平，指在第一个水平上所确定的目标与内容在教室中实际的实施情况；第三水平是指学生所达到的实际水平，学生实际获得的知识和态度。[①]

从古德莱德等人对课程不同水平的划分上，我们可以清晰地看到课程这个概念在国家层面、行政部门、学校、教师以及学生层面各自的重点所在，是一个从整体规划到逐渐细化落实的过程。不同水平的课程概念，在使用时应避免混淆，否则会陷入理解的误区，专家阐述的理想课程，与在教室中实施的课程显然是不同的。我国各区域间的经济、文化存在较大差异，国家层面提供的课程规定了教育发展的方向，它不可能提供非常细致、具体的规定和内容，因此，落实到地

---

① K. J. Travers, & I. Westbury, *The IEA Study of Mathematics I: Analysis of Mathematics Curricula*, Oxford: Pergamon Press, 1989, pp. 2–9.

方层面和学校层面时，对学校如何实施课程，教师如何进行教学，应当开展多样化的、多区域的研究。

三　本书的意义支点

分析上述关于课程认识的观点，得出对本书研究有指导意义的几点认识：

第一，课程的内涵极其丰富，具有不同层次、不同水平的表现形式。人们对课程概念的理解有不同的角度和不同的层次，也处在不断发展和延伸中，应该从广义的角度和不同的水平来理解课程。课程是按照一定的社会需要，根据某种社会取向，为培养下一代所制定的一套有目的的、可执行的计划，应该规定培养目标、内容和方法，有相应的具体实施策略和恰当的评价方法。这些都作为规定好的文件课程而存在着。但这不是课程的全部，应当将学校和教室层面的实际实施情形作为课程的重要组成部分。在教室中实际运作的课程是一个师生的再创造过程，教师会按照自己对课程的理解，以自己的观点和方法来处理教学中的各种问题。因此，同样的文件课程，在不同的学校和不同的班级可能有着完全不同的实施方式，在教室中最终能达成什么样的课程目标，取决于教师在课堂教学中实际实施了什么样的课程，教师和学生在课堂上的实际表现是确定课程实际达到水平的重要依据。

第二，认识课程问题，文件和实施是两个重点层面。古德莱德提出的五种不同水平的课程，有利于全面认识和理解课程。但是，正如马云鹏所指出的，从具体研究的角度看，五层划分过于烦琐和精细，不易明确界定和把握。分析五种水平的课程可以看到彼此之间的涵盖关系。首先，他主张的理想课程实际上是在制定文件课程时所基于的前提，可以在某种程度上体现于文件课程之中。其次，经验课程与学生学习状态和学习结果的评价存在许多重复，与国际教育成就评价协会研究架构中的达成课程（attained curriculum）的特征也相类似。而理解课程（perceived curriculum）包括实施者对课程的认识，这可以看作影响课程实施的一个因素，这样，理解课程和经验课程可以一起在实施层面的课程中得到体现。因此，我们要研究和认识课程问题，文件课程和实施课程是两个重要的层面,即除了考察规定的文件课程的发展和特点外,还必须考察在教室中具体实施的课程,这是认识具体课程不可缺少的重要方面。本书研究的两个重要视角,一是教师观念上对新课程理念的认同,二是教师的课堂教学行为,即研究教师所领悟的课程和实际操作的课程,正是基于对课程概念在不同运行层次上的理解而言的。

第三,对课程问题进行研究有不同角度、不同层次。既可以从某一个层面入手具体认识课程的有关问题,还可以从理论角度对理想的课程进行阐述;既可以从文件课程角度对课程特征进行分析,还可以从学校的课堂层面了解和认识实际实施的课程,比如教师、校长是怎样看的?是怎样认识的?他们实际做了什么?是如何做的?学生获得了哪些实际知识和经验?等等。①

第二节 课程实施的内涵

在 20 世纪 70 年代以前的课程文献中,绝少有"课程实施"问题的专门研究。自那场肇始于美国、影响波及全球的"学科结构运动"失败之后,人们才开始关注"课程实施"(curriculum implementation)的问题。"课程实施"逐渐成为课程与教学研究中的一个重要领域。随着对课程实施研究的深入,人们形成了多种对课程实施的认识和理解,但就其内涵的认识而言,目前尚无定论。

一 课程实施即教学

课程实施是把课程设计按某种模式投入教学活动之中。具体说来,就是按选定的课程计划(教学计划)和课程标准(教学大纲),利用选定的教材教具,将选定的知识经验传递给学生,让学生在掌握知识经验的过程中促进自身的发展,从而实现预期的教育结果。课程实施把计划变为行动是在课堂上进行的,从而把课程领域转变为教学

---

① 谢月光:《普通高中信息技术课程实施个案研究——学校水平的特征与归因》,博士学位论文,东北师范大学,2007 年。

领域①；课程实施就是教与学的过程，就是学习者参与有计划的学习的过程。②

这种观点实质上是将课程实施过程等同于教学过程，指出了课程实施的核心问题，即课程实施主要发生在课堂教学层面，作为课程实施主体的教师，其教学行为对课程实施的意义重大。它与"课程与教学整合论"有着内在的联系：教学总是特定内容的教学，它内在地包含着课程，课程是教学的主要内容，而课程的实施又内在地包含着教学，教学是课程实施的主要途径，即教学与课程是内在统一的。这种观点解决了课程与教学相分离的困境，打破了20世纪教育研究领域课程与教学、内容与过程、目标与手段二元对立的思维定势，有助于教育过程的展开。但是课程实施不可能与教学完全重叠，彼此都有对方不可以包容的范畴。③ 将课程实施等同于教学，缩小了课程实施的范围，会遗漏对许多有价值问题的研究。研究者应在更广泛的范围内理解课程实施，关注课程革新方案在实践中发生的一切。④

二 课程实施是把某项改革付诸实践的过程

这是一种比较具有代表性且为人们所普遍接受的观点。他们认为，课程实施不同于采用某项改革（决定使用某种新的东西），实施的焦点是实践中发生改革的程度和影响改革程度的那些因素⑤；课程实施是指把新课程计划付诸实践的过程，它是达到预期的课程目的的手段。新的计划通常蕴含着对原有课程的一种变革，课程实施就是力图在实践中实现这种变革，或者说，是将变革引入实践⑥；课程实施

---

① 皇甫全：《大课程论初探：兼论课程论与教学论的关系》，《课程·教材·教法》2000年第5期。
② 黄政杰：《多元社会课程取向》，台北：师大书苑有限公司1995年版，第131页。
③ 李臣之：《课程实施：意义与本质》，《课程·教材·教法》2001年第9期。
④ 李子建、尹弘飚：《后现代视野中的课程实施》，《华东师范大学学报》（教育科学版）2003年第1期。
⑤ 江山野主编：《简明国家教育百科全书·课程》，教育科学出版社1991年版，第156页。
⑥ 施良方：《课程理论——课程的基础、原理与问题》，教育科学出版社1996年版，第128页。

是把某项课程变革计划付诸实践的具体过程。课程计划与课程实施是理想与现实、预期结果与实现结果的过程之间的关系①；课程实施是将课程理论转化为课程实践的活动，是课程发展不可缺少的环节②；课程实施是新的课程方案的实际使用情况③，等等。

这种观点基本上是对课程论专家富兰（Fullan）等在20世纪80年代对课程实施本质认识的理解。富兰从变革的视角对课程实施的内涵做出诠释，认为课程实施是指任何课程革新的实际使用状态，或者说是革新在实际运作中所包括的一切。这种定义把课程实施作为一种变革的过程加以对待，指出了课程方案与课程实施的区别。

富兰在《教育变革新意义》（*The New Meaning of Educational Change*）中，提出了成功实施教育变革的基础，即应当确立的10条假设。

第一，不要假设你所要进行的变革是应该实施的和可以实现的。相反，应该假设实施过程的主要目的是通过实施者与有关因素的相互作用来转变你对应该做什么的认识。

第二，假设任何有意义的变革要取得成效，都需要实施者按照他们自己的理解去做。

第三，假设冲突和不同的见解不仅是不可避免的，而且是变革成功的基础。

第四，假设人们需要变革的压力，但是，只有在这样一些条件下才会有效：允许他们反对；允许他们形成自己的想法；允许他们与其他实施者合作；可以获得技术帮助，等等。

第五，假设有效的变革需要时间。这是一个"运用中求发展"的过程。

第六，不要假设不能实施的原因是完全拒绝改革所主张的价值观，或与全部改革内容相对抗。而要假设有许多原因所致：价值冲突；支持实施变革的资源不足；时间不够；抵制者拥有良好建议的可能性，等等。

---

① 张华：《课程与教学论》，上海教育出版社2000年版，第331页。
② 靳玉乐：《课程实施现状、问题与展望》，《山东教育科研》2001年第11期。
③ 李子建、黄显华：《课程：范式、取向与设计》，香港中文大学出版社1996年版，第311页。

第七，不要希望所有的或大部分人或者群体都发生变化。当我们采取能增加受变革影响的人数的步骤时，进步也就随之产生了。

第八，假设你需要有一个基于以上假设的计划，这个计划要面对已知的各种因素。

第九，假设并没有更多的知识使我们完全清楚应该采取什么样的行动。行动的决策是正确知识、政治考虑、现场决策和直觉的联合体。

第十，假设变革机构的文化是一个实际的议程，而不是单为变革的实施而设的。

富兰等人的观点突出了以下特点：一是将课程实施看作一个动态的过程，要求课程实施的过程朝向改革建议的方向，具有较明显的价值取向；二是将课程实施指向实践领域，关注的焦点是在实践中发生了什么，显然，课堂教学是课程实施最主要的实践方式；三是突出了课程实施在整个课程变革中实质性和关键性的作用。但是，这些观点基本上只是在下一个描述性的定义，还缺乏对课程实施内涵的深刻把握。而且，由于"包容的东西太多""显得过于开放"[1]，这种观点受到了质疑，它给课程实施者留出了较大的理解和实践空间，容易产生课程实施研究范围不明、分工不清等问题。

三 课程实施即教师的情境性实践

这是一种从后现代视角出发的理解，这种定义在批判工具主义范式的基础上，试图对课程实施"再概念化"。加拿大学者 Aoki 结合现象学和批判理论来分析课程实施，依据教室情境中的人类经验，即教师和学生共同生活的经验世界，使课程实施从"工具性行动"转变为教师的"情境实践"，使教师和学生从课程方案的消费者、装置者转变为生产者、演奏者。[2] 台湾学者欧用生在此基础上，用"家庭式餐厅"的隐喻道出了他对课程实施内涵的理解：课程实施具有叙说性质、美学的特质，是多声音的、祭典式的，课程实施是解构文本，是

---

[1] 蒋永贵：《中学科学新课程实施的现状、影响因素及环境研究——兼论课程实施的若干理论问题》，博士学位论文，上海师范大学，2008年。

[2] 转引自欧用生《课程实施的叙说研究》，《全球教育展望》2006年第10期。

即兴演奏。① 还有学者这样表述道：课程实施是师生和课程设计者的视界融合过程，是师生与文本的对话和课程意义的创造与生成过程，是师生精神相通、经验共享的过程②；在新的理论视角下，课程实施过程越来越被认为是一个理解的过程、一个对话的过程和一个知识与意义建构和生成的过程。③

这种观点揭示了课程实施的内涵正在经历从工具主义范式向实践范式的转变。它启示我们：课程实施具有开放性和复杂性，只有多维度地理解课程实施，才能真正把握其内涵；课程实施的主体不仅仅是教师，而且是以教师为核心，包括课程决策者、学生及其他人；课程实施中教师应不断反思，追求实践智慧，在此基础上对课程计划进行调适。④ 但是，这种开放性的、多维度的或者隐喻的课程实施定义，不仅在现实中难以操作，而且其结论的可靠性需要进一步研究。

四 本书对课程实施内涵的认识与界定

综合上述观点，我们认为：（1）课程实施是一个将新课程计划付诸实践的动态发展的过程，是一种将课程理论转化为课程实践的特别活动；（2）课程实施的关键在教师，课程实施研究的重点在教学；（3）课程实施不仅仅发生在课堂层面，不同的课程层面都会涉及对课程方案的调整、修改和补充，甚至创造课程新文化；（4）课程实施的目的是实现预期的课程理想，达到预期的课程目标；（5）课程实施具有现实情境性，是课程改革成败的关键。

第三节 课程实施的基本取向

课程实施取向指人们对课程实施过程本质的不同认识以及支配这

---

① 欧用生：《课程实施的叙说研究》，《全球教育展望》2006年第10期。
② 张增田、靳玉乐：《论解释学视域中的课程实施》，《比较教育研究》2004年第6期。
③ 吉标、吴霞：《课程实施：理解、对话与意义》，《西南师范大学学报》（人文社会科学版）2005年第1期。
④ 蒋永贵：《中学科学新课程实施的现状、影响因素及环境研究——兼论课程实施的若干理论问题》，博士学位论文，上海师范大学，2008年。

些认识的相应的课程价值观,它事关课程变革与发展的全局,是研究者面对的首要问题。关于课程实施的取向,目前有两条主要的线索:一是美国课程学者辛德等人(Snyder et al., 1992)所提出的三种经典的实施取向[①]:忠实取向(fidelity orientation)、相互调适取向(mutual adaptation orientation)、课程创生或缔造取向(curriculum enactment orientation)。二是侯斯(House, 1979)提出的技术的、政治的和文化的三种实施取向。另外,后现代学者哈格里夫斯等人(Hargreaves et al., 2002)提出的后现代取向也日渐被人们关注,我国学者崔允漷围绕新课程教学提出的三种课程取向分类也为我们提供了一种新的视角。

一 三种经典的课程实施取向

(一) 忠实取向

课程实施的忠实取向,指学校和教师层面的课程实施是忠实地执行课程变革计划的过程。衡量课程实施成功与否的基本标准是课程实施过程对预定的课程变革计划的实现程度。课程设计者是课程方案的"生产者",教师是课程方案的"消费者"。"消费者"对课程方案的忠实程度越高,则课程实施越成功。反之,则认为课程实施失败。这种取向的课程实施主要是技术性的工作,具有"防教师"(teacher-proof)的属性,课程变革是一个线性的程序化过程。

忠实取向的课程实施建立在这样的假设之上:课程是预定的,课程知识是由课程专家和学科专家在课堂之外预先设计好的,并窄化为教科书、指导用书、教案等有计划的材料;课程方案适合于任何学校情境,适用于任何教师及学生;课程实施过程可以被精确测量和严格控制。课程实施研究主要讨论两个问题:第一,测量一项特定的课程改革在实践中的实施程度;第二,确定影响课程实施的有利或不利因素。[②] 它以量化研究为基本方法论,认为问卷调查、访谈、观察以及

[①] J. Snyder, F. Bolin & K. Zumwalt, "Curriculum Implementation," P. W. Jackson, *Handbook of Research on Curriculum*, New York: Macmillan Pub. Co., 1992, pp. 402–435.

[②] 张华:《课程与教学论》,上海教育出版社2000年版,第335页。

文献分析等是进行此类研究的有效方法。

(二) 相互调适取向

相互调适取向起源于 20 世纪 70 年代中期伯曼和麦克劳夫林(Berman & McLaughlin)主持的兰德变革动因研究。他们发现,成功实施的特征在于,它是一个相互调适的过程。① 课程实施是课程变革计划与班级或学校实践情境在课程目标、内容、方法诸方面相互调适的过程,它强调"课程实施是一个'做'的过程",认为课程实施的关键在于调适。一方面,既定的课程计划会发生变化,以适应学校和教师在具体教育情境中的特殊需求;另一方面,实践情境中的学校和教师也要根据新的课程理念发生改变,以适应课程改革的要求。

这种观点下的课程不再是预设和固定的,而是可以被调整和改变的;课程知识由课程专家等人预先提供,教师在实践中创造的知识也受到重视,教师变成了主动的、积极的"消费者"。这种取向的研究重心在于把握实施过程中既定课程方案与特定教育情境之间是如何相互适应的,其研究和讨论的问题主要有两个方面:第一,探讨课程实施过程中所产生的各种教育问题,通过对教育问题的研究来深入探讨课程变革过程的本质。第二,确定促进或阻碍课程按原计划实施的因素,特别是各种组织变量。② 在研究方法上,相互调适取向的方法论基础更为宽泛,既包括量化研究,又包括质化研究,例如个案研究、参与式观察、访谈、问卷调查以及文献分析等。

(三) 课程创生或缔造取向

课程创生或缔造取向认为,真正的课程是教师与学生联合缔造的教育经验,课程实施本质上是在具体教育情境中缔造新的教育经验的过程,既有的课程计划和教学策略只是为这个经验缔造过程提供所选择的工具而已。③ 师生变成了课程的规划者,教师兼具了课程专家的角色。专家设计的课程不再高高凌驾于师生之上,而仅仅是教师和学生共同创生课程的一个可以利用的资源,其意义只有在教师与学生共

---

① 尹泓飚、李子建:《再论课程实施取向》,《高等教育研究》2005 年第 1 期。
② 尹泓飚、李子建:《再论课程实施取向》,《高等教育研究》2005 年第 1 期。
③ J. Snyder, F. Bolin & K. Zumwalt, "Curriculum Implementation," P. W. Jackson, Handbook of Research on Curriculum, New York: Macmillan Pub. Co., 1992, pp. 418 – 427.

同创生的过程中才能发生。课程知识也不再是一个绝对客观的事物，而是在每个个体中不断建构的过程中形成的经验。课程变革实际上就是学生和教师的个体发展过程。

课程创生取向研究的主要问题是：第一，创生的经验是什么？教师与学生是如何创造这些经验的？怎样赋予教师和学生权利以创生这些经验？第二，诸如课程资料、程序化教学策略、各级教育政策、学生和教师的性格特征等外部因素是如何影响课程创生的？第三，实际的创生课程对学生有怎样的影响？隐性课程有何影响？[①] 不难看出，这一研究取向与前两种相比，已经发生了很大变化，研究的重心已经转移到教育经验的实际创生过程上。在评价方式上，创生取向以质化研究为基础，提倡通过个案研究、深度访谈、行动研究来理解课程实施。

课程实施的忠实取向、相互调适取向、创生或缔造取向构成一个连续体。

```
┌─────────────────┐   ┌─────────────────┐   ┌─────────────────┐
│   计划的课程    │   │   修改的课程    │   │   创生的课程    │
│(planned         │   │(adapted         │   │(enacted         │
│ curriculum)     │   │ curriculum)     │   │ curriculum)     │
└─────────────────┘   └─────────────────┘   └─────────────────┘

┌──────────┐         ┌──────────────┐         ┌──────────────────┐
│ 忠实取向 │         │ 相互调适取向 │         │ 创生或缔造取向   │
└──────────┘         └──────────────┘         └──────────────────┘
```

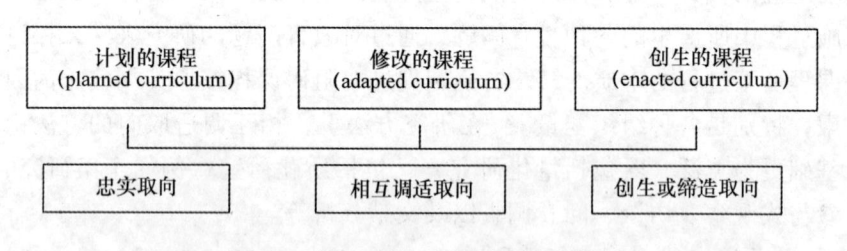

图 3.1　课程实施三种取向的连续体

如图 3.1 所示，连续体的一端是"计划的课程"，对应于课程实施的忠实取向；连续体的另一端是"创生的课程"，对应于课程创生或缔造取向；连续体的中间是"修改的课程"，对应于课程实施的相互调适取向。显而易见，课程实施的相互调适取向兼容了忠实取向和创生或缔造取向的因素，是两种取向的中介。

如何认识和评价这三种经典的课程实施取向？首先，从课程实施所代表的课程观来说，这三种实施取向实际上代表了三种不同的课程

---

① 张华：《课程与教学论》，上海教育出版社 2000 年版，第 335 页。

观,忠实取向下的课程是预设性的,相互调适取向下的课程是生成性的,创生或缔造取向下的课程则是创造性的。① 其次,从开展研究的角度看,它们体现出一种由实证主义社会科学向阐释性社会科学过渡的趋势。尽管"忠实取向"与"创生或缔造取向"处于两个极端,然而它们之间却表现出很大的渐进性过渡特征,这三种取向的划分只是学者们从不同角度对课程实施的审视,我们无法判断某种取向就一定优于其他取向。再次,从实践角度看,纯粹的忠实取向或者创生或缔造取向都是不可能的。由于地域、环境和主客观条件的不同,任何文件课程在不同教师与不同情境中都必然表现出一定的"不相符",教师本身就是带着不同思想、兴趣和态度的诠释性个体。在现有条件下,课程的创生也不一定完全能做到,理想有余而实用不足是其最大的问题。相比较而言,相互调适取向既是可能的,也是必然的。本书欲将相互调适取向作为可行的、可供参考的实施取向。在此观点下,探讨中学德育课程的实施现状和过程,以国家颁布的文件课程作为参照,考察在实践中课程的调适程度及合理性等问题。

二 侯斯的课程实施取向分类

20世纪70年代末期,侯斯提出了一种理解课程实施取向的分类方式,即从技术的、政治的和文化的三种视角分析课程实施变革。这种观点同样影响了此后30余年课程实施的研究。

(一)技术观(technical perspective)

将课程实施视为一种技术,技术观认为实施只是按照预定计划的线性执行过程,其成效以目标达成度为衡量标准。该取向假定人们在变革中拥有共同的价值体系和变革目标,问题只是如何最好地达成这一目标。这种观点主张以理性的系统分析来处理变革的实施问题,因此主要通过改革教材和教学方法,以及引进新的技术来提高教学质量和实施成效。技术取向实施的关键在于澄清实施者对变革必要性的认识,同时对他们进行培训以增强其效能。在课程评价中,主张以量化

---

① 王娟:《西北地区中小学教师课程取向研究》,博士学位论文,西北师范大学,2011年。

方法为基本方法论。

（二）政治观（political perspective）

政治观强调人际互动在教育变革中的关键作用，认为我们所面临的社会并非一个充满和谐的社会，群体之间存在着利益上的冲突和矛盾，对立派别之间为了达到其目的必须讨价还价、相互妥协，因而课程实施更像一个协商的过程。课程实施的政治观涉及权威、权力的运用，以及不同团体之间利益的竞争和妥协。出于自身利益的考虑，不同群体对课程变革会产生不同的态度，有时甚至是对立的。尽管如此，学校成员通过协商仍然可以达成共识。因此，课程实施重视因时制宜，就学校机构的具体情境做出调整，以维持系统的合法性。在评价方面，政治观提倡以半结构化的问卷和访谈作为研究方法，兰德变革动因研究可以作为这类研究的代表。

（三）文化观（culture perspective）

它假定了一个更为支离破碎的社会，在这个社会中有很多亚文化群体。群体内部具有价值共识，但群体之间则缺乏一致性。这种差距使群体很难采取共同行动。在课程变革中，外部设计的课程方案所代表的研究者文化和教师群体所代表的实践者文化之间存在着很多冲突。这两种文化之间的遭遇涉及沟通、诠释、融合以及一种文化适应行动。因此，文化观将变革的实施视为一种文化再生的过程，其目的在于促使学校成员重新思考课程、教学以及学校教育的本质和目的等问题。在文化观看来，"演化"一词比实施更能反映变革的核心要义。这类研究提倡以质化研究手段，如参与式观察、个案研究等作为研究方法。①

分析侯斯的观点，不难看出，所谓技术的、政治的和文化的三种取向立身于课程领域之外，从更广阔的社会视角，借助于其他学科关于理论的不同理解，与辛德等人（Snyder et al., 1992）的观点相比较，似乎更偏重于"课程实施"的取向，而非"课程实施研究"的取向。寇贝特与罗斯曼（Corbett & Rossman, 1989）曾将侯斯的这三种取向视为三种实施路径，比较了分别采用这三种路径的学校之间在

---

① 尹泓飚、李子建：《再论课程实施取向》，《高等教育研究》2005 年第 1 期。

实施效果方面的差异。尹泓飚、李子建指出，这种观点事实上与辛德等人在实施取向上的划分具有一致性。忠实取向对应于技术观，相互调适取向对应于政治观，创生或缔造取向对应于文化观，它们在基本假设、研究重点、实施策略以及研究方法论等方面颇为一致，研究者可以用任何一种分类体系描述课程实施取向。

三 哈格里夫斯的后现代取向

在侯斯发表其理论20年后，哈格里夫斯等人（Hargreaves et al., 2002）以课堂评价变革研究为基础，结合当今的社会发展脉络，认为可以从技术观、政治观、文化观和后现代观四种视角出发检视课程变革，从而提出了课程实施的后现代取向。他们指出，在侯斯提出三种观点之后，社会已经发生了显著的变化，后现代社会的特征越来越明显，课程变革变成复杂多样和不确定的过程，人们无法完全认识教育及课程变革，甚至"真实性"本身也受到了质疑。在这种情况下，课程实施研究的重心随之发生变化。

有学者沿着辛德等人的分类传统，从后现代视角出发全面检视了后现代课程实施的基本特征：在本体论上，它主张将课程实施视为理解与对话的过程，恢复课程实施的开放性和复杂性；在主体观上，它尊重各类实施主体的平等地位，向变革参与者赋权并使其积极参与课程实施；在知识观上，它承认课程知识的个人性和境域性，给师生建构知识留出空间；在研究方法论上，研究者应持多元与宽容的态度，努力拓展评定和理解课程实施的方法论基础。与已有的实施取向相比，后现代课程实施取向显然更加符合教育理想，更加富有人文关怀。

对后现代取向的课程实施研究目前还只是处于理论分析的阶段，体现了课程实施研究的新趋势。它的局限性表现在后现代取向并没有以足够的独特性来区别已有的实施取向。例如，它们与相互调适取向、创生或缔造取向所关注的问题并没有实质性的区别，因此不足以反映后现代取向的特征。更为重要的是，它只是研究者借助于思辨方式所建构的一种理论假设，并未得到实证研究的支持，在现实中的操作性不免受人质疑，它还难以应对研究者对它的责难：如何保证变革目标的实现？在现有的学校组织中，我们如何通过广泛的对话促进每一位学习者的发展？

针对不同情境中的课程实施，我们应否以及如何评定优劣？等等。①

四 我国学者崔允漷基于课程标准的实施取向

崔允漷认为，忠实、相互调适和创生或缔造这三种经典取向虽然在理论上具有广泛的解释力，但是与现实中的课程实施存在一定的差距。一方面，忠实取向的课程实施是不可能存在的，因为课程实施中的两个主体——教师和学生都是活生生的人，教学离不开他们的情感、动机与价值观，何况学校与课堂在情境方面又存在着如此大的差异，教师势必要灵活地处理这种差异；另一方面，这三种取向的划分缺乏现实的执行力，如"相互调适取向"和"创生或缔造取向"的依据与标准是什么？这些核心问题都是没有答案的，因此，它对教学缺乏实际的指导意义。崔允漷尝试提出更具本土性的课程实施取向分类，提出从历史的角度来看，我国的课程实施存在三种类型：基于教师经验的课程实施、基于教科书的课程实施和基于课程标准的课程实施（教学）。② 这里，他所指的课程实施限定于教学层面上。

基于教师经验的课程实施就是教师凭借自身所具备的知识和所信奉的理念开展教学，"教什么"和"怎么教"主要依赖于教师自身的经验，而关于"为什么教"和"教什么"还没有真正进入教师关注的领域。这种课程实施取向主要存在于普及教育和教科书（正式的学生课本）出现以前。

基于教科书的课程实施的基本特征集中体现在这样一些方面："课程"几乎等于教科书，教科书被视为唯一的课程资源和教材的代名词；学生在基于教科书的课程实施中，成为一个被不断灌输的容器，他们视教科书的内容为定论的知识，学生的学只是围绕感知、理解、记诵而展开，教师最普遍的教学呈现方式是"教教材"，因而教师的教学能力和学生的思维能力都受到极大的限制。

"课程标准反映了国家对学生学习结果的统一的基本要求，是对学生在校期间应达到的知识与技能、过程与方法、情感态度价值观的

---

① 尹泓飚、李子建：《再论课程实施取向》，《高等教育研究》2005年第1期。
② 崔允漷：《课程实施的新取向：基于课程标准的教学》，《教育研究》2009年第1期。

阐述。因此，课程标准限定的是学生的学习结果，而非教学。"基于课程标准的教学，要求教师"像专家一样"整体思考标准、教材、教学与评价的一致性，并在自己的专业范围内做出正确的课程决定。教师通过对课程标准的研读，并依据其中对学生规定的学习结果来确定教学目标、设计评价、组织教学内容、实施教学评价等教学活动。因此，基于课程标准的教学既为教学确立了一定的质量底线，又为教学预留了灵活实施的空间，也为教师的发展提供了广阔的空间，因而值得在新课程改革中提倡和推广。[①]

显然，崔允漷是从如何实施教学的角度提出他的课程实施取向分类的，具有一定的可操作性和现实性，如他所言，这种取向的分类为我国当前面临的课程实施问题提供了适宜的概念工具，似乎更倾向于为教学提供一种"参照标准"的"技术化路线"，而国外学者的实施取向分类更倾向于有关课程、教师和学生的"观念"。但是值得肯定的是，这种基于教师经验、教科书和课程标准的课程实施取向分类肯定了课程标准等在教师实施新课程中的重要作用，为我们研究教师课程实施提供了新的视角。

五 本书的理论支点

课程实施取向是课程实施研究需要解决的问题，它涉及从什么样的角度、以什么样的观点来分析和解释课程的实施。课程实施是受多种因素影响的系统工程，上述诸多的理论观点能够帮助我们从不同视角理解并判断在课程实施过程中发生的现象。本书认为，在复杂的社会情境中，教育变革的需要也是多种多样的，需要以多元的实施研究取向来认识、分析和考察中学德育课程实施过程所呈现的现象和事实。一方面关注课程方案中哪些内容在实施中被执行了，另一方面关注在执行过程中实施者做了哪些调整。对中学德育课程实施采用这样的研究思路，既符合课程变革与课程实施的理论，也符合我国推行新课程的实际。具体来说，第一，国家规定的课程，通常都经过一段时间的研究、实践和论证，总体上具有一定

[①] 崔允漷：《课程实施的新取向：基于课程标准的教学》，《教育研究》2009 年第 1 期。

的科学性和可行性;第二,不存在十全十美的课程改革方案,也不可能存在适合所有地区的课程方案;第三,不同地区之间存在明显的差异,比如农村和城市、发达地区和欠发达地区等。因此,对中学德育课程实施过程进行研究不应该只采取某种单一取向。

第四节 课程实施的影响因素

分析课程实施的影响因素是课程实施研究的一个重要方面,对课程实施的理论和实践研究具有重要意义。不同的课程、不同的课程实施环境,影响因素的表现和作用不同,但总的来说,影响课程实施的基本因素存在一致性,以下将从国外和国内两个方面认识和梳理这一问题。

一 国外的相关研究

富兰是最早对课程实施的影响因素进行研究的学者,他早期提出的影响因素包括革新方案的特征、实施策略、采用单位的特征和宏观的社会政治特征,后来他对此进行了修正,将影响的大线条归纳为三大类共九个因素,他所提出的这一分析框架为该领域的研究奠定了基础(见表3.1)。

表3.1　　国外学者关于课程实施影响因素分析框架

富兰、庞弗雷德(1977)[①]	霍尔(1991)	辛德等(1992)[②]	富兰(2001)[③]
1. 革新方案的特征:清晰度、复杂性	1. 创新/变革的特征:需要、清晰度、复杂性、质量/实用性	1. 变革的特征:需要与相关性、清晰度、复杂性、计划的质量与实用性	1. 变革特征:需要、清晰度、复杂性、质量/实用性

---

① M. Fullan, & A. Pomfret, "Research on Curriculum and Instruction Implementation," *Review of Educational Research*, 1977, Vol. 47, No. 1, pp. 335–397.

② J. Snyder, F. Bolin, & K. Zumwalt, "Curriculum Implementation," P. W. Jackson (ed.), *Handbook of Research on Curriculum*, pp. 402–435. New York: Macmillan Pub. Co., 1992.

③ M. Fullan, & A. Pomfret, "Research on Curriculum and Instruction Implementation," *Review of Educational Research*, 1977, Vol. 47, No. 1, pp. 335–397.

续表

富兰、庞弗雷德（1977）	霍尔（1991）	辛德等（1992）	富兰（2001）
2. 实施策略：在职培训、资源支持、反馈机制、参与	2. 干涉及参与人员：教师、校长、本地及外地促进者的支持（如教师教育、组织安排）	2. 校区层面的因素：校区的改革史、采用过程、管理部门的支持、教师发展与参与、时间与信息系统（评价）、社区及委员会的特征	2. 地方特征：校区、社区、校长、教师
3. 采用单位的特征：采用过程、组织氛围、环境支持、人员因素	3. 脉络：层次、文化、组织/机构的政治脉络	3. 学校层面的因素：校长、教师之间的关系、教师的特点与取向	3. 环境特征：政府和其他机构
4. 宏观的社会政治特征：设计、激励系统、评价、政治复杂性		4. 外部环境：政府机构、外部协助	

具体来说，第一类是与革新特征本身相联系的四个因素，即"需要""明确性""复杂性"和"质量"。富兰认为，一个革新的项目是否最为需要和变革成功与否呈正相关，在变革实施的早期阶段，参与变革的人就必须意识到所应对的"需要"是重要的。明确性的问题对复杂的改革显得很重要，因为混淆的目标和不具体的实施手段让教师和其他人对于教育变革在实践中的意义感到模糊。对那些真心实意实施变革的教师来说，不甚明确且不具体的变革会引起他们巨大的焦虑和沮丧。因此，明确的目标和简明的手段对于教育变革的成功至关重要。关于复杂性，富兰认为，任何变革都可以从难度、所要求的技能、信念改变的程度、教学策略、材料的使用等方面予以检测。教育变革要想取得成效，就要求对活动、结构、诊断、教学策略和教学理解力等复杂问题做出合理的安排。最后一个与变革性质直接相关的要素是变革项目的质量和实用性。富兰说："为了实现大规模的变革……你需要用高质量的教学材料和培训材料……通过优质材料并建

立压力和支持之间的高度相互作用的机制,你可以走得更远更深。"①

第二类是地方因素,即变革的社会条件、人们在其中工作的组织或环境,以及影响变革是否有成效的事件和活动。他认为,若要取得实质性的改进,学区层面上的地方实施过程是必要的,因为教师们在学区拥有的革新的积极经验越多,他们对下一次革新就会越期待和投入;反之,他们则会表现得无动于衷。在学校层面,校长和教师自然是核心影响因素。校长肩负着重要的道德使命,在塑造成功学校所必需的组织条件方面发挥着主要作用。教师之间的关系也是影响教育变革成功与否的一个关键变量,因为"新意义、新行为、新观念和新技能主要取决于在工作中教师是单独行动,还是和同伴交换思想、互相支持、分享积极的情感"②。

第三类是把学校或学区置于更广阔的社会背景下而形成的因素。它主要指变革的决策者,即变革的发动者。"变革是否得以实施取决于变革和地方需要之间的一致性,取决于变革是如何得到引入和加以贯彻的。"③ 如果中央与地方、学区与学校、学校与教师之间一开始就是分道扬镳的或是分了叉的两个世界,变革终将归于失败。对这三类因素,富兰认为,关于何种因素更重要的争论是毫无意义的,变革的有效实施和持续发展依赖上述所有因素的综合。④

富兰的研究是非常深刻的,他对影响因素的划分是非常全面而且容易理解的,但不足之处在于,容易把课程实施所设计的多个层次混淆起来,如地区层次、学校层次、教师层次等;后来的研究者辛德等人在此基础上,注意从不同层次出发对影响因素做出进一步归类和整理,同时还从各自研究的视角出发,增加了一些因素,开阔了研究课程的视野,形成了系统而有代表性的观点,为我们分析和探讨影响课程实施的因素提供了一个有效的参考依据。

另外,美国教育管理发展委员会(Leadership in Educational Ad-

---

① 迈克尔·富兰:《教育变革新意义》,教育科学出版社 2005 年版,第 82 页。
② 迈克尔·富兰:《教育变革新意义》,第 87 页。
③ 迈克尔·富兰:《教育变革新意义》,第 89 页。
④ 何齐宗、周益发:《教育变革的新探索——迈克尔·富兰的教育变革思想述评》,《教育研究》2009 年第 9 期。

ministration Development）的学校重建研究小组依据全面质量管理的原则对有效学校教育、成就本位教育等改革项目进行研究，发现以下七个因素或多或少地影响着教育改革的进行。

第一，目标的坚定性。组织承诺不断超越实施者们的现有需要，营造一种使所有人员都能长期努力，使学校或学区沿着一个明确的方向前进的环境。

第二，关注变革受益者。辨识变革受益者的需要，并不断努力满足这些需求。

第三，筹谋。组织中所有成员都能运用新的工具和通过新的过程来解决问题，并根据收集到的资料进行决策，而不是依据一些主观的意见、感觉或过去的一些荒诞说法。

第四，文化。在组织中，大家共同分享对改革的认识和理解。文化在这里主要是指一个组织的规范、态度和信仰。

第五，共同领导。为了更好地解决问题，追求大家共同的进步，组织中各部门所有工作人员相互合作，强调团队精神。

第六，去中心化。赋予变革实施一线人员做出提高教育质量和解决有关质量问题等决策的权力。

第七，改进的连续性。通过对系统变革的不断回顾与反思，持续改进向学生提供的服务和一些具体的成品（如新课程）。[①]

这一研究更加关注教育改革的组织与领导，关注学校文化和教师的切身利益，体现出一定的人文关怀，为我们提供了一种考察变革方案或过程的新方式。

二 港台及内地的相关研究

港台及内地学者的研究以新课程改革为分水岭，在新课程改革之前，研究者主要从宏观领域探讨和分析影响课程实施的因素。比较有代表性的是陈侠的二因素说、江山野的四因素说以及施良方的五因素说等。陈侠认为，编订好的课程要能很好地落实，必须考虑课程实施

---

① ［美］霍尔等：《实施变革：模式、原则与困境》，吴晓玲译，浙江教育出版社2004年版，第31页。

中人与物两大因素。人的因素，指的是教师与学生在课程实施中的作用；物的因素，指的是教科书和教学设备在课程实施中的地位和作用。江山野认为，应当包括与尝试课程改革有关的特性、地方条件、地方策略和外界因素。施良方认为，影响课程实施的因素包含以下五个方面：使用者本身的因素、课程计划本身的因素、交流与合作、课程实施的组织与领导和各种外部因素的支持。

在新课程实施之后，研究者更多的是结合课程改革实践研究影响课程实施的因素。例如，靳玉乐的四因素说，他将影响因素归纳为新课程方案的特性、人的因素、物的因素和背景因素。其中，新课程方案的特性主要涉及课程改革的需要、明确性、复杂性和实用性等；人的因素主要包括社区人员的支持、教师、校长和学生，而教师参与课程决策的能力、投入感、对变革的认识与教育理念、合作性和对新课程的认同以及校长的变革风格等对课程实施的影响较大；物的因素主要涉及课程变革的物质条件；背景因素主要涉及社区、学校、课堂三个层面的社会—政治与文化过程对课程实施的影响。①

谢翌、马云鹏在结合相关研究和个人理解的基础上，把影响课程实施的因素归纳为四类十五个：第一类是与课程改革本身的性质有关的因素，主要包括改革的必要性及其相关性，改革方案的清晰程度，改革方案的复杂性，改革方案的质量与实践性；第二类是在校区水平上影响实施的因素，主要包括地区在改革需求方面的历史，地方的适应过程，地方管理部门的支持，教职员队伍的培养与参与，时间安排与信息系统，部门与交流系统；第三类是在学校水平上影响实施的因素，主要包括校长的作用，教师之间的关系，教师的特点与取向；第四类是环境对实施的影响，主要包括政府部门的重视和外部的协助。②

关于影响因素的观点（见表 3.2）比较多，这里不再一一赘述。综观这些研究成果，不难发现，整个研究轨迹经历了从最初的多因素罗列，逐步走向对复杂因素的归类和分层，到目前已经形成了比较清晰的理论分析框架。

---

① 靳玉乐：《课程实施现状、问题与展望》，《山东教育科研》2001 年第 11 期。
② 谢翌、马云鹏：《关于课程实施几个问题的思考》，《全球教育展望》2004 年第 4 期。

表 3.2　　国内学者关于影响课程实施的因素分析

因素说	研究者	主要观点
二因素说	陈侠（1989）①	人的因素：学生、教师 物的因素：教科书、教学设备
三因素说	李子建、黄显华（1996）②	创新的特征：需要、清晰度、创新的规模和复杂性、学程的质量和实用性 干涉和个人：教师、校长、本地及外地促进者、持续的支持和训练 脉络：层次、文化、组织/机构的政治脉络
四因素说	江山野（1991）③ 张华（2000）④ 靳玉乐（2001）⑤ 汪霞（2003）⑥ 丁念金（2007）⑦ 谢翌、马云鹏（2004）⑧	与尝试课程改革有关的特性、地方条件、地方策略、外界因素 课程变革的特征、学区的特征、学校的特征、外部环境的特征 新课程方案的特性、人的因素、物的因素、背景因素 课程计划的特征、教师的特征、学校的特征、校外环境的特征 教师、学生、资源、支持性条件 文件课程的特征、校区水平上的因素、学校水平上的因素、环境
五因素说	黄政杰（1991）⑨ 施良方（1996）⑩	使用者本身的因素、课程计划本身的特性、交流与合作、课程实施的组织和领导、各种外部因素的支持 课程计划本身的特性、交流与合作、课程实施的组织和领导、教师的培训、各种外部因素的支持
六因素说	李臣之（2001）⑪ 黄甫全（2001）⑫	背景、实施主体、实施对象、管理、资源、课程实施理论 文化背景、实施主体、实施对象、管理、环境、理论基础

① 陈侠：《课程论》，人民教育出版社 1989 年版。
② 李子建、黄显华：《课程：范式、取向与设计》，香港中文大学出版社 1996 年版，第 311 页。
③ 江山野主编：《简明国际教育百科全书·课程》，教育科学出版社 1991 年版，第 158—162 页。
④ 张华：《课程与教学论》，上海教育出版社 2000 年版，第 353—358 页。
⑤ 靳玉乐：《课程实施现状、问题与展望》，《山东教育科研》2001 年第 11 期。
⑥ 汪霞：《课程实施：一个值得关注的问题》，《教育科学研究》2002 年第 12 期。
⑦ 丁念金：《课程论》，福建教育出版社 2007 年版，第 337—378 页。
⑧ 谢翌、马云鹏：《关于课程实施几个问题的思考》，《全球教育展望》2004 年第 4 期。
⑨ 黄政杰：《课程设计》，台北：太旺东华书局 1991 年版，第 425 页。
⑩ 施良方：《课程理论——课程的基础、原理与问题》，教育科学出版社 1996 年版，第 145—147 页。
⑪ 李臣之：《浅谈影响课程实施的六大因素》，《教育导刊》2001 年第 12 期。
⑫ 黄甫全：《现代课程与教学论学程》，人民教育出版社 2001 年版，第 532—535 页。

除了对影响因素的脉络和层次进行理论方面的划分之外，不同变革情境下影响课程实施的因素是什么？是如何影响课程改革的？这种与具体课程改革相联系的研究，具有十分重要的现实意义，因为可以对那些制约和阻碍课程改革的因素进行有针对性的调整或规避，从而为课程改革的顺利实施提供有益的对策。尹泓飚、李子建（2004）对重庆两所学校进行了个案分析，从新课程本身的特性、宏观社会环境以及学校内部三个层面出发分析影响新课程改革的若干主要因素，就新课程的特征而言，教师认为这次改革十分必要，但改革规模宏大，而且新课程实用性欠佳。从学校所处的宏观环境来看，新课程改革的决策参与机制、教师发展与资源支持仍须改进。为改善新课程的实施状况，学校还应该进一步履行校长的课程领导职能，改善学校组织结构，同时发展合作的教师文化。①

冯生尧、李子建（2001）针对香港近年来规模最大、影响深远的"目标为本"课程，从改革特性、整体策略、教师发展、资源提供、学校行政和教师文化六个方面，剖析其中各种有利和不利的因素。他们的结论是，与"理想状态"相比，"目标为本"课程改革远非一次成功的改革。② 这种"理想状态"就是既有的成熟的理论架构，当然也是改革所预期的目标。他们对这一案例的分析，可以帮助我们更为清晰地认识课程实施影响因素的表现形态（见表3.3）。

教师是课程实施中的主体，影响课程实施的诸多因素往往要通过教师反映在具体的课堂教学中。因此，从教师研究入手，深入研究课程实施的过程，特别是教师在实施过程中如何对课程进行调适，是一个被许多研究者认同的研究课程实施的恰当策略。③ 关于教师影响因素的研究，是目前理论界研究的主要问题之一，现有的研究表明，教师的心理包括认知、情感和意动三个领域，都与课程实施有关，在实施过程中需要密切关注教师的心理变化④；教师的参与力度、投入感、

---

① 尹泓飚、李子建：《基础教育新课程实施的影响因素分析——重庆北碚实验区的个案调查》，《南京师大学报》（社会科学版）2004年第2期。
② 冯生尧、李子建：《香港课程实施影响因素之分析》，《全球教育展望》2001年第5期。
③ 马云鹏：《课程实施及其在课程改革中的作用》，《课程·教材·教法》2001年第9期。
④ 尹泓飚、李子建：《课程实施与教师心理变化》，《全球教育展望》2006年第10期。

第三章 课程实施理论

表3.3　　　　　　　　　　课程实施影响因素的表现形态

理想状态（有利因素）	现实状态（不利因素）
1. 改革的特性 ・改革的需要为政府、学校教职员所公认 ・改革的建议清晰 ・规模和复杂性要与教师的能力和学校的资源相配合 ・改革的建议有明确的程序性知识 2. 整体策略 ・专家、官僚和教师共同决策 ・政策、设计、推行、培训、实施等环节协调一致 ・由教职员共同决定引进的改革 3. 教师的发展 ・校内发展和校外训练相结合 ・训练必须是具体的、满足特定教师需要的、持续的、跟进的 ・督学和资深教师的课堂帮助是具体的、随叫随到的、现场的 ・教师必须有机会观摩本校和他校的成功改革案例，以解决实际问题和给予信心 ・必须有常规性的改革成员会议，以提供反馈，分享经验，鼓舞士气 ・教师应参与政府或学校有关改革如何操作、如何修正的决策 ・教师应有机会参与研讨本地或本校发展的材料 4. 资源的提供 ・增加教师编制，减轻过重的工作量 ・宽敞的课堂有利于儿童中心的教学 ・减少学生人数 ・足够的经费保障 ・改革的理论文献宜简明、实际 ・教材体现了课程纲要的思想；教师也能根据课程纲要调适课程内容 ・教材和配套材料齐备 ・更多的视听辅助教材、电脑硬体和软体 5. 学校行政 ・校长任命统筹主任，赋予适宜的权责 ・调整资源分配、时间表和教师人手 ・把当前改革与先前改革、学校常规结合起来 ・积极回应教师的各种忧虑和改革中出现的问题 ・鼓励教师参与校外和组织校内的专业发展活动 ・统筹主任年资较深、有威信；有相关改革的课程；具备讲解、示范改革的能力 6. 教师文化 ・教师之间能够相互观课、讨论，在专业上、情感上相互支援，具有合作的文化	1. 改革的特性 ・改革的需要不为学校教职员所认同 ・改革的建议模糊不清 ・规模和复杂性超出了教师的能力和学校的资源范围 ・改革的建议缺少明确的程序性知识 2. 整体策略 ・专家主导的理性模式和官僚主导的行政模式相结合，排斥教师参与决策，强加给教师 ・政策、设计、推行、培训、实施等环节互不协调 3. 教师的发展 ・校内和校外都缺乏训练，或只有其一 ・训练只在改革实施前进行，且是一次性的、抽象的 ・督学和资深教师缺乏时间、能力或意愿提供课堂帮助，又或只是提供一些资料 ・在本校或他校，没有成功的课堂改革案例，没有提供机会，供教师观摩 ・没有常规性的改革成员会议，或者会议是流于理论式的、命令式的 ・在政府和学校层面，教师没有机会参与有关改革的操作及修正的决策 ・教师没有机会参与研讨本地或本校发展的材料 4. 资源的提供 ・教师工作超负荷 ・课堂空间局促，难以实行个别化教学 ・学生人数众多 ・经费不足 ・有关改革的理论文献抽象、冗长 ・教材没有贯彻课程纲要的思想；教师不能根据课程纲要调适内容 ・教材和配套材料不齐备 ・欠缺视听辅助材料、电脑硬体和软体 5. 学校行政 ・校长把责任全推给统筹主任 ・不调整资源、时间表和教师人手；割裂当前改革与先前改革、学校常规之间的相互关系 ・没有能力回应教师的忧虑和改革中出现的问题 ・不太鼓励教师的校外进修，也不组织校内的学习和发展 ・统筹主任年资太浅、不受信任；没有相关改革的课程；只从行政上领导改革，而无示范能力 6. 教师文化 ・教师之间盛行个人主义，不愿意在专业上、情感上相互给予支援

教师对新课程的理解、所持有的课程取向、教师信念以及教师阻抗都会对新课程实施产生重要的影响作用。① 不少研究结果显示,教师的力量是导致成功的课程实施的主要因素之一,有效的新课程实施并非教师单打独斗的结果,教师需要来自其所在群体及组织的有力支撑,这些都依赖于校长良好的管理和领导风格,"校长的管理风格对教师专业发展的影响,主要是通过学校日常的教学管理和教研管理体现出来的"②。从这个角度来说,校长及其课程领导、校园文化的建设、教师专业合作共同体的形成,教师教育机构承担起新课程培训和对师范生进行新课程相关内容的教育,以及教育行政部门安排一定的资金来制定更多的计划和项目等方面,都为教师提供了一定的背景支撑,以保证课程实施的可持续性。

这些因素在不同水平上不同程度地对课程的实施产生着影响。但不同的因素在课程实施的不同时期、不同阶段可能会具有不同的影响作用,而且,不同的因素对一个确定的课程所产生的影响也不相同。另外,实施影响因素之间存在着复杂的相互作用关系,它们并不是单独发挥影响作用的。③

三 本书的理论支点

上述研究为我们从理论上把握课程实施影响因素提供了极有价值的帮助,使我们认识到:课程变革与实施是一个非常复杂的动态发展过程,受众多因素的影响和制约,而且在实际的变革过程中,它们总是相互影响、相互交织,作为一个整体发挥作用的。本书在探寻西北地区中学德育课程实施的影响因素时,基于已有的理论,综合考虑中学德育课程实施的特征,以及具体的社会历史文化条件,试图建立一个基本的分析框架(见表3.4),研究教师、课程、学校和社会四方

---

① 吕国光:《教师信念及其影响因素研究》,博士学位论文,西北师范大学,2004年;张新海:《新课程实施中的教师阻抗研究》,博士学位论文,西北师范大学,2008年;王娟:《西北地区中小学教师课程取向研究》,博士学位论文,西北师范大学,2011年。

② 王娟、王嘉毅:《教师专业发展中校长的影响作用——以三个农村小学校长为个案》,《西北师大学报》(社会科学版)2008年第3期。

③ 马云鹏:《课程实施及其在课程改革中的作用》,《课程·教材·教法》2001年第9期。

面的 15 种因素对教师实施中学德育课的影响及程度。

表3.4　　　　　西北地区中学德育课程实施影响因素分析框架

教师因素	课程因素	学校因素	社会因素
1. 教学知识 2. 学科知识 3. 实践性知识 4. 教师的心理（态度、情感、动机）	1. 课标 2. 教材 3. 教参 4. 课程资源	1. 校长 2. 评价 3. 学校文化 4. 学生	1. 社会教科研活动（培训、交流等） 2. 行政支持 3. 家长

第五节　课程实施程度及其测量

课程实施研究作为课程改革的一个重要范畴，除了研究其内涵、取向、影响因素以外，关于课程实施程度及其测量的问题，也是学者们比较重视的研究领域。从相关文献来看，有关此问题的研究主要包括两个方面：一是围绕如何理解并界定课程实施程度所进行的理论探讨；二是就如何测量课程实施程度编制可操作化的工具，并借此开展一系列富有成效的实证研究。

一　课程实施程度的理解和界定

对课程实施程度的理解，首先要明确研究的取向。研究者的立场、观点不同，对课程实施过程中所发生的现象的理解和判断也不一样。例如，在课程实施研究的三种取向中，忠实取向认为：课程实施过程是忠实地执行课程计划的过程，衡量课程改革成败的依据就是与课程计划执行的相符程度，即实施中课程方案与预定的课程计划符合程度越高，课程改革就越接近于成功。反之，则意味着课程改革的失败。从 20 世纪 70 年代至今，大部分研究者依据课程实施的忠实取向来研究课程实施程度。

富兰和庞弗雷德（1997）提出："课程实施程度"是指某新课程的实际使用与原本计划使用互相符合的程度。Scheirer and Rezmovic（1993）则认为，"课程实施程度"是在某一时刻已发生改变的程度，而改变的方向是完全和恰当地使用某新课程。基于这种理解，实施者应当按照课程计划开展教学活动。只有当发生了与新课程要求相吻合的改变，才可以认为是课程实施程度加强，吻合得越多，课程实施程度就越强。

毫无疑问，朝向新课程的改变，最终被期望发生在教师的个体水平上。因为教师是课程方案的最终执行者，"人们相信只有在教师批判性地检讨自己的信念，改变自己的教学行为以适应改革方案的需求之后，学校变革才有可能发生。……组织体系、教学材料、课程以及教学策略本身没有能力自行规划、启动或推行，所有这些都是由教师来完成的，只有他们才能保证改革计划取得积极的效果"[①]。因此，新课程实施程度取决于教师对新课程方案的执行程度，即教师在教学过程中根据新课程要求而发生的改变程度。关于新课程实施程度的问题实质上演变为以教师改变为核心的理论探讨，而且基本上都遵循了一条教师由外在向内在逐渐转变的路径。

富兰认为："实施任何一种新的课程计划或政策都至少有三个要素或方面：（1）使用新的或修订后的材料的可能性（诸如课程材料或技术之类的教学资源）；（2）使用新的教学方法的可能性（如新的教学策略或活动）；（3）改变信念的可能性（如支持特定的新政策或课程计划的教育学假设和理论）。"[②] 在这三个方面中，后两个方面分别指涉教师外部的行为变化和内部的心理变化，而第一个方面则是教师改变的延伸和物化形态。同时，富兰也指出，教师改变的这三个方面并非同步进行的，其中教师信念、理解和思维方面的改变最难出现，所需的时间也最长，只有当这三个维度都发生变化时，教师才会出现真正改变。

迪南·汤普生（Dinan Thompson）从变革中教师的情感问题的讨论角度，将改变的类型分为表层改变和真确式改变，从表层改变到真确式改变要经过三个环节：一是材料和活动的改变；二是教师行为的

---

① 操太圣、卢乃桂：《抗拒与合作：课程改革情境下的教师改变》，《课程·教材·教法》2003年第1期。

② [加]富兰：《教育变革新意义》，赵中建、陈霞、李敏译，教育科学出版社2005年版，第40页。

改变；三是包括价值、信念、情感和伦理在内的意识形态和教学思想的改变。只有达到第三个环节，课程改革才取得了成功，但实际上，多数课程改革很难达到这个环节，如何使教师达到第三个环节是课程改革必须着力解决的问题。①

史巴克（A. Sparhes）把教师在新课程实施中的变革分为教学资源变革、教学策略或活动变革和教师信念的变革这样的三个层次，并认为只有这三个层次都发生显著变化，该变革才是"真正的变革"（real change），否则就只是一种"表层变革"。换言之，若要超越表层变革阶段，教师就必须走出自己实践的舒适地带，接受对自己信念和价值的挑战，并最终改变它们。②

操太圣和卢乃桂根据以上学者的观点，将教师改变的不同层次用图 3.2 表示出来，从而使我们对课程实施程度有了一个比较清晰的认识和了解。

```
┌─────────────────────────────┐
│    表层改变（surface change）    │
└─────────────────────────────┘
        ╭────────────────────╮
       ╱  类型1  材料和活动的改变  ╲
        ╰────────────────────╯
      ╭──────────────────────╮
     ╱   类型2  教师行为的改变     ╲
      ╰──────────────────────╯
    ╭──────────────────────────╮
   ╱  类型3  包括价值、信念、情感和伦理  ╲
         在内的意识形态和教学思想的改变
    ╰──────────────────────────╯
┌─────────────────────────────┐
│   真确式改变（authentic change）  │
└─────────────────────────────┘
```

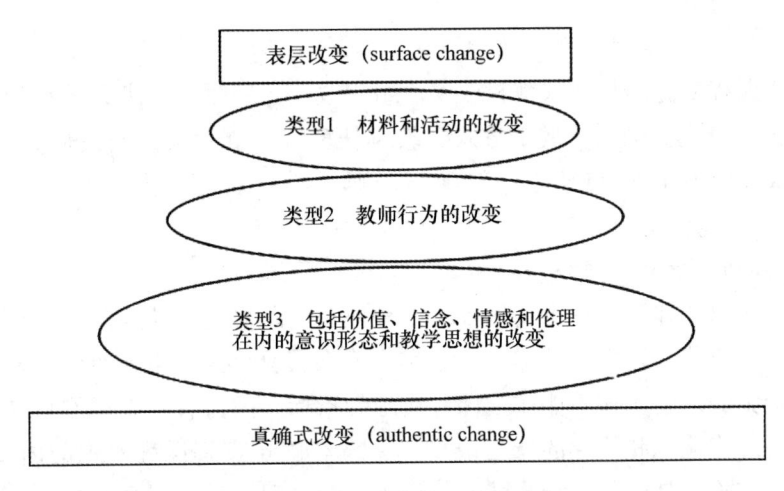

图 3.2　课程变革中的教师改变

---

① M. Dinan-Thompson（2001），"Teachers Experiencing Authentic Change：The Exchange of Values，Beliefs，Practices and Emotions in Interactions，" http：//www.cybertext.net.au/tipd/papers/weeks/thompson.htm. 2004 – 5 – 5.

② 操太圣、卢乃桂：《抗拒与合作：课程改革情境下的教师改变》，《课程·教材·教法》2003 年第 1 期。

以上对课程实施程度的理解只是提供了一个大体的分析框架，具有一定的理论指导意义，但操作性并不强，为此，富兰和庞弗雷德提出了一个更为清晰的界定标准，即任何课程实施工作，至少应包括五个层面的改变。

（一）教材或学科内容的改变

教材或学科内容的改变是课程改革最显著的变化之一，也是在课程设计者看来教师相对易于转变的方面之一，即教师要改变所传授给学生的课程内容，或者学生必须学习的内容的变革，包括内容的范围、顺序、呈现方式以及可以凭借的资源和媒介等。

（二）组织结构的改变

组织结构的改变包括对学生分组分班的安排、空间与时间的安排、人员的调配以及新材料的供应等。这个层面和教材层面一样，仍然只要求使用者互动情景的变化，因此，这也是课程改革比较容易实施的部分。

（三）角色关系和行为的改变

课程实施不仅要求教材改变、组织改变，同时也要求人的行为或角色的改变。例如，教学方式、教学任务（如课程设计与发展）、角色关系（如教师与学生、教师与教师、学校管理者与教师）等的改变。

（四）知识及理解

知识和理解，是指实施者认识和理解了课程的各种成分，包括其哲学、价值、目标、基本假定、实施策略、教材等，实施者仅仅发生了行为的改变，还不能作为课程实施的指标，因为有些人可能只是发生了形式化、肤浅化的行为改变，并没有确切理解课程实施的内涵。课程实施，是观念与行为同时都要改变的过程，没有观念的指引，行为转变就成了无源之水；同样，行为上不落实，观念转变便失去了意义。

（五）价值内化

价值内化是指实施者重视且致力于执行课程的各组成因素。课程实施者对课程实施的投入和支持达成共识，课程改革的理念已经成为人们自觉的价值观，并表现在一系列课程实施之中，课程实施者实现了深层次的转变。

以上五个层面的改变,清晰地呈现了课程实施逐步展开的过程,有效的课程实施,是多个层面共同作用、彼此呼应的过程,任何单一层面的变化,都不足以反映课程实施的状况。

二 课程实施程度的测量

课程实施程度是个多向度的建构,与智力、自尊等一样,课程实施程度很难直接测量,因此,对课程实施程度的测量,需要清晰地界定课程的实施维度,寻找每一维度的观测指标,并在科学方法的指引下,凭借适宜的、具有一定操作性的研究工具来完成。

夏雪梅对西方教师课程实施程度研究做了回顾和评论[①],认为自20世纪70年代以来,西方检测教师课程实施程度的主要工具包括三种:使用层级(Levels of Use,LoU)、使用者形貌(User Profile,UP)和实施课程的调查(Surveys of Enacted Curriculum,SEC)。其中的使用层级,也就是霍尔(G. E. Hall)等人提出的"基于关注的采纳模式"(Concerns-Based Adoption Model,CBAM),是目前国际上使用最广泛的课程实施程度测量工具。

CBAM的主要成分包括对教育变革的基本假设、关注阶段(Stages of Concern,SoC)、使用层级、革新形态(Innovation Configuration,IC)、变革促进者的风格以及对变革的干预等方面,其中关注阶段、使用层级和革新形态是个体水平上测量课程实施程度的三个维度。其中,关注阶段和使用层级的应用最广,是相对容易操作的测量工具。

所谓关注阶段,是指教师对新课程的关注阶段。霍尔和他的同事们假设个别教师在课程实施过程中,其关注变化将会经历七个阶段(见表3.5)。他们的研究显示,教师最初只会低度关注新课程,接着关心自己,然后注意工作方面,最后关注新课程对学生的影响。确认关注阶段的方法主要有现场采访、开放式陈述和关注阶段问卷。

---

① 夏雪梅:《四十年来西方教师课程实施程度研究的回顾与评论》,《全球教育展望》2010年第1期。

表3.5 变革中教师的关注阶段

阶段		特征	表达
阶段0：低度关注（awareness）		对变革很少关注，或很少涉入革新	我并不关心它
自我关注	阶段1：信息的（informational）	对革新表示普遍关注，有兴趣了解革新的实施特点，如一般特征、影响、使用要求等，但他/她未关注自己和革新之间的关系	我想更多地了解它
	阶段2：个人的（personal）	个人尚未确定革新对自己的要求、他/她能否应付这些要求以及在革新中扮演的角色。他/她开始分析自己在组织中的角色，并考虑实施新方案后需要做出的决策和现存结构可能引起的冲突等	使用它会对我造成哪些影响
任务关注	阶段3：管理（management）	注意力集中在使用革新的过程和任务，以及最大限度地利用资源和信息上，极力关注有关效率、组织、管理、时间需要及安排等问题	我似乎为它花费了我所有的时间
	阶段4：后果（consequence）	集中注意革新对学生的近期影响，关注课程革新对学生的适切性、评价学生成果（包括表现和能力）以及改善学生成果所需的变革等	我的使用会怎样影响我的学生
影响关注	阶段5：合作（collaboration）	关注在使用革新方法时与他人的合作和协调	我关心怎样把我的教学和同事所做的事情联系起来
	阶段6：再关注（refocusing）	探讨革新所带来的更普遍的优点，包括采取主要变革或用另一个方案取代这一革新的可能性，并且他/她对替代性方案有明确的想法	我或许有一些更好的主意

资料来源：尹泓飚《课程改革中教师关注阶段理论的研究述评》，《比较教育研究》2004年第8期。

关注阶段理论受到课程研究者的重视，许多国家的研究者都将这一理论应用到课程改革的实证研究中，例如，美国学者马仕与潘（Marshall & Penn）将其用于对学生的研究中，柏·利与帕莎（Bailey & Palsha）检验了关注阶段的质量，比利时与荷兰的学者注重从自己的文化情境中验证关注阶段模式[①]，等等。

[①] 尹泓飚：《课程改革中教师关注阶段理论的研究述评》，《比较教育研究》2004年第8期。

所谓使用层级,又称实施水平,是测量教师行为维度的工具。由于关注阶段只测量教师的知觉、感受和态度,未能展示个别教师在学校内落实新课程的情况,使用层级则弥补了这方面的不足,它关注的问题是教师在什么水平上实施课程或者革新。霍尔等人认为,课程实施可分为八个层级(见表3.6),教师最低限度的使用层级要达到"例行化",这样才可以算实施了新课程。[①] 为了更加详细地描述每种水平,研究者又提出从知识、获取信息、分享、评估、计划、观点陈述、执行状况七个类别来呈现每种水平。[②] 关于使用水平的评估方法,霍尔等人认为问卷等方法不管用,需要采用透彻的观察和焦点访谈的方法。

表3.6　　　　霍尔等人界定的课程实施的八个层级

实施等级	内涵
0层级 未实施(nonuse)	这个层级的非实施者几乎或根本就不了解变革,因而没有参与变革,而且不打算参与到变革中
Ⅰ层级 定向(orientation)	在这个层级上,非实施者已经收集到或正在收集有关变革的信息,并且(或者)已研究或正在研究变革的价值取向,还研究了变革对实施者和非实施者所在的整个系统有着怎样的要求
Ⅱ层级 准备(preparation)	这种状态下的非实施者已经着手准备实施变革
Ⅲ层级 机械实施(mechanical use)	在这个层级上,实施者把大部分的精力都放在短期、日常的变革实施上,几乎不花时间进行反思。在实施过程中所做的调整更多的是根据实施者自己的需要而不是当事人的需要来进行的。实施者想逐步地完成要求他们实施的革新任务,而这又通常会导致在实施过程中出现脱节和肤浅化、表面化的现象

---

① 姜荣华、马云鹏:《课程实施评定典范:方法论与方法》,《教育理论与实践》2009年第9期。

② [美]霍尔等:《实施变革:模式、原则与困境》,吴晓玲译,浙江教育出版社2004年版,第12、110、107、111、110、108页。

续表

实施等级	内涵
ⅣA层级 常规化（routine）	把变革的实施稳定化、常规化。几乎很少对实施进行任何改变或调整。很少准备或思考如何提高变革的实施效果
ⅣB层级 精制加工（refinement）	在这种状态下，实施者对变革的实施进行不断调整，希望能在短期内迅速加大对当事人的影响。此时，实施者已把调整建立在他们对变革短期和长期效果认识的基础上
Ⅴ层级 整合（intergradations）	在这个层级上，实施者把自己实施变革的努力与同事的相关活动结合起来，争取在他们力所能及的范围内对当事人产生一种集体的影响
Ⅵ层级 更新（renewal）	在这个层级上，实施者重新评价变革实施的质量，并努力做出重大调整或采取另一种方法来实施变革，希望能对当事人产生更大的影响，研究该领域的最新发展状况，为自己和整个系统探索新的发展目标

姜荣华、马云鹏对使用层级做了进一步的补充，指出使用层级作为质化研究工具依赖于研究者的"心理感觉"，研究结果容易出现与事实不符的判断，因此在理论上要进一步挖掘和完善。他们认为，"知识""执行状况"和"评估"比较重要，它们决定一个教师处于什么水平。另外，课程实施的八个层级之间的过渡不够明显，容易将不同层级的行为加以错误归类，因此要抓住实施层级之间的决策点。[①]

三　对本书研究的启发

"课程实施程度"是一个多向度的建构，不可被直接度量，研究者只能事先界定一些测量指标，例如行为指标、心理指标等，以便推断课程实施的程度。因此，清晰界定课程实施向度，是首要工作。其次，世界上并没有一种最佳的测量课程实施的工具，选择测量工具应以配合研究目的和所涉及的课程实施向度的性质为前提。在进行具体

---

① 姜荣华、马云鹏：《课程实施评定典范：方法论与方法》，《教育理论与实践》2009年第9期。

课程评价时,要考虑其具体的变革情境的特点与变革中组织文化的特点,考虑测量工具的适切性是前提。最后,由于课程实施是一个多向度的建构,研究者必须设法测试问卷和访谈资料的效度,要注意运用数据三角测定,将多来源的资料互相验证,以加强资料的信度和效度,显然这是个非常大的困难。①

---

① 张善培:《课程实施程度的测量》,《教育学报》1998年第26卷第1期。

第四章 中学德育课程实施的政策依据

第一节 中学德育课程标准解读

为适应社会发展和学生成长的需要,增强思想品德教育的针对性、实效性和主动性,依据《公民道德建设实施纲要》和《基础教育课程改革纲要(试行)》,2003年,教育部颁布《全日制义务教育思想品德课程标准(实验稿)》,中学德育课程改革开始全面推行。2011年,在充分吸收课程改革的经验和教训的基础上,对实验稿进行了修订,2016年,虽然课程名称变更为"道德与法治",但仍然以修订后的《义务教育思想品德课程标准(2011年)》为依据。

一 课程性质

《义务教育思想品德课程标准(2011年)》规定:"本课程是以初中生生活为基础、以引导和促进初中学生思想品德健康发展为根本目的的一门综合性的必修课程。"中学德育课的特性主要有以下几个方面:

思想性:任何国家在设置德育课程时,都会充分凸显其主流意识形态,包括哲学、思想、政治、道德、法律等,我国的德育课也不例外。"以社会主义核心价值体系为导向,深入贯彻落实科学发展观,根据学生身心发展特点,分阶段分层次对初中学生进行爱祖国、爱人民、爱劳动、爱科学、爱社会主义的教育,为青少年健康成长奠定基础。"[1] 这是中学德育课的灵魂,是课程的根本特性,也是课程存在

---

[1]《义务教育思想品德课程标准》(修订版),2011年。

第四章 中学德育课程实施的政策依据

的理由。

人文性：中学德育课在强调对学生的价值熏陶和引导的同时，突出在更广泛视野之中的人文启迪和人文渗透，"尊重学生学习与发展规律，体现青少年文化特点，关怀学生精神成长需要，用初中学生喜闻乐见的方式组织课程内容、实施教学，用优秀的人类文化和民族精神陶冶学生心灵，提升学生的人文素养和社会责任感"[①]。只有拥有深厚的人文精神和人格基础，思想才能有正确的基础，良好行为的形成才能有价值目标，才能培养出意志坚强、情感高尚、积极进取的人。因此，进行思想品德教育，必须借助思想文化传统，弘扬人文精神，以优秀的人文精神资源来拓展学生的人文视界，引导学生确立积极进取的人生态度，促进学生人格的健康发展。

实践性：人的思想品德是在社会生活和实践的基础上形成和发展起来的，"从学生实际出发并将初中学生逐步扩展的生活作为课程建设与实施的基础；注重与社会实践的联系，引导学生自主参与丰富多样的活动，在认识、体验与践行中促进正确思想观念和良好道德品质的形成和发展"[②]。中学德育课要求知行合一、言行一致，实践性特点是由中学德育课内容的本质特性和学生思想品德形成发展的规律决定的。新课程注重学生生活经验和实践的联系，倡导让学生通过自主参与，体验社会生活，有助于增强思想品德教育的实效性和针对性，达到思想的升华和品德的内化。

综合性：综合的课程形态是中学德育课构建方式，这种构建方式是以对社会公共生活本身的综合性的理解为基础的。"有机整合道德、心理健康、法律和国情等多方面的学习内容；与初中学生的家庭生活、学校生活和社会生活紧密联系；将情感态度价值观的培养、知识的学习、能力的提高与思想方法、思维方式的掌握融为一体。"[③] 中学德育课以生活的逻辑为依据，将学理上分开的心理健康、道德、法律和国情等方面的学习内容，进行新的逻辑构建，实现了有关知识在

---

① 《义务教育思想品德课程标准》（修订版），2011年。
② 《义务教育思想品德课程标准》（修订版），2011年。
③ 《义务教育思想品德课程标准》（修订版），2011年。

生活主题上的有机整合。它强调采用经验课程的学习方式，以体验式、活动式、参与式学习为主，使课程更适宜于初中学生身心发展的特点。

新课标进一步明确了中学德育课是以引导和促进初中学生思想品德发展为根本目的的课程。① 这为我们将中学德育课与其他课程、学校其他德育工作区别开来提供了依据。

第一，与其他课程相比，中学德育课更加突出道德性。德育的本质在于从他律转变为自律，激发学生自我提升的动机，"价值无法直接插入心灵"，如果没有对学习主体的了解与尊重，就不可能取得应有的效果。从课程设置上看，中学德育课虽然也有一定的课程目标、课程内容、教学时间、教学组织形式以及教学考核要求，也需要向学生传授知识，培养学生的记忆和理解等方面的能力，但它更关注人的情感态度和价值观领域，体现为通过学习，人在态度上是否赞同、情感上是否趋同、在行为上是否愿意体现，最终上升到人的信仰层面，成为一种稳定持久的道德信念和道德行为模式。② 它不仅要解决学生知不知的矛盾，而且要解决学生信不信、行不行的矛盾。如果教师如同对待语文、数学、外语等课程一样，希望强制施压以取得好成绩，换来的也只能是学生的表里不一，卷面上的答案和其实际的想法背离的结果。因此，中学德育课的教学过程在诉诸认知因素的同时，更强调通过情感、行动的经验去实现，通过学生的自主学习活动，在认识、体验与践行中促进正确思想观念和良好道德品质的形成与发展。

第二，与学校其他德育工作相比，中学德育课更加突出专门性。中学德育工作是一个运行完整的系统，包括中学德育课教学，其他各科教学工作，学校班主任工作，团、队、学生会等群众组织工作，学校环境文化和师生关系中的社会影响，各种社会环境与资源，等等。③ 在这一系统中，中学德育课具有明显的优势：具有统一的教学大纲和比较系统、相对稳定的教学内容，有统一的教学计划和教学进度，并

---

① 高德胜：《坚持·明确·完善·提高——思想品德课程标准修订的四个"关键词"》，《课程·教材·教法》2012年第3期。
② 刘黔敏：《德育学科课程：从理念到运行》，博士学位论文，南京师范大学，2005年。
③ 胡田庚：《新理念：思想政治（品德）教学论》，北京大学出版社2009年版，第12页。

且以课堂教学为基本形式，由专门的教师对学生进行由浅入深、循序渐进、有的放矢的思想品德和思想政治教育。以专门的学科形式出现的中学德育课，有助于系统而完整地对学生进行思想品德教育，这是其他德育途径无法比拟和替代的。

另外，中学德育课是以学科形式存在的直接德育课程，一直都因其陷入"关于道德知识"的教学而备受责难。西方国家在试图放弃直接德育课程之后，最终得出一个结论："在我们这个多元的社会里，尽管这种直接的灌输方法是无效的，然而任何道德上放任的企图也没有取得更好的结果。"[①] 20世纪80年代兴起的美国新品格教育运动就说明了这一点。

二 课程理念

一门课程的基本理念是构建这门课程的哲学基础和理论指导。中学德育课的课程理念，就是这门课程的哲学基础和理论指导，中学德育课内容的选择与安排、课程的实施、教学评价等都必须符合这些理念。[②]《义务教育思想品德课程标准（2011年）》提出本课程的三个基本理念是：（1）帮助学生过积极健康的生活，做负责任的公民是课程的核心；（2）初中学生逐步扩展的生活是课程的基础；（3）坚持正确价值观念的引导与学生独立思考、积极实践相统一是课程的基本原则。这三个基本理念对中学德育课的实施具有重大的理论指导意义。

这三个理念是一个相互依赖、相互支持的完整体系，三者缺一不可。这个体系的核心是帮助学生过积极健康的生活，做合格公民，这是目标理念；而初中学生逐步扩展的生活是构建课程的基础和前提，这是条件理念，即目标理念提出的基础；坚持正确的价值观的引导与学生独立思考、积极实践相统一是实现目标理念的关键，这是方法

---

① R. T. Hall, *Moral Education: A Handbook for Teachers*, Winston Press, Inc., 1979, pp. 12, 14.

② 范树成、周淑萍、于玲军：《思想品德新旧课程标准比较》，人民教育出版社2010年版，第50页。

理念。①

从表4.1中可以发现中学德育课基本理念的一些重要转变。

表4.1　　　　　　中学德育课的基本理念及分析概览

基本理念	分析说明
理念一：帮助学生过积极健康的生活、做负责任的公民是课程的核心	初中学生正处于身心发展的重要时期，自我意识和独立性逐步增强。在初中阶段帮助学生形成良好品德，树立责任意识和积极的生活态度，对学生的成长具有基础性的作用。中学德育课的任务是引领学生了解社会、参与公共生活、珍爱生命、感悟人生，逐步形成基本的是非、善恶和美丑观念，过积极健康的生活，做负责任的公民
理念二：初中学生逐步扩展的生活是课程的基础	思想品德是人在对生活的认识、体验和实践过程中逐步形成的。初中学生生活范围逐渐扩展，需要处理的各种关系日益增多。中学德育课正是在学生逐步扩展的生活经验的基础上，与他们一起体会成长的美好、面对成长中的问题，为初中学生正确认识成长中的自己，处理好与他人、集体、国家和社会的关系，提供必要的帮助
理念三：坚持正确价值观念的引导与学生独立思考、积极实践相统一是课程的基本原则	思想品德的形成与发展，离不开学生的独立思考和积极实践，国家和社会的要求只有通过学生的独立思考与实践才能为学生真正接受。中学德育课将正确的价值引导蕴含在鲜活的生活主题之中，注重课内课外相结合，鼓励学生在实践中进行积极探究和体验，通过道德践行促进思想品德的健康发展

第一，从知识本位理念向回归生活理念转变。面向学生生活实际，回归学生生活世界，这不仅是本次课程改革的一个重要的指导理念，而且对德育课程而言具有特殊的重要意义。鲁洁曾说："脱离生活去培养人的品德，必将使这种培养因为失去生活的依托和生活的确证而流于空虚、形式、无效。"蕴含知识本位理念的旧课程标准（教学大纲）的课程目标指向学生知识与技能的获得，课程内容受理想主义与工具主义的影响，强调道德认知和道德知识的灌输，忽视对学生情感、态度、价值观的培养，与学生的生活实际和身心发展相脱离。反观旧的中学德育课程实施，其教育的低效是有目共睹的。"此次道德教育课程改革的重点是要让道德教育回归学生生活，让思想教育的

---

① 韩震：《〈思想品德课程标准〉的理念和追求》，《思想政治课教学》2004年第1期。

内容充分融入生活,让一种以知识教育为主的道德教育走向强调知识、能力、情感态度价值观整合的,并以感受体验为基础的道德教育,让既往的单向灌输式的道德教育变成一种讨论性的、对话性的、分享性的道德教育,让过去孤立封闭在学校和课堂中的道德教育变成一种全息开放的道德教育,变成一种不是成人中心、权威中心的道德教育。"[1]

《义务教育思想品德课程标准(2011年)》从学生身心发展特点和德育规律出发,在基本理念部分明确提出"初中学生逐步扩展的生活是课程的基础""过积极健康的生活,做负责任的公民是课程的核心",它指出"思想品德是人在对生活的认识、体验和实践过程中逐步形成的""课程从学生的生活实际出发,直面他们成长中遇到的问题,满足他们发展的需要"。可见,新课程标准不仅将生活作为课程的基础和本原,而且将中学德育课的根本目的、所承担的教育任务,回归到生活这个本原中来。中学德育课是为青少年过有意义的生活而设置的课程,这是这门课程的特殊任务。

《义务教育思想品德课程标准(2011年)》提出,在教学中,要面向丰富多彩的社会生活,开发和利用学生已有的生活经验,选取学生关注的话题,围绕学生在生活实际中存在的问题,帮助学生理解和掌握社会生活的要求和规范,提高社会适应能力。具体来说,回归生活理念的内涵主要指:一是课程目标的确定要面向学生的现实生活;二是课程内容的选择要以学生的生活为基础。[2]高德胜指出,"回归生活实际上是要求德育课程从德目和知识体系中走出来,关注儿童及其生活""经过近十年的实践检验,证明是既能解决'间接德育'课程困局,又能回避'直接德育'课程缺陷的全新道路,为德育课程的设置开创了独特的'中国道路',必须坚持。"[3]

---

[1] 朱小蔓:《当前中国中学道德教育课程标准及其创新方式》,《全球教育展望》2004年第4期。
[2] 范树成、周淑萍、于玲军:《思想品德新旧课程标准比较》,人民教育出版社2010年版,第58—59页。
[3] 高德胜:《坚持·明确·完善·提高——思想品德课程标准修订的四个"关键词"》,《课程·教材·教法》2012年第3期。

第二，从社会本位理念向以生为本理念转变。课程究竟是注重于社会的发展，还是注重于个人的发展，一直是课程改革和教育理论研究需要面对的重要课题。我国学校德育课程在很长一段时间内，都存在"泛政治化"现象，强调德育课程的社会功能和工具价值，主张德育要以培养满足社会需要的社会主义接班人为最终目的，德育要满足社会的需要，为国家的政治、经济和文化服务。但在一定程度上忽视了人的自然性和个体性，忽视了学生自我发展的价值。

新课程倡导在传授本民族、本国家的核心价值和美德的同时，将发展学生的个性、能力、尊重人的自由和选择等理念作为思想品德教育极其重要的内容，将社会发展与学生个体发展放到同等重要的位置上，力求实现两者的结合。① 新课程表达了一种新的价值追求，认为道德教育是一种生命成长的过程，而非脱离生命体的外在束缚，主张德育应回到个体生命之中，遵循生命之道。

新课程向以生为本理念的转变，主要体现在以"生活"的话语带动中学德育课改革上，让中学德育课教学能够兼顾青少年的身心特点和社会需求倾向。课程的开发和设计始终围绕的改革思路和准则是：尽可能考虑学生的身心发展特点，加强课程内容与学生生活以及现代社会和科技发展的联系，建立以学生人格和谐发展为本的课程价值观。② 在课程内容的选择、呈现方式、教学过程上关注学生需要，以学生发展为本，更加符合与体现青少年身心发展的特点及其生活经验，激发学生的兴趣和共鸣，逐步引导学生形成正确的道德观和良好的行为习惯。

第三，从教师本位理念向教师价值引导与学生自主建构相统一的理念转变。在教师本位的传统学校教育中，教师负责教，学生负责学，教学是教师对学生单方面的"培养"活动，教师作为知识的化身进行单向的知识灌输，习惯于灌输式、填鸭式的教学，以教为中心，学围绕教转。在课堂上，教师成为主宰者，"双边活动"变成了

---

① 范树成、周淑萍、于玲军：《思想品德新旧课程标准比较》，人民教育出版社2010年版，第13页。
② 李敏、朱小蔓：《德育进步与教育改革引领下的初中思想品德课程发展》，《当代教育科学》2011年第22期。

"单边活动",教代替了学,教是基础,先教后学,学无条件地服从教,教学由共同体变成了单一体,学的独立性、独立品格丧失了,教也走向了其反面,最终成为遏制学的力量。教师越教,学生越不会学、越不爱学。在师生关系上习惯于对学生的控制,缺少对话、沟通,师生之间的权利义务关系比较混乱,学生权利经常得不到应有的保护,师生之间情感冷漠,缺乏积极的情感联系,使教学活动失去了宝贵的动力源泉。

《义务教育思想品德课程标准(2011年)》在基本理念部分指出:"坚持正确价值观念的引导与启发学生独立思考、积极实践相统一是本课程遵循的基本原则。"学生个体思想道德的形成,既要有教育者的价值引导,更要有受教育者的自主建构,或者说,个体道德的形成过程,是在教育者的价值引导下,学生个体经过修养和对道德规范的践行而自主生成的过程。课程改革正是力图改变那种根深蒂固的"教师本位"的教育传统,教师要"引领"学生了解社会、参与公共生活,珍爱生命,感悟人生,力求创设一种"润物细无声"的道德激励境界,尊重主体的道德需要,把具有导向作用的道德要求化作主体发自内心深处的自发生长机制,引导主体不断提升道德修养水平。

三 课程目标

作为课程实施的出发点和课程评价的指南,课程目标的重要性不言而喻。《义务教育思想品德课程标准(2011年)》规定:"本课程以社会主义核心价值体系为导向,旨在促进初中学生正确思想观念和良好道德品质的形成与发展,为使学生成为有理想、有道德、有文化、有纪律的社会主义合格公民奠定基础。"我们可以从两个方面来理解:一是"促进初中学生正确思想观念和良好道德品质的形成与发展",即"好人"的培养;二是"使学生成为有理想、有道德、有文化、有纪律的社会主义合格公民",即"好公民"的培养。

"好人"并不仅仅限于道德上的"好",还包括心理、能力和个性等方面的"好",为了实现培养"好人"的课程目标,不仅需要安排道德教育的内容,也需要安排心理健康、个性品质、能力(社会探究)提升的内容。"好公民"不仅意味着对政治(国家)生活的参与与投入（权利与责任），也意味着对介入国家政治生活和个人生活之间的公共生活的参与与投入（权利与责任）。为实现"好公民"的目标，不仅要进行基本的国情和法律教育，还要进行公共意识的启蒙。"好人"和"好公民"之间不是对立的关系，"好人"必然有公共生活和国家的维度；"好公民"首先是"好人"，在这个意义上，"好人"是对"好公民"的支撑；其次，"好公民"是对"好人"的提升，将个人的"好"提升到公共生活和国家政治生活的高度。① 具体而言，就是以情感、态度、价值观目标为核心，兼顾能力目标和知识目标的"三维"结构：

情感、态度、价值观目标包括六个方面的内容：感受生命的可贵，养成自尊自信、乐观向上、意志坚强的人生态度；体会生态环境与人类生存的关系，爱护环境，形成勤俭节约、珍惜资源的意识；养成孝敬父母、尊重他人、诚实守信、乐于助人、有责任心、追求公正的品质；形成热爱劳动、注重实践、崇尚科学、自主自立、敢于竞争、善于合作、勇于创新的个性品质；树立规则意识、法制观念，具有公共精神，增强公民意识；热爱集体、热爱祖国、热爱人民、热爱社会主义，认同中华文化，继承革命传统，弘扬民族精神，具有全球意识和国际视野，热爱和平。

能力目标包括六个方面的内容：学会调控自己的情绪，能够自我调适、自我控制；掌握爱护环境的基本方法，形成爱护环境的能力；逐步掌握交往与沟通的技能，学习参与社会公共生活的方法；学习搜集、处理、运用信息的方法，提高媒介素养，能够积极适应信息化社会；学会面对复杂的社会生活和多样的价值观念，以正确的价值观为标准，做出正确的道德判断和选择；学习运用法律维护自己、他人、国家和社会的合法权益。

知识目标包括五个方面的内容：了解青少年身心发展的基本常识，掌握促进身心健康发展的途径与方法，理解个体成长与社会环境的关系；了解我与他人和集体关系的基本知识，认识处理我与他人和

---

① 高德胜：《坚持·明确·完善·提高——思想品德课程标准修订的四个"关键词"》，《课程·教材·教法》2012 年第 3 期。

集体关系的基本社会规范与道德规范；理解人类生存与生态环境的相互依存关系，认识当今人类所面临的生态环境问题及其根源，掌握环境保护的基础知识；知道基本的法律知识，了解法律在个人、国家和社会生活中的基本作用和意义；知道我国的基本国情，初步了解当今世界发展的现状与趋势。

这三个目标是相互关联的统一整体，学生知识的掌握、能力的发展，最终以形成正确的情感、态度、价值观为追求，改变了旧课程标准"识记""理解""应用"的梯级认知目标体系。在三维目标结构中，知识目标是最基本的教学目标，它是能力目标和情感、态度、价值观目标的基础和依托，一个人没有知识，就很难有较强的能力，就难以形成正确的思想观念和道德品质，弱化知识目标，它们二者就成了无源之水、无本之木。能力目标是重要的教学目标，因为能力是人们认识和改造世界的能动性和创造力。[1] 情感、态度、价值观目标是最关键、最核心的目标。与其他课程标准不一样的是，中学德育课将情感、态度、价值观方面的目标置于更加突出的位置，强调学生多主动观察、多感受体验、多参与活动，在亲身经历中，在讨论对话中，在独立思考和理解认同中，使知识、能力、情感、态度得以整合。[2]

第二节　中学德育课教师应有的观念和行为表现

新课程要求教师提高素质、更新观念、转变角色，也要求教师的教学行为产生相应的变化。到底什么样的教师观念和教学行为才符合新课程的要求呢？根据《义务教育思想品德课程标准（2011年）》的要求，结合相关的理论研究，建立西北地区中学德育课教师的观念和教学行为分析框架，作为本书考察教师的观念和教学行为的依据。

---

[1] 肖川：《义务教育思想品德课程标准（2011年版）解读》，湖北教育出版社2012年版，第46页。

[2] 朱小蔓：《当前中国中学道德教育课程标准及其创新方式》，《全球教育展望》2004年第4期。

一 中学德育课教师应有的观念

（一）知识观

知识是教育教学活动的核心要素。我们怎样思考知识、对待知识，在很大程度上决定着我们如何思考教育、思考教学，决定着我们的课程理想与教学行为，知识观比课程观、教学观更为基础，也更为根本。① "每一次课程改革都是在特定的知识观推动下展开的，课程变革的历史无不折射出知识观本身的发展历程。"② 课程改革从本质上说就是知识观的转向。

新课程提出超越二元论的建构主义知识观，即知识是客观性与主观性的辩证统一，是以发现为主导的知识的接受与发现的辩证统一，是以建构为主导的知识的解构与建构的辩证统一，是知识的抽象性与具体性的辩证统一，同时还应该注意明示知识与默会知识的联系。③ 认为知识是动态的、建构性的、个体性的，知识获得的过程是学习者个体参与建构的过程，个人的热情、个人的探究、个人的见解都是知识不可缺少的组成部分。

中学德育课教师应具有这样一种动态性的、建构生成的知识观，应该强调知识的过程性、活动的建构功能，引导学生通过自主、合作、探究的学习方式，使学生把知识内化为自己的知识，使自己的知识成为最有价值的知识，使学生成为拥有最有价值知识的人。新知识观重塑的意义在于从学会知识到学会学习的转变，为学生的终身学习和长远发展奠定基础。

（二）课程观

课程观是人们对课程的基本看法，具体来说，课程观需要回答课程的本质、课程的价值、课程的要素与结构、课程中人的地位等基本问题。课程观支配着课程设计、课程实施，影响着学生的发展。④

---

① 潘洪建：《课程改革的知识观透析》，《教育科学》2004年第3期。
② 余文森：《论个体知识的课程论意义》，《教育研究》2008年第12期。
③ 钟启泉、崔允漷、张华：《为了中华民族的复兴，为了每位学生的发展——〈基础教育课程改革纲要（试行）〉解读》，华东师范大学出版社2001年版，第24页。
④ 郭元祥：《课程观的转向》，《课程·教材·教法》2001年第6期。

❖ 第四章 中学德育课程实施的政策依据 ❖

"课程"是一个至今为止人们都难以把握的概念,对课程概念多样化的理解,构成了多样化的课程观。当课程由"专制"走向民主,由封闭走向开放,由专家走向教师,由学科走向学生的时候,课程就不只是"文本课程"(教学计划、教学大纲、教科书等文件),而更是"体验课程"(师生实实在在地体验到的课程),即课程不再只是特定知识的载体,而是教师和学生共同探求新知的过程。教学过程成为课程内容持续生成与转化、课程意义不断建构与提升的过程。教学与课程相互转化、相互促进、彼此有机地融为一体。课程也由此变成一种动态的、生长性的"生态系统"和完整文化,这意味着课程观的重大变革。[①]

中学德育课教师应具有的课程观是,课程的内容和意义在本质上并不是对所有人都相同的,在特定的教育情境中,每一位教师和学生对给定的内容都有其自身的理解,对给定内容的意义都有其自身的解读,从而对给定的内容不断进行变革与创新,以使给定的内容不断转化为"自己的课程"。

(三)教学观

教学观是指教师对教学的本质和过程的基本看法。教师的教学观一经形成,就会在他们的头脑中形成一个框架,影响他们对教学过程中的具体事物和现象的看法以及在教学中的决策和实际表现,如教学内容的确定、教学方法的选择和设计、对教学实施过程和教学效果的评价,进而影响学生的学习。转变教师的教学观是新课程改革的重要目标之一,也是新课程得以成功的重要条件。[②]

《基础教育课程改革纲要》指出:课程实施要改变过于强调接受学习、死记硬背、机械训练的现状,倡导学生主动参与、乐于探究、勤于动手,培养学生搜集和处理信息的能力,获取新知识的能力,分析和解决问题的能力以及交流与合作的能力,在教学过程中,教师应与学生积极互动、共同发展,要处理好传授知识与培养能力的关系,

---

[①] 朱慕菊:《走进新课程——与课程实施者对话》,北京师范大学出版社2002年版,第114页。

[②] 高凌飚:《新课程背景下教师教学观初探》,《华南师范大学学报》(社会科学版)2004年第1期。

注重培养学生的独立性和自主性，引导学生质疑、调查、探究，在实践中学习，促进学生在教师指导下主动地、富有个性地学习。教师应尊重学生的人格，关注个体差异，满足不同学生的学习需要，创设能引导学生主动参与的教育环境，激发学生的学习积极性，培养学生掌握和运用知识的态度和能力，使每个学生都能得到充分的发展。

余文森认为，与新课程相适应的体现素质教育精神的教学观主要是指从教学目的而言全面发展的教学观；从师生关系而言交往与互动的教学观；从教学过程与教学结果而言开放与生成的教学观。这三种教学观彼此之间是相互联系、相辅相成的，只有从整体的高度把握每一种观念的精神实质，才能正确引领新课程的实施。[1] 高凌飚等人认为，新课程提倡的是"发展能力""端正态度"和"教书育人"的教学观，希望教师采取互动培育式的教学取向，这是新课程的理念导向。[2] 钟启泉等人认为，教学改革在观念上特别强调结论与过程的统一，认知与情意的统一，传统教学过分强调预设和封闭，封闭会导致僵化，只有开放，才能构建充满生命力的课堂教学运行体系。[3]

中学德育课教师应具有的教学观是，教学是一个动态开放的生成过程，是学生对教学内容自我建构的过程，是课程创生与开发的过程，是师生交往、积极互动、共同发展的过程。教学必须向学生的生活开放，尊重学生的独特感受、体验和见解，体现出"预设与生成、确定性与创造性、灵活性的辩证统一"。

（四）教师观

教师观指教师对自己在教学中应承担的教师角色、教师如何看待学生以及应追求什么样的师生关系的看法。

新课程不仅要求教师的观念更新，而且要求教师的角色转变。从教师与学生的关系上看，新课程要求教师应该是学生学习的促进者；从教

---

[1] 余文森：《论新课程背景下的教学观》，《福建师范大学学报》（哲学社会科学版）2006年第6期。

[2] 高凌飚、王晶：《教师的教学观——一个重要而崭新的研究领域》，《学科教育》2003年第7期。

[3] 钟启泉、崔允漷、张华：《为了中华民族的复兴，为了每位学生的发展——〈基础教育课程改革纲要（试行）〉解读》，华东师范大学出版社2001年版，第277页。

学与研究的关系上看,新课程要求教师应该是教育教学的研究者;从教学与课程的关系上看,新课程要求教师应该是课程的建设者和开发者;从学校与社区的关系上看,教师应该是社区型的、开放的。"一切为了每一位学生的发展"是新课程的最高宗旨和核心理念。

新课程倡导教师这样看待学生:学生是处于发展过程中的人,学生的身心发展是有规律的,学生具有巨大的发展潜能;学生是完整的人,每个学生都有自己的独特性,学生与成人之间存在着巨大的差异;学生是具有独立意识的人,学生是学习的主体,学生是责任主体。

建立新型的师生关系,既是新课程实施与教学改革的前提条件,又是新课程实施与教学改革的任务,师生关系包括师生伦理关系和师生情感关系。面向新时代,我们应努力创建民主、平等和促进个性发展的师生伦理关系,建立一种以师生全面交往为基础的师生情感关系,真正使师生关系焕发出迷人的光彩。为此,需要教师全身心的真情投入,在完善教学活动和完善个性两个方面共同努力。这也将成为本次课程改革最靓丽的风景线。[①]

二 中学德育课教师应有的教学行为

(一) 教学目标的制定与落实

中学德育课与其他课程的最大区别是,它不仅重视知识的传授,而且注重学生情感、态度、价值观的培养。掌握知识固然重要,没有一定的知识作为基础,也就谈不上情感、态度、价值观的培养,但如果在中学德育课教学中,学生通过学习,只能背诵一些枯燥的心理知识、道德知识、法律知识和国情知识,而没有健康的心理,道德水平低下,法制观念淡薄,更无爱国之情,那我们的思想品德教育就是极大的失败。新课程标准将情感、态度、价值观的培养放在首位,特别重视学生的情感体验和道德实践,力图整合人文主义教育和科学主义教育,发展学生的道德人格,关注学生的日常经验,为学生提供一种人性化的课程,以促进学生和谐、均衡的发展。因此,在教学实践中,在课程目标的落实

---

① 朱慕菊:《走进新课程——与课程实施者对话》,北京师范大学出版社2002年版,第120—127页。

上,过分强调知识目标、能力目标,忽视情感、态度、价值观目标是不可取的。

另外,教学目标的制定是以分析学情和分析教学任务为前提的,单一的学习目标无法满足学生的多种需求,因此,教师要充分考虑学生的个体差异,打破单一格局,给予学生多种选择的机会,这是因材施教的最基本原则。同时,对教学目标的表述措辞要准确,所采用的行为动词不能有多义性,也就是说要将学生的学习结果以一种特定的行为方式来陈述,这样,教学目标才能变得清晰明确,具有可操作性。①

(二)教学内容的处理

教材是教学活动的媒介,是教师向学生传递教学内容的载体。在传统课堂教学中,教材是"圣经",教材内容不容置疑,在教学中,教师几乎只要照搬教材中的内容,"教教材"就可以完成教学任务了。但是,新课程对教师在处理教学内容的能力方面提出了更高要求,教材只是教学的"范例"而已,对教学内容的处理,应该根据教学目标,在一种动态、开放的过程中进行富有个性化的处理。因此,教师"要了解和研究教材的整体布局,把握教材具体内容在单元和整套教材中的地位、任务……在合理使用教材的基础上,教师应创造性地组织教学内容,设计合理的教学结构"。不仅如此,教材只是"学生学习的基础性资源",教师在进行教学设计时,要根据新课程"贴近生活、贴近学生、贴近实际"的要求,"面向丰富多彩的社会生活,善于开发和利用初中学生已有的生活经验,选取学生关注的话题组织教学,为学生的思想道德成长服务"。

中学德育课是一门蕴含"生活智慧"的德育课程,这意味着师生所交流的"话题"涉及领域非常宽泛,教学内容早已超出了教材的范围,因此充分开发与利用课程资源是教学内容处理中的一个重要方面。"教师应树立融合、开放、发展的课程资源观,整合并优化课程资源,充分发挥各种课程资源的人文教育功能,使之为课程实施和教

---

① 黄桂英:《试论思想政治课课堂教学目标的设计与陈述》,《中小学教师培训》2006年第10期。

学服务"。

（三）教学方法的使用

教学方法的变革是课堂教学变革的突破口，而教学变革的落脚点在于学生学习方式的变革，关于如何引导学生学会学习，《义务教育思想品德课程标准（2011年）》提出："教学中，教师要激发学生的学习积极性，引导学生通过调查、参观、讨论、访谈、项目研究、情境分析等方式，主动探索社会现象与自我成长中的问题，在合作和分享中扩展自己的经验，在自主探究和独立思考的过程中增强道德学习能力。"

《义务教育思想品德课程标准（2011年）》强调体验教学，提出"情感体验和道德实践是重要的道德学习方式""引导和帮助学生通过亲身经历与感悟，在获得情感体验的同时，深化思想认识""鼓励学生在实践中进行积极探究和体验"等。情感体验的具体方法有运用音乐、录像、演示引导学生体验，开展活动引导学生体验。

《义务教育思想品德课程标准（2011年）》强调生成教学，"生成"是一个与"预设""既定"相对的概念，具有复杂性、情境性、隐蔽性的特点，生成教学的实施需要在情境中生成，在互动中生成，在生活中生成，在探究中生成。

《义务教育思想品德课程标准（2011年）》强调开放教学，具体方法有角色变换法、游戏学习法、分层教学法、伙伴学习法、交流体会法、改变教学场所法。

《义务教育思想品德课程标准（2011年）》强调参与教学，参与的方式是多种多样的，主要有阅读、观察、思考、讨论、探究、体验、角色扮演、练习、反思、评价等。[1]

（四）教学评价

中学德育课的评价，主要是对初中学生学习中学德育课内容的理解和接受程度、运用能力和心理素质、道德行为、法律意识和对国家、社会的责任感的评价。追求真实、公正、可信、客观的评价，通过评价，鼓励和促进学生认真学好中学德育课，努力提高学习质量和

---

[1] 范树成、周淑萍、于玲军：《思想品德新旧课程标准比较》，人民教育出版社2010年版，第120—132页。

增强学生的自信心和进取意识，形成学生良好的思想品德。

不可否认，当前整个社会"以分数论英雄"的片面、失误做法，严重制约了素质教育的推进，也在一定程度上成为中学德育课程改革的最大障碍，因此，教师应全面理解评价目标、掌握正确的评价方法，根据新课程的相关要求进行教学评价。

《义务教育思想品德课程标准（2011年）》指出："思想品德课程的评价目标是，考查学生达成学习目标的程度，提高教学质量，保证课程目标的实现，使评价成为促进教师教学、学生思想品德发展与提高的有效手段。"为实现这一目标，教师应坚持正确的评价原则，第一，在设计课程方案时，应以课程目标和课程内容为依据，体现学科评价特点，搜集学生学习的完整信息，客观评价学生的思想道德状况。第二，突出对学生思想品德素质的评价，坚持发展性评价和开放性评价、形成性评价与总结性评价相结合，在评价内容、评价方式、评价的可行性与可操作性等方面进行探索与实验。第三，坚持评教与评学相结合，充分发挥评价的导向作用，通过评价活动，帮助教师总结与反思，改进教学，进而更好地实现课程目标。

另外，中学德育课提倡全面、科学、有利于学生品德发展的评价方式，主要有观察、描述性评语、项目评价、谈话、成长记录以及考试方式的灵活应用。同时，在课程评价的取向上重视采用灵活多样、具有开放性的质性评价方法，不仅仅把笔试作为收集学生发展的证据手段，同时还将考试和其他评价方法有机结合起来。在评价过程中要求评价应客观地记录学生学习状况和思想品德的成长发展过程，关注学生的发展差异及发展中的不同需求和特点，以进行有针对性的指导。[①]

[①] 肖川：《义务教育思想品德课程标准（2011年版）解读》，湖北教育出版社2012年版，第74—79页。

第五章 研究的目的与方法

第一节 研究的目的

课程实施是课程改革取得成功的关键环节,当文件课程或规划课程落实到学校之后,教师如何理解并实施新课程,是需要关注的重点问题。作为最重要的实施主体,教师在其中的作用无可替代。教师改变不仅是课程实施的重要途径,而且是课程变革的一个基本目标。[①] 正如雅克德·洛尔所言:"没有教师的协助及其积极参与,任何改革都不能成功。"[②] 古德森也强调,只有当教师的个人投入被视为变革动力及其必要目标时,教育变革才最有效。[③] 因此从教师入手研究课程实施问题,是被许多研究者认同的恰当的研究策略。[④] 而对教师的研究应从教师的观念与教学行为两个层面着手,以此完整地呈现教师实施课程的基本现状。本书的核心问题可以这样界定:教师是如何实施中学德育课的。

本书以西北地区初级中学为研究场域,以这些学校的中学德育课教师为主要研究对象,考察教师到底是如何实施中学德育课的。具体而言,教师具有怎样的知识观、课程观、教学观和教师观,在教学中教师

---

① 尹泓飚、李子建:《课程实施与教师心理变化》,第八届课程专家论坛论文,浙江杭州,2006年,第55页。
② 联合国教科文组织总部:《教育——财富蕴藏其中》,中文科译,教育科学出版社1996年版,第15页。
③ I. Goodson (2001), "Social Histories of Educational Change," *Journal of Educational Change*, 2 (1): 45–63.
④ 马云鹏:《课程实施及其在课程改革中的作用》,《课程·教材·教法》2001年第9期。

如何制定和落实教学目标，如何调整教学内容，采用了怎样的教学方法，如何进行教学评价等，以及影响教师实施新课程的因素是什么，影响程度如何，以此展现西北地区中学德育新课程实施的现状，并提出一些促进中学德育课程实施的对策建议。本书的目的是：

1. 揭示西北地区中学德育课教师持有的观念以及不同教师群体的观念差异。
2. 了解西北地区中学德育课教师的教学行为特征及不同教师群体的教学行为差异。
3. 发现影响西北地区中学德育课教师实施新课程的因素及各因素的影响程度。
4. 分析西北地区中学德育课实施中存在的问题及原因。
5. 提出进一步深化西北地区中学德育课程改革的政策建议。

第二节 研究的内容与框架

课程变革专家富兰（2001）指出，课程实施至少包括三个层面的改变：使用新的或修订后的材料、采用新的教学方法、改变信念。就本书所针对的中学德育课而言，在新的课程标准颁布之后，中学德育课教材在内容的选择、组织方式、教材的编排、呈现方式等方面都有了明显的改变，说明课程材料已经发生变化。自然，关于后两个层面的改变就进入中学德育课程实施研究的视野之内。富兰还指出："教育变革依赖于教师做和想些什么——就这么简单，也就这么复杂。"古德莱德等人关于课程和课程变革问题的分析说明，国家在正式颁布文件课程之后，课程落实到学校这个实施场域，当教师开始领会课程，并根据自己的理解在课堂上实际运作课程时，真正的有意义的变革才开始，对一场完整的课程变革的理解，重要的还在于对教师观念及其教学行为变化的理解。也正是基于这一点，研究者们达成的共识是：衡量一场变革的成败，最根本的是要看课堂上、教室里发生的变化，其核心人物即为教师。因此，本书研究的基本思路是选择中学德育课程实施的关键人物——中学德育课教师作为切入点，抓住中学德育课教师在实施新课程中的两个关键领域——教师的观念（领会的课

第五章 研究的目的与方法

程）和课堂教学行为（运作的课程）来开展研究，以了解教师实施中学德育课的现状。具体的研究内容是：

（1）以中学德育课文件课程作为西北地区课程实施的"图景"，确立本书研究和分析的一个"参照物"。

（2）考察教师的观念是否与新课程理念相一致？具体在知识观、教学观、课程观和教师观方面的特点是什么？不同类别（城乡、学历、性别、骨干与非骨干、教龄、职称）教师具有怎样的观念差异？

（3）考察教师是否根据新课程理念来开展课堂教学？具体在教学目标的制定与落实、教学内容的处理、教学方法的使用和教学评价方面是如何进行的？不同类别（城乡、学历、性别、骨干与非骨干、教龄、职称）教师的教学活动具有怎样的差异？

（4）教师实施新课程的过程，受到教师自身、课程、学校以及社会等各种因素的综合影响，这些因素如何影响教师？影响程度如何？各种因素对不同类别（城乡、学历、性别、骨干与非骨干、教龄、职称）教师的影响程度如何？

（5）制约西北地区中学德育课程实施的主要困难是什么？有何表现？

本书试图通过对上述问题的研究，揭示我国西北地区中学德育课程实施的现状，针对存在的问题和主要困难提出进一步促进中学德育课程实施的若干建议。本书的基本框架如图 5.1 所示。

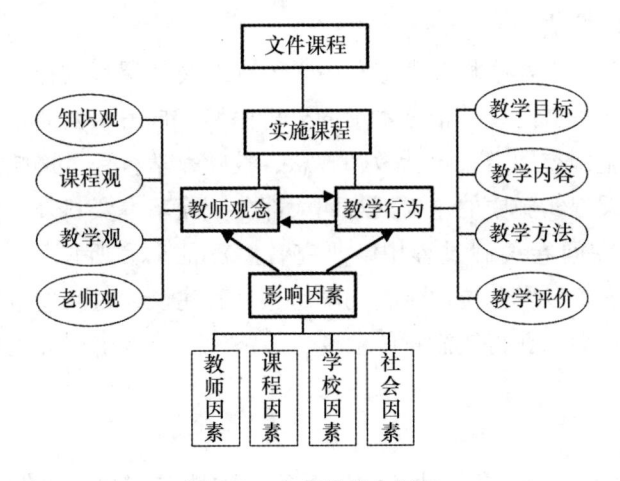

图 5.1　本书的基本框架

第三节 研究方法

本书采用量化研究与质化研究相结合的混合研究取向。"量的研究的长处恰恰是质的研究的短处,而质的研究的长处恰恰可以用来填补量的研究的短处。在同一个研究项目中使用这两种不同的方法,可以同时在不同层面和角度对同一研究问题进行探讨,可以结合宏观和微观,行为和意义,自上而下验证理论和自下而上建构理论。可以同时收集不同类型的原始资料,为研究设计和解决实际问题提供更多的灵活性。不同的方法之间可以相互补充,共同揭示研究现象的不同侧面。"[①] 本书通过问卷调查,一方面,进行量化分析,揭示西北地区中学德育课教师的观念和教学行为现状以及教师有关课程实施的影响因素和对主要困难的认知倾向,并以城乡、学历、性别、教龄、职称、骨干与非骨干等为背景变量,分析不同类别教师之间的差异性。另一方面,进行质化研究,以访谈和课堂观察建立"情境化的""主体间性的"意义解释,从而更准确、真实地了解教师的观念和行为现状,影响教师实施新课程的因素和主要困难以及这些现象背后的原因等,并为量化分析结果提供补充。

一 问卷法

通过对课程实施相关理论和中学德育课文件课程的梳理,参考问卷编制的相关文献,并依据本书的分析框架,自编了西北地区中学德育课程实施调查问卷,包括教师观念、教师教学行为、影响课程实施的因素和课程实施中的主要困难四大部分,除基本资料外,问卷共计63道题。在问卷编制过程中,研究者广泛征询和听取了有关专家、教研员、教师以及几位博士生同学的意见和建议,对问卷进行反复修订并实施预测,获得较满意的信度,最终确定了本书研究的量化研究工具。

---

① 陈向明:《质的研究方法与社会科学研究》,教育科学出版社 2000 年版,第 472—473 页。

❖ 第五章 研究的目的与方法 ❖

对教师观念的考察采用了量表的形式，量表编制以《义务教育思想品德课程标准（2011年）》为依据，并结合相关文献将新课程改革的核心理念提炼为知识观、课程观、教学观和教师观四个部分。知识观主要考察教师对知识的性质和价值、知识的习得方式的看法；课程观主要考察教师对课程实施以及对课程的价值取向和功能的看法；教学观主要考察教师如何看待教学中教育对象的主体性、在教学过程中如何进行调适以及关于课程的教学策略的看法；教师观主要考察教师在自我角色、职业适应、师生关系和对学生学业评价等方面的看法。采用Likert 5点计分方式，由被调查教师根据自己的观念取向，在"非常不赞同""不赞同""中立""赞同""非常赞同"选项上勾选一个答案，分别记作1、2、3、4、5分（反向题反向计分），得分越高，表示越趋向于认同新课程理念，反之则表示越趋向于传统理念。

表5.1　　　　教师观念量表的内容维度与对应的题号

内容	题号
知识观	A1—A5
教学观	A6—A12、A23
课程观	A13—A16、A19、A20、
教师观	A17、A18、A21、A22、A24—A27

教师观念量表的Cronbach's α信度系数为0.785，各分量表Cronbach's α信度系数在0.512—0.601。量表的结构效度采用主成分分析法，因素分析结果显示：特征值大于1的因子对总量表累计可解释60.52%的方差，在各分量表上累计可解释的方差在42.24%—59.74%。量表的信度和效度均较为令人满意。

教师教学行为主要包括教师在制定教学目标时的依据，在落实教学目标时对三维目标的关注点，对教学内容的处理方式，教学方法的使用情况以及教学评价四个方面。

关于影响课程实施的因素，本书主要从教师影响因素方面进行考察，并将教师影响因素的方式分为教师的知识和教师的心理两个维度，其中有关教师知识结构，舒尔曼（Schulman）认为，教师知识应包括学科知识、一般教学知识、课程知识、学科教学知识、学生以及学习特点的知识、教育情境的知识、教学目的与价值知识，这种观点在理论界具有一定的代表性。我国学者林崇德从更大跨度上提出将教师知识分为本体性知识、条件性知识和实践性知识三种。本书结合二者对教师知识的分类，从三个方面认识教师知识的组成，即教师的学科内容知识、教学知识和实践性知识。本书仅考察教师心理对课程实施的影响，主要指教师对教学的情感、动机和态度等。

表 5.2　　　　　　　　　　教师观念量表的信度

信度	总量表	知识观	教学观	课程观	教师观
Cronbach's α	0.785	0.571	0.52	0.601	0.512

表 5.3　　　　　　　　　　教师观念量表的效度

	总量表	知识观	教学观	课程观	教师观
KMO 特征值	0.756	0.658	0.679	0.644	0.628
累计可解释方差（%）	60.52	59.74	42.24	51.87	44.77

关于课程影响因素，本书主要从课标、教材、教参和课程资源四个方面加以考察。关于课标，主要指对课标理念的认同、课标目标是否明确、有无明确具体的实施建议等；关于教材，主要指教材内容选择、呈现方式等的适宜性；关于教参，主要指附录教案、其他教辅资料等的影响；关于课程资源，主要指实验设备、校园网络、图书、活动材料、大众媒体、公园、博物馆等。

关于学校影响因素，主要从校长、学校文化和学生等方面加以考察。校长是学校行政的首席代表，对课程实施承担着领导、决策等方面的职责，其影响主要指他的领导风格、性格和学科背景等；学校文化是教师在长期生活中积淀下来的思想观念、行为方式和生活习惯等，主要指学校的办学理念、教师的教研活动、备课模式、教师间的人际关系等；学生是我们的教育对象，是参与课程实施的主体之一，学生对课程实施的影响主要指学生的差异、课堂反应、班级规模等。

关于社会影响因素，主要从社会教科研活动、教育行政支持和学生家长三方面加以考察。社会教科研活动，主要指专家讲座培训、校外教研机构开展专题研究、教学评比等；教育行政支持，主要指教育行政部门制定并落实有关的支持性措施；学生家长主要指家长的支持程度、与学校的互动等。

问卷中制约中学德育课程实施的因素，主要是研究者在进行研究设计和问卷编制前期与一线教师和教研员广泛交流而获得的，是教师们普遍反映的课程实施的困难，同时也结合了相关文献，主要包括教师自身能力素质、资源、学校实施环境、教材、评价、学生和家长的支持等方面。

表5.4 教学行为、主要困难和影响因素问卷内容维度和对应题号

	内容	题号
教学行为	教学目标的制定与落实	B1、B2
	教学内容的处理	B3
	教学方法的使用	B4
	教学评价	B6
主要困难	教师素质	C1、C2
	资源	C3、C4
	培训	C5
	班级规模	C6
	学生	C7
	学校环境	A28、C8、C9
	教材	C10—C13
	评价	C14
	家长	C15
影响因素	教师因素	D1—D4
	课程因素	D5—D8
	学校因素	D9—D12
	社会因素	D13—D15

对于问卷调查所得到的数据资料，主要采用 SPSS 19.0 进行分

析。分析分两个方面：其一，进行描述性统计，就每一个问题的平均数、百分比等进行计算分析，就整体情况做出描述性说明；其二，对教师观念进行推断统计，进行变量之间的均值比较。

二 访谈法

与其他研究手段相比，访谈具有独特而又十分重要的功能。访谈的主要特点在于"了解受访者的所思所想，包括他们的价值观念、情感感受和行为规范；了解受访者过去的生活经历和他们耳闻目睹的事件，特别是事件发生的过程"[①]。通过深度访谈，能够直接了解教师、校长、教研主任有关中学德育的一些具体的认识、理解和看法，以及教师在实际运作课程时做了什么、为什么采用那样的做法、是什么影响了教师、校长的做法，等等。

访谈方式有正式的和非正式的两种，本书主要采用正式访谈。在正式访谈之前，研究者开发设计了访谈提纲，主要围绕教学目标的确定、教学内容的组织与处理、教学方法的选择、对学生的学习评价展开。同时还涉及一些与学校的管理、教师的研修和发展等方面相关的问题，如教研组是如何开展教研活动的？校长的管理理念如何？课程实施中的困难是什么？对中学德育课教师职业的看法等，试图从更为宽泛的背景上了解教师的教学活动特点，也更为真实地了解教师的观念和内心感受。此外，在访谈中，研究者还鼓励他们提出自己的问题，希望研究对象能够无拘无束地表达个人的想法，以这种开放式的形式获得了许多有价值的信息。

本书正式访谈学校管理者、教师共25人次。对教师的访谈，以正式的深度访谈为主，访谈一般在听课后及时进行，如果课后不能立即进行访谈，则根据教师方便的原则，请教师确定时间进行访谈。在访谈之前，研究者会事先与个案学校进行沟通，希望能提供一个独立的空间，为研究者与教师的深入、广泛交流创造条件。访谈的学校管理者包括校长、教研主任和政教（德育）主任，与他们的访谈主要围绕学校的管理和考评展开，以了解学校所营造的环境对教师观念和课堂教学的影

[①] 陈向明：《质的研究方法与社会科学研究》，教育科学出版社2000年版，第170页。

响。此外，研究者还与 1 名县教育局局长进行了深度访谈，主要围绕该县在考评、教师待遇、新课程实施等方面制定的政策措施展开。

对教师的访谈一般都会持续 40—50 分钟，有的进行了 1 个小时，对 3 位教师访谈 2—3 次，与学校管理者的访谈时间不够集中，特别是与校长的访谈，容易被中断和受到打扰。另外，研究者还参与了 3 次学校的教研组活动，以其他非正式访谈的形式获取了有关信息。访谈的记录方式是在征求对方同意的情况下录音，之后，对录音资料进行整理，将录音逐字逐句地记录为文本，并进行分类编码，以便结合相关理论进行有意义的话语分析。

表 5.5 访谈情况统计

访谈对象	访谈次数			
	校长	教务或政教主任	教师	合计
农村中学 N1	1	1	6	8
农村中学 N2	1	1	4	6
城市中学 C1	1	0	6	7
城市中学 C2	0	1	3	4
合计	3	3	19	25

三 观察法

使用观察法，不仅能够对研究的现象得到比较具体的感性认识，而且可以深入被观察者的文化内部，了解他们对自己行为意义的解释。研究者主要是在课堂上进行课内观察，是对教师和学生的课堂教学活动的观察，具体观察内容包括教学的主要环节、教学内容类型、师生角色关系、学生的学习方式和投入状态、教学活动的形式、种类和时间、教学管理、教师主要的教学方法等，以了解教师课堂教学的基本特征，如对教学预案的落实情况，针对实际教学情境有无理性或自觉的调整，做了什么样的改变，对学生的情绪或投入状态与主要学习进程有些什么样的影响。课外观察主要是针对中学德育课程实施的支持环境的观察，如学校的校本教研情况、教研组集体备课情况、学校的课程资源、学生的日常校园活动等，以了解影响中学德育课程实施的主要因素。研究者课堂听课共计 23 节。同时，开发了课堂教学观察记录表等基本研究工具，记录的方式采用以事件为时间间隔，对教师和学生的语言、教学内容的处理、所运用的教学方法、课堂上的重要事件和课堂氛围等进行记录，同时记下研究者自己的感受，以此作为访谈的切入点，并可以和访谈的内容互相印证。

表 5.6　　　　　　　　　课堂观察情况统计

	七年级	八年级	九年级	备注
农村中学 N1	4	2	3	共听课 6 人，其中 3 人均听课 2 节
农村中学 N2	2	2	2	共听课 4 人，其中 2 人均听课 2 节
城市中学 C1	0	2	2	共听课 4 人，每人均听课 1 节
城市中学 C2	2	1	1	共听课 3 人，其中 1 人听课 2 节
合计（节）			23	

四　文献研究法

文献研究法能够帮助研究者掌握所要研究问题的情况，为研究提供科学的论证依据等。研究者需要从大量相关的书籍、国内外博硕论文、期刊等搜集有关课程实施的内涵、取向、策略、影响因素和测量的方法等文献资料，初步建立研究课程实施的理论模型；同时还要对文件课程进行深入研究，在此基础上结合中学德育课的学科特点、新课程的特点等为本书提供政策依据和研究思路。

第四节　研究的样本

一　样本的选择

本书的样本总体为西北地区中学德育课教师，但是作为一项研究，我们没有能力也没有必要对研究对象进行全部的研究，而是从总体中选取一些能为研究问题提供最大信息的样本进行研究。由于中学德育课自身的特点，一般一所规模适中的初级中学，担任德育课的教师也只有五六人，"副科"教师少且分散，这使得获取问卷成了一个难度较大的任务，因此，本书采用了整群随机抽样的方法。一方面，研究者利用西北师范大学、宁夏大学的教师培训机构培训中学德育课教师的机会，当场发放问卷并收回；另一方面，研究者选择一定区域邮寄问卷或前往当地学校发放问卷。根据经济和教育发展水平的不同，在甘肃省选取了兰州市（一类地区）、天水和酒泉（二类地区）、白银和武威（三类地区）、临夏和甘南（四类地区），再从这些地区随机选取一些学校的中学德育课教师进行问卷调查。在选取调查样本时，尽量使调查对象在农村、城镇和城市学校，一般学校、市级重点学校和省级重点学校的分布全面。研究者从甘肃、宁夏、新疆三个省区进行抽样，被调查教师来自111所中学，共发放问卷450份，回收389份，问卷回收率为86.4%，其中有效问卷344份，有效问卷回收率为76.4%。

二 样本的构成

（一）样本的城乡分布

表5.7　　　　　　　　被调查教师的城乡分布

	人数（人）	百分比（%）	有效百分比（%）
城市	107	31.1	31.2
农村	236	68.6	68.8
缺失	1	.3	
合计	344	100.0	

本书将学校所在地为省会城市和地级市的学校称为城市学校，学校所在地为县城和乡镇的学校称为农村学校。从表5.7可以看出，在被调查教师中，城市教师人数为107人，占样本总数的31.1%，农村教师人数为236人，占样本总数的68.6%，农村教师的比例高于城市教师。

（二）样本的性别分布

表5.8　　　　　　　　被调查教师的性别分布

	人数（人）	百分比（%）	有效百分比（%）
男	149	43.3	43.4
女	194	56.4	56.6
缺失	1	0.3	
合计	344	100.0	

从表5.8可以看出，在被调查教师中女教师人数为194人，占样本总数的56.4%，男教师人数为149人，占样本总数的43.3%，女教师的比例高于男教师。

（三）样本的学历分布

表5.9　　　　　　　　被调查教师的学历分布

	人数（人）	百分比（%）	有效百分比（%）
初中	2	0.6	0.6
高中	3	0.9	0.9
中师	4	1.2	1.2
大专	51	14.8	14.9
本科	276	80.2	80.5
硕士及以上	7	2.0	2.0
缺失	1	0.3	
合计	344	100.0	

表5.10　　　　　　被调查教师的最高学历获取方式分布

	人数（人）	百分比（%）	有效百分比（%）
全国统考	150	43.6	44.0
函授	84	24.4	24.6
成人高考	18	5.2	5.3
脱产进修	8	2.3	2.3
在职进修	27	7.8	7.9
自考	52	15.1	15.2
其他	2	0.6	0.6
缺失	3	0.9	
合计	344		

教师的学历在一定程度上反映了教师的基本素质，也在很大程度上影响着教师对课程改革的适应和参与程度。从表5.9可以看出，在被调查教师中，初中、高中、中师以及硕士以上学历的教师人数分别为2人、3人、4人和7人，分别占样本总数的0.6%、0.9%、1.2%和2.0%，研究生学历非常少，而大专和本科学历的教师人数分别为

51人和276人，分别占样本总数的14.8%和80.2%，本科学历的教师在数量上占据了绝大多数。但是从最高学历的获取方式上可以看出，通过自考、函授、成人高考等方式获取学历的教师占据了样本总数的一半以上。本书将学历人数较少的进行合并，即分为大专及以下、本科及以上两类。

（四）样本的骨干和非骨干教师分布

表5.11　　　　　被调查教师的骨干和非骨干教师分布

	人数（人）	百分比（%）	有效百分比（%）
骨干	152	44.2	45.2
非骨干	184	53.5	54.8
缺失	8	2.3	
合计	344	100.0	

从表5.11可以看出，在被调查教师中，骨干教师人数为152人，占样本总数的44.2%，非骨干教师人数为184人，占样本总数的53.5%。

（五）样本的教龄分布

表5.12　　　　　被调查教师的教龄分布

	人数（人）	百分比（%）	有效百分比（%）
1—5年	79	23.0	23.2
6—10年	73	21.2	21.4
11—15年	75	21.8	22.0
16—20年	66	19.2	19.4
21年及以上	48	14.0	14.1
缺失	3	0.9	
合计	344		

从表5.12可以看出，在被调查教师中，教龄在21年及以上的教师人数为48人，占样本总数的14.0%，人数比例相对较少，其他教龄教师的人数比例相差不大。

（六）样本的职称分布

表 5.13　　　　　　　　被调查教师的职称分布

	频率（人）	百分比（%）	有效百分比（%）
中教高级	22	6.4	6.5
中教一级	128	37.2	37.5
中教二级	149	43.3	43.7
中教三级	6	1.7	1.8
中教特级	4	1.2	1.2
未定	32	9.3	9.4
特级	0	0.0	0.0
缺失	3	0.9	
合计	344	100.0	

从表 5.13 可以看出，在被调查教师中，中教一级职称教师的人数为 128 人，占样本总数的 37.2%，中教二级职称教师的人数为 149 人，占样本总数的 43.3%，这两类教师占据了样本总数的主体部分，但是，没有一名中学德育课教师是特级教师。未定职称教师为 32 人，占样本总数的 9.3%。将未定职称教师与学校所在地交叉列表分析发现，未定职称教师在乡镇学校的就有 16 人，在县城学校的有 10 人，特别是在乡镇学校的 16 人中，有 11 人是非思想政治教育专业毕业的教师，说明在师资缺乏的乡镇学校，在语文、数学、外语等主科教师都难以保证数量充足和专业对口的情况下，中学德育课作为"副科""边缘学科"，其教师的专业性就更加难以保证了。这些未定职称教师，很大一部分就是作为"特岗"教师补充到偏远地区师资队伍中的，这些地区的中学德育课往往就是由缺乏经验和专业不对口的教师任教的。

三　个案学校教师的选择

本书遵循目的抽样和典型性抽样原则，从甘肃兰州市和临夏州分别选取两所教育质量处于中等水平（依据当地教育行政部门的考核、社会和家长的评价）的城市和农村初中，共 4 所学校。其中，研究者重点选择了教学水平较好的骨干教师和中等水平的教师为个案样本，但是在临夏某乡镇学校，该校仅有 4 位德育课教师，他们全部成为本研究的个案。这两所城市学校代码分别为 C1 和 C2，两所农村学校的代码分别为 N1 和 N2。

表 5.14　　　　　个案学校中学德育课教师样本情况

教师编号	性别	学历	教龄	备注
N1T1	男	本科	5	
N1T2	男	本科	17	教研组长
N1T3	女	专科	8	
N1T4	男	本科	18	学科带头人
N2T1	女	专科	2	
N2T2	男	本科	15	政教主任
N2T3	女	本科	2	
N2T4	女	本科	1	
C1T1	女	本科	11	教学新秀
C1T2	女	本科	16	教研组长
C1T3	女	硕士	12	
C2T1	女	本科	14	学科带头人
C2T2	男	本科	8	
C2T3	女	本科	3	

第五节　研究的信度和效度

对研究质量进行检测是研究者必须重视的问题。研究结果的真实性、可靠性、代表性以及有关的伦理道德问题是研究设计阶段和研究完成阶段都要考虑和讨论的。

信度也称为可靠度，指的是一份量表所测得的分数的一致性（consistency）与稳定性（stability）。评估一个系统的信度是以组成该系统的每一个项目或测量之间的相关系数为基础的。当一份问卷所测项目的相关性越高，则代表其间的一致性越高，故算出的信度也越高。在通常情况下，一份问卷或测验，如测量同一理念的项目越多时，信度的表现会越高。① 按照信度系数的种类与测量方法来分，信度主要分为再测信度、复本信度、分半信度和 Cronbach's α 信度。本书采取 Cronbach's α 信度系数对问卷的信度进行测量，这种方法也是目前社会科学研究最常使用的。在本书中采用 Cronbach's α 信度系数对回收到的调查问卷进行信度检验，Cronbach's α 信度系数为 0.849，问卷具有较高的信度。

  研究的效度，简单地说就是研究的有效程度。在通常情况下，我们说某件事是有效的，是希望它基于事实或证据，也就是"能够被证明"。可以分为内在效度与外在效度。内在效度是指结果可以被精确解释的范围，外在效度是指结果能被推广的人、情境和条件，指研究结果的普遍有效性。② 本书为提高内在效度，从两个方面采取措施。在量化研究中，问卷的编制严格按照相关的规范要求，借鉴课程实施的相关理论和文件课程的要求，经过仔细、认真的修订和预调查，形成正式问卷，并合理地对研究对象进行抽样，对研究数据进行有效收集、整理和分析。在质化研究中，研究者通过对校长、教师进行访谈，利用课堂观察、实物收集等方法，尽可能地收集第一手翔实的研究素材，坚持"三角检验"的原则，采用访谈与课堂观察等定性研究的方法对同一问题面向不同的相关群体进行求证，目的是通过尽可能多的渠道对已经形成的结论进行检验，以求获得结论的最大真实度。另外，研究者与研究对象的人际关系也是影响质性研究结果的关键因素，有关本研究的个案样本学校，其中有两所中学是西北师范大学的教育实习基地，研究者与其学校领导建立了良好的关系，还有 1 所中学是研究者工作过的地方，与该校的德育课教师保持着良好的友谊。这些便利的条件，有助于研究者顺利进入现场，更易于拥有"局外人"和"局内人"的双重身份，在真实自然的课堂上进行观察和课后访谈。

---

  ① 林震岩：《多变量分析——SPSS 的操作与应用》，北京大学出版社 2007 年版，第 184 页。
  ② 威廉·维尔斯曼：《教育研究方法导论》，袁振国译，教育科学出版社 2010 年版，第 361 页。

第六章　西北地区中学德育课教师的观念

第一节　总体分析

教师观念指教师在教学情境与教学历程中所形成的、涵盖教师教学实践经验与生活经验的观点体系。[①] 事实上，不管一位教师的教学经验有多丰富，教学水平有多高，他在教学中的决策总是以其所持有的教育观念为基础的。新一轮基础教育课程改革，汲取现代教育理论和学习理论的研究成果，提出诸多新理念，直追国际课程改革步伐。新课程实施以来，本着"要革新，先革心"的思路，教师观念的转变一直备受改革设计者和基层学校的关注。

本书采用自编的教师观念量表，以《义务教育思想品德课程标准（2011年）》为依据，并结合相关文献将新课程改革的核心理念提炼为知识观、教学观、课程观和教师观四个部分，每个部分都按照传统观念和新课程理念来编制题项，共27道题。

首先对教师观念总量表和各分量表进行描述性分析，以观察所调查教师观念的总体趋势。根据研究设计，如果均值大于3，则说明教师观念与新课程相符，分值越大，相符程度越高。如果均值小于3，则说明教师观念符合传统观念，分值越小，说明与新课程理念越背离；若均值等于3，则说明教师持中立态度。

如表6.1所示，教师观念总量表及四个分量表的均值均大于3，说明所调查教师观念与新课程理念相符合。其中，知识观均值最高（$M=4.16$），教师的知识观与新课程理念最符合，教师观均值最低

[①] 李海燕、张莉：《论教师观念及其成因》，《现代教育科学》2007年第3期。

（M=3.59），教师的教师观基本符合新课程的要求。总体来看，观念总量表均值为3.77，教师在观念上介于"中立"和"赞同"之间，根据Oxford（1997）的解释，当Likert五级量表中题项均值在3.8以下时，表明该值在表征强度上呈现弱趋势。[①] 据此得出，新课程改革若干年后，西北地区中学德育课教师在观念上已经接受了新课程理念，但接受程度并不高。

表6.1　　　　　　　教师观念量表的均值和标准差

	总量表	知识观	教学观	课程观	教师观
均值	3.77	4.16	3.64	3.66	3.59
标准差	0.38	0.48	0.49	0.62	0.48

一　知识观

知识观是人们对知识的看法、态度与信念。教师如何思考和对待知识，在很大程度上决定着教师如何思考教学以及对教学行为的选择。知识观比课程观、教学观更为基础，也更为根本。知识观的更新既构成教学革新的基本内容，又构成教学革新的重要前提。[②]

表6.2　　　　　　　知识观各题项的得分情况

题项	均值	标准差	%	
			传统	开放
A1	3.74	.877	8.82	66.76
A2	4.32	.816	3.81	89.74
A3	3.85	.826	6.73	73.68
A4	4.45	.708	2.05	93.27
A5	4.39	.760	2.91	90.70

注：开放取向是"赞同"和"非常赞同"的合计百分比，传统取向是"不赞同"和"非常不赞同"的合计百分比，反向题做了反向计分。下同。

[①] 骆北刚：《新课程改革环境下中学英语教师教学观念与教学行为特征及其相关性研究》，《教育与教学研究》2009年第3期。

[②] 潘洪建：《知识视域中的教学革新》，博士学位论文，西北师范大学，2002年。

◆ 第六章 西北地区中学德育课教师的观念 ◆

从表6.2可以看出，教师在知识观各题项上的平均得分在3.74—4.45，开放取向上的百分比在66.76%—93.27%，具体来说，有89.74%的教师认同"知识是随着时代不断发展变化的"观点（A2），该题的平均分为4.32，表明绝大多数教师认识到知识的形成是一个不断选择和扬弃的过程，知识并非确定不变的、封闭的客观真理。在这样的知识观下，课程知识不是等待学生去占有的客观对象物，教师和学生的思维和行为获得了更大的自由空间。

有73.68%的教师反对"德育课的学习主要是掌握课程知识"的观点（A3），该题平均分为3.85；有66.76%的教师认同"德育课基础知识学习的目的是提升道德修养，学会做人做事"的观点（A1），该题的平均分为3.74，表明绝大多数教师对待中学德育课知识的态度是，德育课知识的学习不只具有工具性价值，更重要的是通过德育课知识的学习，培养学生的道德情感和道德判断能力，最终具有道德实践能力。"我觉得德育课本来就不是讲知识的课，学课本知识的目的是要学会做人。"（N1T1）"我们所理解的知识应该都是些小知识吧，应该是比较系统的、专业性比较强的一门学科，是一种概念。中学德育课不是一门专业性很强的课，在课堂教学中灌输的一些知识，都在随时教育学生、潜移默化地教育学生。""我觉得道德跟知识的区别很大，但是也有关系，道德是内在的那种修养，外化为它的一些行为。"（C1T3）

有93.27%的教师认同"学生应参加多种活动，在活动中获得多方面的知识"观点（A4），该题的平均分为4.45，是27个题项中教师认同度最高的题项；有90.70%的教师认同"教师应给予学生较多的思考机会，而非一味地背诵和练习"的观点（A5），该题的认同度也比较高，平均分为4.39，表明绝大多数教师认识到学生知识的获得并不是一个简单的记忆过程，而是一个积极内化与主动生成的过程。教师们认识到创造各种情景，运用各种中介系统才能建构出属于学生的知识。对于德育课程而言，尤其强调实践活动的重要性，学生的参与和体验是道德养成的重要途径。"因为我们这边的学生学得太死了，现在考试那么活，很多材料农村学生没有听过，我现在上课要准备素材，这样他们的理解能力会提高。"（N2T2）"我特别赞同这个每年一次的夏令营活动,把孩子放到山里面搞个野炊活动。在那里面你就会发现学生的好多方面,谁孝敬父母,谁懂得照顾别人。然后,你在那个场合里面看到这些,回来再教育学生,就有侧重点了。"(N2T2)

二 教学观

教学观是教师对教学的本质和过程等问题的基本看法。教师的教学观一经形成,在他们的头脑中就会构建起一个框架,会影响他们对教学过程中具体事物和现象的看法,以及在教学中的决策和实际表现。如教学内容的确定、教学方法的选择和设计、教学实施过程和对教学效果的评价,进而影响学生的学习。[①]

表6.3　　　　　　　　教学观各题项的得分情况

题项	均值	标准差	%	
			传统	开放
A6	3.30	1.081	26.25	47.20
A7	4.06	.991	9.97	82.70
A8	3.31	1.111	22.22	47.08
A9	3.24	1.034	23.62	42.27
A10	3.73	.997	14.33	66.67
A11	3.09	1.133	33.04	42.11
A12	3.95	.979	10.53	78.36
A23	4.28	.829	4.73	87.87

从表6.3可以看出,教师在教学观各题项上的平均分在3.09—4.28,教师在开放取向上的百分比在42.11%—87.87%,具体来说,有82.70%的教师认同"教学主要应当激发学生的内在学习动机"的观点(A7),该题的平均分为4.06;有87.87%的教师认同"教师应鼓励学生自我管理,培养其自主性"(A23),该题的平均

[①] 高凌飚:《新课程背景下教师教学观初探》,《华南师范大学学报》(社会科学版)2004年第1期。

分为4.28，表明大部分教师认为学生是学习的主体，教学应调动学生学习的积极性，发挥学生学习的主动性，激发学习兴趣，引导他们积极探索求知。可见，绝大多数教师重视激发学生的学习主动性，比较注意引导学生转变学习方式。从这两道题的回答来看，教师们普遍接受了新课程所强调的学生是学习主体、管理主体、评价主体等新观念，培养独立、富有个性和创造性的新生代，成为学校和教师的主流话语，如何提高学生学习的主动性成为教师间乐于探讨的问题，而教师也比较注重那些能够让学生"爱学""乐学"的教学方法的相互交流和借鉴。

但是，还有26.25%的教师认为"让学生发挥主体性，会让我的教学难以完成"（A6），该题的平均分只有3.30；有22.22%的教师认同"教师'怎么教'比学生'如何学'重要"的观点（A8），该题的平均分只有3.31，表明相当一部分教师在发挥学生主体性这一问题上充满矛盾情结。通过访谈，了解到其可能的原因，一是面对考试，许多教师把完成既定教学计划看作更为重要的事情，重视预设而难有生成；二是部分教师显然缺乏有效的课堂组织策略，课堂驾驭能力的不足使其宁可选择更为保守和僵化的教学模式。"搞活动花费时间多，现在多半完不成（教学内容），还得补课。"（N1T2）"像今天这节课，学生放不开，带动不起来，放不开的话，就没办法让他们成为课堂的主体，所以只能通过讲述，在大城市可能学生是课堂的主体。"（N1T3）"我主要是讲，没有那些活动，不了解具体的操作方法，主要是乱哄哄的不好驾驭，学生人多、说得多，也比较乱。平时学校也没有什么要求，所以就按照自己习惯的方法来上课。"（C1T3）

有66.67%的教师认同"如果脱离了实践活动，教师讲得再好也没有用"的观点（A10），该题的平均分为3.73，表明大多数教师具有"做中学"的教学观念，认为学生的学习应该是一个在教师引导下动手动脑的过程，教学应重视学生的体验和探究。有78.36%的教师认同"离开了情感的投入，德育课的教学是低效的"观点（A12），该题的平均分为3.95，可见大部分教师认为情感投入是提高德育教学效果的重要手段，中学德育课教学的目的在于帮助学生解决心理困惑和思想问题，教学不应当向学生生硬地"灌输"道理，而是要动之以情、晓之以理。"当然我更希望我们的课堂是开放式的，有更多的生活体验，像有一次，我在讲公开课的时候，让他们包饺子，我讲的是学会独立自主。刚开始时也是课堂的讲解包括事例引导、发问都用了，用完以后让他们提前准备好了，什么擀面杖啊、面啊，那节课印象很深，只用了20分钟就把课讲完了，剩下20分钟让学生们包饺子。包完让他们每个组上台来说他们的感受，你通过包饺子有什么感受，他们会说过程很好，同学也很配合啊，等等，大家其实在活动当中也体会着生活的道理，所以小事情当中体现着大道理。"（C1T1）

课程表是学校已经确定的课程计划。有23.62%的教师认为"教学应当完全按照学校的课程进度表进行"（A9），该题的平均分为3.24，说明教师已经认识到自己的教学并不一定要与课程进度表完全一致，教师可以具有自主调适的空间，但是在现实的教育环境中，考虑到考试时间安排和成绩因素，大部分教师依然不会做出太大的变动或革新，教师的课程权只限定在教室里"怎么教"上。

有33.04%的教师认同"当教师时间长了，教学变成了习惯性的重复"的观点（A11），该题的平均分只有3.09，可能这部分教师在一定程度上已经产生了职业倦怠感，这种现象在农村学校表现得尤为突出。一所县城中学德育课教研组组长兼班主任的教师直言不讳地表达了对教师职业的厌烦。"总的来说是工作量太大。课时量是不多，但是有加班，尤其是晚上加班，特别是我们这种寄宿制学校，是全国老师中压力最大的；因为城市里的学生没有晚自习，办寄宿制学校的老师们是没有报酬的加班，按照正常的工作量应该是八小时；八小时以外的时间工作，要是上面政策让你干，你就必须干。……要是带四个班的话，三个班晚上在学校有自习课，那老师的家庭生活怎么办呢？孩子怎么办？还要写工作总结，各种各样的研讨会；要是我们出去学习或者说外面学校的教师来我校学习，我们都得好好准备；最后，老师们还有各种各样的培训。加上上面领导的检查，老师都很忙。在平日里都不想听到学生这两个字了，都很反感了；即使自己的孩子回到家，心里的感受也不是很好。"（N1T2）"当班主任太忙了，我们对班级管理投入的精力实际上要比上课投入的精力大，可能分散了老师的精力。像昨天第四节课上完，学生休息，班主任要中午一点到校督促学生休息，吃饭的时间都很紧张，还有从早上六点一直忙到晚上，确实休息不好。六点要起床，六点半要到校。政治老师如果没课，四十（指11点40分或17点40分）可以走。所以很多人都不想当班主任。给300元钱，一年3000元，即使得到了这个收入，从个人健康来说，都是次要的东西了。……我们没有幸福感。大部分是被逼无奈的，镇上的老师想到县城上来，而县上的老师太苦了，学生人数多作业多，管理上耗费的时间也多，管理也困难。"（N1T4）

三 课程观

表6.4　　　　　　　　　课程观各题项的得分情况

题项	均值	标准差	%	
			传统	开放
A13	3.99	1.153	13.74	74.85
A14	3.81	1.068	13.24	67.94
A15	3.63	.891	9.88	59.01
A16	3.65	.916	11.63	63.37
A19	3.60	1.118	15.7	60.47
A20	3.23	1.282	27.49	49.42

从表6.4可以看出，教师在课程观各题项的平均分在3.23—3.99，教师在开放取向上的百分比在49.42%—74.85%，具体来说，只有11.63%的教师认同"在课程实施中我只需要按照课程编制者的意图执行就行了"的观点（A16），该题的平均分为3.65，表明只有少部分教师持有忠实的课程实施取向，认为教师无须对既定的课程方案提出异议，也无须有所调适甚至创造性地执行课程方案。随着我国三级课程管理体制改革实施以来，教师的专业自主意识不断提升，例如在访谈中，一位城市教师正是在校本课程的设计中产生了一定的专业自主和发展意识，但是这种意识是零星的、肤浅的，仍是很被动的。"学校安排我上一节校本课，我设计的课题叫《青春期恋情解

读》，学生们听得都很认真，因为这个话题正是学生们想知道的，所以效果很好，这让我想到，其实教材应当由我们自己来编，根据学生的心理特点、他们的困难有针对性地上课，这样效果肯定好，而且老师们也学会了科研。校本课好上，不像教材，和别人还要比较，还要成绩。当然是轮到我了，我就上了那么一次，你也知道，老师们都没有自主性，上完就完了，不安排的话，都不会主动上。"（C1T3）

但是对大部分教师而言，他们对"编制教材是上头的事情"确定无疑，他们所萌生出的参与课程决策的意识，主要是由教材使用的不适感而产生的。例如，农村教师集中反映的是教材城市化问题，城市教师提出一些案例不实用、内容设计衔接不畅等问题。尽管教师们对教材的使用表达了各自不同的意见，但是没有教师提出要进行校本教材的开发和编制。

有60.47%的教师认同"我乐意告诉别人我所教的学科"的观点（A19），该题的平均分为3.60；有74.85%的教师反对"德育课无真正的实用价值，如果不为了考试，我赞成取消德育课"的观点（A13），该题的平均分为3.99；有67.94%的教师认同"德育课对学生品德发展影响很大"的观点（A14），该题的平均分为3.81。中学德育课旨在促进初中生正确思想观念和良好道德品质的形成与发展，是学校德育工作的主渠道，对初中生的思想品德发展与健康成长起着不可替代的作用。在访谈中，教师对中学德育课给予了很高的评价。"我觉得这门课必须开，必须加大力度开。否则的话，孩子们也太累了，仅仅应试学这些语数外也会很枯燥，现在国人素质也低，所以这门课潜移默化地引导着学生，必不可少。我自身很重视这门课。我觉得很有用，包括在讲课的过程当中看这些教材，对我自身也是一种重塑再造。因为我们大人有时候做得也不是很好。有时候是讲大道理，但其实大道理体现着细节，是一种人生观价值观的体现。"（C1T1）

但同时有部分教师反映，学生思想品德的塑造受外界环境影响甚大，加之"作为副科，家长和学生不重视"，因而大大消解了中学德育课的教学效果和学科价值。"这个课当然很重要，但是，学生课堂上的表现和在外面的表现反差大，我们把学生在课堂里面教得好好的，懂礼仪懂礼貌，但出去一转回来就变了样，五天在学校里学了很多知识，抵不上两天双休日所受的影响，这就是二大于五的效果。"（N2T2）

四 教师观

教师观是教师自身对教师职业的特点、责任、教师的角色以及科学履行职责所必须具备的基本素质等方面的认识。它直接影响着教师的知觉、判断，进而影响其教学行为。

表6.5　　　　　　　　教师观各题项的得分情况

题项	均值	标准差	%	
			传统	开放
A17	3.71	1.055	12.83	64.72
A18	4.15	.855	6.10	86.34
A21	3.39	1.099	21.18	50.29
A22	4.15	.869	4.97	83.04
A24	3.39	1.080	23.55	49.70
A25	2.97	1.124	37.79	33.43
A26	3.61	1.111	15.74	62.68
A27	3.26	.855	15.59	36.76

从表6.5可以看出，教师在教师观各题项上的平均分在2.97—4.15，教师在开放取向上的百分比在33.43%—86.34%，具体来说，有64.72%的教师不认同"只要能提高学生成绩的老师就是好老师"的观点（A17），该题的平均分为3.71。大部分教师认识到，教育的目的是要"促进每一位学生全面发展"，仅仅培养考试成绩优异的学生，以学生成绩作为评价标准带有很大的片面性，这显然与素质教育的宗旨背道而驰。有86.34%的教师认同"教师是学生学习的组织者、引导者和促进者"的观点（A18），该题的平均分为4.15，表明大部分教师已经接受了新课程所倡导的教师不再仅仅是知识"传授者"，要转变教师观念，承担多种角色，教师被赋予了更多的角色期待。

有50.29%的教师不认同"科研是不必要的，是教师的额外负担"的观点（A21），该题的平均分为3.39，表明只有一半的教师能认识到教育科研应当成为教师专业生活的一部分，教师应成为"反思型实践家"；还有一半教师对此抱有消极态度，并没有意识到科研是教师专业成长的必由之路。

新课程改革要彻底转变教与学的方式，对教师的教学能力提出了更高要求。教师不仅要传授知识，还要具备一些必要的能力，如与他人交往合作的能力、教学监控能力、独立思考和创新能力、从事教学研究的能力等，这对许多教师提出了一定的挑战。有15.59%的教师认同"新课程对教师的要求太高，教师不能实现"的观点（A27），该题的平均分为3.26。还有83.04%的教师持中立态度，说明大部分教师可能对自身能力水平是否适应新课程的要求持有不确定的想法，也可能认为课程目标过于理想化，与现实的教育情境并不相容。例如，一位教师就说道："德育课说是素质教育，其实还是学生的成绩最重要。……不是教师的能力达到还是达不到的问题，要是按照新课程的要求，我们怎么要成绩啊。"（C1T3）

有37.79%的教师认同"教育学生体罚是不可避免的"观点（A25），该题的平均分只有2.97，是所有题项中得分最低的一题；有49.70%的教师不认同"教师与学生之间应保持距离，以维护教师威严"的观点（A24），该题的平均分为3.39，表明虽然新课程倡导要建立一种双向的、平等民主的师生关系，但还有相当一部分教师难以转变其根深蒂固的权威意识和学生管理思想。在传统思想的影响和应试教育的高压下，相当多的教师对"严师出高徒"的观点深信不疑，在访谈中，一些教师就明确表示对待"学困生"应当采用更为严厉的惩罚手段，相比较而言，城市教师已经开始接受新观念，对待学生的态度相对民主、温和，而在农村学校体罚学生的现象依然比较普遍。

有62.68%的教师认同"多一把衡量的尺子，就会多一批好学生"的观点（A26），该题的平均分为3.61，说明大部分教师已经具有了多元评价观，充分认识到不能仅以成绩作为衡量学生的唯一标准，学生有多种发展潜能，多一些衡量的"尺子"和标准，才有利于促进学生的全面发展。在访谈中，教师也表示中学德育课比其他学科更需要建立发展性的评价体系。然而，面对现行的考评制度，教师们陷入深深的困惑之中。一位被访谈教师的话也许揭示出其中的原委："这是一门德育课，不是知识性的课，应该开成不考试的课。可是如果不考试的话，学生不重视，老师不重视，学校不重视。但实行考试的话，对学生品德上的教化比较少，学生死记硬背，当作知识记，没达到标准。"（N1T3）

第二节 比较研究

一 城乡教师观念的比较

我国城市和农村经济社会发展的不均衡，导致城乡教师在享有的教育资源上严重失衡，这可能会对城乡教师的观念产生影响。为进一步了解城乡教师在观念上的差异，以教师观念总量表和四个分量表为因变量，以城市和农村为自变量做独立样本 t 检验。

表6.6　　城乡教师在观念量表上的差异比较

检验变量	城乡	人数	均值	标准差	t 值
知识观	城市 农村	106 229	4.27 4.11	0.34 0.52	3.276*
教学观	城市 农村	102 223	3.74 3.59	0.51 0.47	2.545*
课程观	城市 农村	103 233	3.61 3.67	0.65 0.61	−0.901
教师观	城市 农村	104 227	3.61 3.58	0.51 0.47	0.541
总量表	城市 农村	98 210	3.75 3.68	0.36 0.38	1.381

注：* 表示 $p<0.05$。

从表6.6可以看出，城乡教师在知识观和教学观检验的 t 统计量达到0.05的显著性水平，城市教师的知识观得分（$M=4.27$）与教学观得分（M=3.74）均显著高于农村教师（M=4.11，M=3.59），在课程观、教师观和教师观念总量表上没有达到0.05的显著性水平。

从均值大小来看，城市教师在知识观、教学观、教师观和观念总量表上的得分都高于农村教师，而在课程观上的得分，农村教师高于城市教师。这说明城市教师接受新课程的理念程度总体上要高于农村教师，城市教师的观念更新、更开放，考虑到现实中城市教师接受培训和交流的机会远多于农村教师的情况，因此，课程改革应当给予农村教师更多的关注。

二 不同学历教师观念的比较

不同学历教师由于接受教育的程度不同，他们对新课程理念的接受和内化程度可能存在差异。为进一步验证不同学历教师之间是否存在差异，以教师观念总量表和四个分量表为因变量，以学历为自变量做独立样本 t 检验。

表6.7 不同学历教师在观念量表上的差异比较

检验变量	学历	人数	均值	标准差	t 值
知识观	大专及以下 本科及以上	57 278	3.97 4.20	0.58 0.44	-3.362*
教学观	大专及以下 本科及以上	56 269	3.44 3.68	0.39 0.49	-3.439*
课程观	大专及以下 本科及以上	59 277	3.45 3.70	0.58 0.62	-2.748*
教师观	大专及以下 本科及以上	56 275	3.41 3.62	0.43 0.49	-2.973*
总量表	大专及以下 本科及以上	52 256	3.50 3.75	0.33 0.37	-4.334**

注：* 表示 $p<0.05$，** 表示 $p<0.001$。

由表6.7可以看出，不同学历教师在观念总量表检验的 t 统计量达到0.001的显著性水平，本科及以上教师的观念总量表得分（M=3.75）显著高于专科及以下教师（M=3.50），在四个分量表检验的 t

统计量均达到 0.05 的显著性水平，各分量表的均值本科及以上教师均显著高于专科及以下教师，说明学历越高的教师对新课程的理解和认同程度越高。

三 不同性别教师观念的比较

一般的比较研究都会以性别为变量考察男女之间的差异，男女教师的观念是否存在差异呢？以教师观念总量表和四个分量表为因变量，以性别为自变量做独立样本 t 检验。

表6.8　　　　　不同性别教师在观念量表上的差异比较

检验变量	性别	人数	均值	标准差	t 值
知识观	男 女	146 190	4.15 4.17	0.53 0.43	-0.378
教学观	男 女	139 187	3.60 3.66	0.46 0.51	-1.080
课程观	男 女	146 191	3.57 3.72	0.62 0.61	-2.225*
教师观	男 女	142 190	3.53 3.63	0.44 0.51	-1.908
总量表	男 女	131 177	3.66 3.74	0.34 0.4	-1.893

注：* 表示 $p < 0.05$。

从表6.8可以看出，男女教师在课程观检验的 t 统计量达到 0.05 显著性水平，女教师的课程观得分（M = 3.72）显著高于男教师（M = 3.57）。在知识观、教师观、教学观和教师观念总量表上，未达到 0.05 的显著性水平，男女教师之间差异不显著。

从均值大小可以看出，女教师在知识观、教学观、课程观、教师观和观念总量表上的得分都高于男教师。可能的解释是，考虑到女教师中有88%的学历是本科及以上，而且本科及以上教师群体中女教师占到60%，这一结果可能还是受学历水平在观念上的差异影响所致。

四 骨干教师与非骨干教师观念上的比较

骨干教师通常是学校里教学能力较为突出的教师，也是新课程改革的排头兵，应该说他们的观念更开放。为验证这一点，以教师观念总量表和四个分量表为因变量，以骨干教师和非骨干教师为自变量做独立样本 t 检验。

表6.9　骨干教师与非骨干教师在观念量表上的差异分析

检验变量	学历	人数	均值	标准差	t 值
知识观	骨干教师 非骨干教师	148 181	4.23 4.11	0.44 0.50	2.276*
教学观	骨干教师 非骨干教师	141 178	3.70 3.59	0.47 0.50	1.955*
课程观	骨干教师 非骨干教师	147 182	3.71 3.62	0.59 0.64	1.348
教师观	骨干教师 非骨干教师	146 179	3.66 3.53	0.42 0.52	2.236*
总量表	骨干教师 非骨干教师	135 169	3.85 3.73	0.35 0.39	2.800*

注：* 表示 $p<0.05$。

从表6.9可以看出，骨干教师与非骨干教师在知识观、教学观、教师观和观念总量表检验的 t 统计量均达到0.05显著性水平，骨干教师的知识观得分（$M=4.23$）、教学观得分（$M=3.70$）、教师观得分（$M=3.66$）、观念总量表得分（$M=3.85$）均显著高于非骨干教师（$M=4.11$、$M=3.59$、$M=3.53$、$M=3.73$），在课程观检验的 t 统计量未达到0.05显著性水平。这说明总体上骨干教师的观念与新课程的理念更加相符，观念更开放。

五 不同教龄教师观念上的比较

不同教龄的教师在从教过程中形成的教育教学观念不同，对课程和教学的认识与态度也不同，因此，有必要对不同教龄教师做观念上的差异检验，以明确不同教龄教师在接受新课程理念方面的不同特点。以教师观念总量表和四个分量表为因变量，以教龄为自变量做单因素方差分析。

表 6.10　不同教龄教师在观念量表上的描述性统计量

检验变量		1—5 年（A）	6—10 年（B）	11—15 年（C）	16—20 年（D）	21 年及以上（E）
知识观	个数	79	71	72	65	47
	均值	4.08	4.14	4.23	4.2	4.19
	标准差	0.48	0.52	0.42	0.48	0.46
教学观	个数	76	70	71	62	46
	均值	3.58	3.57	3.74	3.73	3.54
	标准差	0.46	0.51	0.51	0.41	0.51
课程观	个数	79	70	72	65	48
	均值	3.76	3.6	3.66	3.7	3.57
	标准差	0.5	0.64	0.64	0.59	0.72
教师观	个数	77	70	74	65	45
	均值	3.55	3.57	3.61	3.61	3.59
	标准差	0.52	0.43	0.44	0.53	0.5
总量表	个数	74	65	68	60	43
	均值	3.75	3.74	3.8	3.84	3.74
	标准差	0.38	0.4	0.38	0.32	0.41

表 6.11　不同教龄教师在观念量表上的方差分析摘要

		平方和	自由度	均方	F 检验	显著性水平	事后比较 LSD 法
知识观	组间	1.018	4	.255	1.121	.346	
	组内	74.706	329	.227			
	总数	75.725	333				
教学观	组间	2.408	4	.602	2.592	.037	C>A D>B
	组内	74.324	320	.232			C>B D>E
	总数	76.732	324				C>E

续表

		平方和	自由度	均方	F检验	显著性水平	事后比较LSD法
课程观	组间	1.551	4	.388	1.030	.392	
	组内	123.946	329	.377			
	总数	125.497	333				
教师观	组间	.172	4	.043	.183	.947	
	组内	76.735	326	.235			
	总数	76.907	330				
总量表	组间	.456	4	.114	.800	.526	
	组内	43.475	305	.143			
	总数	43.931	309				

由表 6.10、表 6.11 可以看出，不同教龄在教学观检验的 F 统计量达到 0.05 的显著性水平，通过 LSD 法事后比较发现，11—15 年教龄的教师在教学观上的得分显著地高于 1—10 年和 21 年及以上教龄的教师，16—20 年教龄的教师得分显著地高于 6—10 年和 21 年以上教龄的教师。从均值来看，11—20 年教龄教师的得分整体高于其他教龄的教师，这一教龄段的教师正处于专业成长的"黄金期"，丰富的教学经验和充沛的工作精力使之对于新课程理念更易于吸纳和反思，从而成为推进中学德育课程改革的中坚力量。这与国内许多研究中新手教师理念新，而处于中间教龄的教师呈现出职业倦怠意识的结论并不相符，在德育课教师群体中没有明显的表征。

六 不同职称教师观念上的比较

职称在一定程度上代表了教师的教育教学能力，不同职称教师所具有的教育教学观念可能也有所不同，因而有必要对不同职称教师的观念进行差异检验。以教师观念总量表和四个分量表为因变量，以职称为自变量做单因素方差分析。

表6.12　　　不同职称教师在观念量表上的描述性统计量

项目		人数	均值	标准差
知识观	中一及以上	153	4.15	0.52
	中二及以下	149	4.21	0.42
	未定	31	4.00	0.48
教学观	中一及以上	145	3.68	0.47
	中二及以下	147	3.61	0.50
	未定	31	3.57	0.46
课程观	中一及以上	151	3.61	0.67
	中二及以下	151	3.69	0.58
	未定	32	3.74	0.56
教师观	中一及以上	150	3.60	0.49
	中二及以下	150	3.58	0.45
	未定	29	3.54	0.58
总量表	中一及以上	141	3.77	0.39
	中二及以下	138	3.79	0.35
	未定	28	3.73	0.41

表6.13　　　不同职称教师在观念量表上的方差分析摘要

项目		平方和	自由度	均方	F检验	显著性水平
知识观	组间	1.169	2	.584	2.599	.076
	组内	74.209	330	.225		
	总数	75.378	332			
教学观	组间	.519	2	.260	1.107	.332
	组内	75.048	320	.235		
	总数	75.567	322			
课程观	组间	.819	2	.409	1.060	.348
	组内	127.912	331	.386		
	总数	128.731	333			
教师观	组间	.092	2	.046	.198	.821
	组内	76.114	326	.233		
	总数	76.206	328			
总量表	组间	.104	2	.052	.366	.694
	组内	43.142	304	.142		
	总数	43.246	306			

单因素方差分析结果显示,不同职称教师的观念之间无显著性差异,而采用 LSD 法进行事后比较发现,在教学观上,中二及以下职称教师得分显著高于职称未定教师,达到 0.05 的显著性概率水平($P=0.026$)。尽管如此,但是从整体来看,已定职称教师的观念比未定职称教师更符合新课程的要求。

第三节 小结

西北地区中学德育课教师对于文件课程的理解基本上是符合文本原意的,教师在观念上已经基本接受了中学德育课程改革的理念和价值,但教师的接受和理解程度并不高,具体来说,在知识观上,教师认为知识是动态发展的,知识的习得是学生主动建构的过程,从教师对德育课知识的有关看法中可以看出,他们已经认识到,在中学德育课的三维目标中,知识的学习并不是最终目的,中学德育课更加突出情感、态度、价值观目标。

在教学观上,多数教师重视激发学生的学习主动性和积极性,并且认识到情感体验和道德实践是重要的道德学习方式,但是教师又认为教比学重要,教学中不能放手让学生充分发挥主体性,在教与学的问题上充满矛盾情结。

在课程观上,教师虽然不认同忠实的课程实施取向,但在实践中他们并不会主动地调适课程,其调适行为也仅仅限于对教材的调适。教师对中学德育课程价值评价较高,但是他们表示,学生的思想品德受外界环境的影响很大,中学德育课对学生的影响有限。

在教师观上,教师已经认同"组织者""引导者""促进者"以及"研究者"等新教师角色,也认识到应当全面地看待和评价学生,然而,在师生关系上,教师表现出根深蒂固的权威意识和学生管理思想,与新课程所倡导的建立民主平等的师生关系的理念相去甚远。

通过对不同群体教师观念的比较研究发现,城市教师在知识观和教学观上对新课程的接受程度显著高于农村教师;本科及以上学历教师在每一个观念维度上对新课程的接受程度都显著高于大专及以下学历教师;女教师在课程观上对新课程的接受程度显著高于男教师;骨干教师在知识观、教学观和教师观上对新课程的接受程度显著高于非骨干教师；在教学观上对新课程的接受程度，11—15年教龄教师显著高于1—10年和21年及以上教龄的教师，16—20年教龄教师显著高于6—10年和21年及以上教龄教师；中二及以下职称教师在教学观上对新课程的接受程度显著高于职称未定教师。整体看来，对于新课程理念的接受程度，城市教师高于农村教师，本科及以上学历教师高于专科及以下学历教师，女教师高于男教师，骨干教师高于非骨干教师，教龄在10—20年的教师高于其他教龄教师，职称未定教师最低。

第七章　西北地区中学德育课教师的教学行为

第一节　总体分析

教学行为是教师为实现教学目标或意图所采取的一系列问题解决办法，是在教师自我监控下的一种有选择的技术，是教师素质的外化形式。① "教学是一个充满问题的专业领域，'为什么教'、'教什么'、'怎么教'和'教到什么程度'是该领域的四大核心问题。"② 本章就从这四个核心问题入手，考察西北地区中学德育课教师的教学行为发生了哪些变化，还存在什么问题。

一　教学目标的制定与落实

教学目标是教学工作的方向、出发点和归宿，是教师选择教学内容、教学组织方式和检验教学质量的直接参考依据。教师在备课时首要考虑的问题，就是如何制定和落实教学目标。

从表7.1可以看出，在制定教学目标时，有80.47%的教师"经常""总是"依据学生的知识和能力基础，有74.78%的教师"经常""总是"依据课程标准和相关教材等，有65.88%的教师"经常""总是"依据学生的兴趣和需要。可以看出，教师在制定教学目标时，虽然会依据和分析"学情"，但总体上对学生的关注程度还不够。就客观条件而言，中学德育课教师面对"学生多""班额大"的情况难以深入了解教育对象的特点和需求，除了兼任班主任的教师会

---

① 张淑清：《贫困山区教师教学行为调查与分析》，《中国教育学刊》2009年第1期。
② 崔允漷：《课程实施的新取向：基于课程标准的教学》，《教育研究》2009年第1期。

更加熟悉学生的情况外，其他教师只是大体了解某个班级的学习情况以及个别学习突出（或者正好相反）的学生。

表 7.1　　　　　　　　　教师制定教学目标的依据

	学生的知识和能力基础		学生的兴趣和需要		课程标准、相关教材等	
	人数（人）	%	人数（人）	%	人数（人）	%
从不	8	2.37	11	3.26	11	3.26
偶尔	58	17.16	104	30.86	74	21.96
经常	195	57.69	176	52.23	170	50.45
总是	77	22.78	46	13.65	82	24.33

表 7.2　　　　　　　　　教师落实教学目标的关注点

	知识目标		能力目标		情感、态度与价值观目标	
	人数（人）	%	人数（人）	%	人数（人）	%
从不	5	1.48	9	2.62	11	3.24
偶尔	43	12.76	87	25.36	70	20.59
经常	200	59.35	199	58.02	169	49.71
总是	89	26.41	48	13.99	90	26.47

由表 7.2 中的数据可以发现，在落实教学目标时，"经常""总是"关注知识目标、能力目标和情感、态度与价值观目标的教师比例分别为 85.76%、72.01%、76.18%，可见，关注知识目标的教师比例远高于其他目标。中学德育课是一门以"促进学生身心健康发展为根本目的"的德育课程，这一性质决定了情感、态度与价值观目标才是第一位的，是应当优先设置和实施的目标，知识的学习只具有工具性的价值，但显然教师们却舍本逐末，将中学德育课教学认知化、知识化。

在访谈和听课的过程中，教师们也表达了类似的观点：

研究者：这节课的教学目标是什么？您是根据什么确定的？您达到了吗？

N2T1——就是让学生至少在班级里和同学们交流沟通，能够找到更多的朋友。其实，我最先想的目标是怎么让学生动起来。

——我会根据课本上的内容和实际生活中的事例来确定目标。

——这节课让学生动起来这个目标我感觉达到了，就是学生自己愿意主动说话了，和我配合得还比较好。但是一些具体的知识点细节方面还没有做好。

C3T3——我的教学目标啊，还没有认真考虑过。嗯……主要是我觉得应该让学生们首先了解我们国家的一些传统文化，其次是要让他们知道，外来文化对于传统文化的一些冲击，怎么看待外来文化。我也不知道目标达到了没有，反正我的想法是这样的。

——依据教学大纲，还有我自己对课的一些理解。

——我觉得在讲课的过程中，目标已经实现了。我们并没有说每次上课之前都把这个条条框框定死，其实在上课的过程当中，当一个教师真正融入这堂课的时候，目标就已经完全实现了。

N1T3——今天的教学目标是了解生命的独特性，懂得如何发挥生命的独特性。从表象上我感觉目标基本上达到了。实质上怎么样，要通过作业来看。

——主要是根据教参，再就是课本上的重要内容，然后确定难点，重点。

N1T1——今天的课是讲一国两制，上课的知识目标应该达到了，但就教育学生而言，说实话，没有达到，我也知道我们这个课，情感教育更重要。但是，为了应试教育，还是要把成绩提高。

——现在初三必须多做题，材料分析题是个难点，看他们做题的情况就知道今天的目标达到了没有。

从教师的回答中可以看出，大多数教师仍然把知识目标视为一节课的重点目标，尽管也有部分教师清楚地认识到德育课程在教学目标制定与落实方面的特殊性，但是受制于"中考"所需，仍然会以知识为首要目标，甚至有的教师已经不假思索地把这门课程所应有的特点和属性"抛弃"了。例如 N1T3 教师习惯于通过作业来掌握学生"懂得如何发挥生命的独特性"的程度。由于研究者恰好听了这堂课，感受尤深。在这样以展现生命奇趣为主题的教学中，教师所应关注的是，关于世界万物的多样性、独特性和不可替代性，学生对此真正有体会吗？这对我们人类的启发是什么？通过这节课的学习，学生能否学会接纳差异，并以自己的个性为起点来规划未来？这些绝非可以通过学生的作业来检验的。事实上，情感、态度与价值观的养成是一个长期目标，也远非在一节课中就能达成的，通常教师用一种批作业、考试的方式来了解自己的教学效果，是教师智育化教学和受传统观念影响所形成的思维惯性的表现，其结果只会导致学生对德育课程学习落入记诵和反复练习的窠臼中。

另外，描述教学目标的重点应放在学生行为或能力的变化上，只有当教师能清楚地指出学生预期的学习结果时，这些学习结果才可以作为指导教师教学和学生学习评价的准则。然而，访谈发现，大多数教师并不清楚如何科学地制定教学目标，在教学目标的表述中，教师们只是概括性地描述一节课的主题和知识点，对学生学习结果的关注明显不够。C3T3 教师的话还代表了教师们的一种观点，认为教学目标既然是对教学结果的预期，那么在上完课后，教学目标自然就实现了，教学目标的制定也就变得可有可无了。这也导致教师在备课时并不重视教学目标的制定，这样的教学活动无异于在茫茫大海中失去了航向，教学效果必定会受到影响。[①]

二 教学内容的处理

教材是教师组织教学和学生学习的基本材料，是落实课程标准、

[①] 宋德云、李森：《教师教学计划决策现状的调查与分析》，《教师教育研究》2011年第7期。

实现教学目标的重要载体。新课程要求教师转变传统的教材观，教师不再是教材的执行者，而应是教师方案（课程）的开发者，即教师是"用教材教，而不是教教材"。

表7.3 教学内容的处理情况

	调整顺序和内容		补充生活实例		增加练习题		完成探究活动	
	人数（人）	%	人数（人）	%	人数（人）	%	人数（人）	%
从不	11	3.24	7	2.05	15	4.42	13	3.82
偶尔	107	31.56	47	13.74	71	20.94	130	38.24
经常	155	45.72	172	50.29	181	53.39	140	41.18
总是	66	19.47	116	33.92	72	21.24	57	16.76

从表7.3可以看出，有65.19%的教师"经常""总是"调整教材顺序和内容，有84.21%的教师注重联系生活实际，"经常""总是"补充生活实例，可见，中学德育课教师对教材内容的调适是一种普遍的现象。有高达74.63%的教师"经常""总是"会在教学内容中增加练习题。通过课堂观察也发现，教师们会经常提醒学生哪些内容是"考点"，要求学生做好标注，并且重视让学生做好课堂笔记。

另外，教科书中增加了主题探究内容这一亮点，目的在于使学生主动探索社会现实与自我成长的问题，在合作和分享中扩展自己的经验，在自主探究和切身体验的过程中增强道德学习的能力。但是，有近一半（42.06%）的教师"从不""偶尔"花一定的时间来完成探究活动，通常只是"讲解一下，一带而过"。在接受访谈的14位教师中，只有两位教师明确表示重视每单元的主题探究内容，会花一定的时间组织学生完成，而其他大部分教师的理由是"怕影响教学进度""缺乏活动资料"或者笃信"学生没有能力完成""学生不配合"等。例如：

基本上没搞，就是让学生先看一下主题探究的内容，记下本单元要解决的问题。这些问题就是本单元要解决的问题，成为本

❖ 第七章 西北地区中学德育课教师的教学行为 ❖

单元的引子。(访谈者:为什么呢?)这里的学生搞不起来这些活动,学生没法获得有关活动的资料,老师可以查到资料,但学生没办法借到所需的书。再说图书馆书籍不全,没办法搞这些活动。(N1T3)

如果条件允许的内容,我们课堂里面处理一下,但如果条件不允许,就给学生说一下。(访谈者:您指的不允许是?)像这个,是让全班收集关于青春的箴言,然后汇编成《青春寄语手册》,再搞个什么活动,但你看,做的时候挺费时间的,我不可能一节课只弄这件事情,再说我们的学生也写不出啥东西。(访谈者:您会让学生课前做一些准备吗?)这个课提前准备的东西肯定较多,但这些东西,就算我安排,上课以后,有相当一部分同学就会说忘了,他说他忘了(摇头)……怎么弄?(N2T2)

探究内容实际上弄得比较少,经常抛出问题却得不到回应。在初一、初二探究课比较多,花时间让学生实践,但初三很少上,抛出问题,因为学生不回应,我自己讲一下就过去了,还有教学任务也不允许,时间不够。考虑到学生的情况,我设计的问题一般都比较简单,学生能答上,一般都是这样的。(C2T1)

三 教学方法的使用

教学方法是关于教师和学生为了实现共同的教学目标而在教学过程中运用的方式与手段的总称。课程改革要让学生从教师的话语霸权中解放出来,成为学习活动的主体,为此,教师要变革教学方法,采用学生能够接受、乐于参与以及有效促进学生思维的方法组织教学。

从表7.4可以看出,教师在教学方法的使用上趋于多样化,新课程所倡导的"小组合作""课堂讨论"等教学方式成为教师日常采用的方式,还有一半的教师在日常教学中使用多媒体教学设备。其中"讲授"仍然是教师们使用最多的教学方式,有67.15%的教师选择"经常""总是"运用这种方式。

"德育的过程是人在认识中因'求美'而达'至善'的过程,所以'历美'（实践）是人从经验世界到达道德世界的桥梁。"① 中学德育课教学本应具有突出的实践性特点，然而，"经常""总是"组织"外出实践"的教师只有15.00%，受制于各种主客观因素，学生参加社会实践活动的机会被大大缩减，思想品德教育仅仅停留在了45分钟的课堂之内。

表7.4　　　　　　　　教学方式和手段的使用情况

	经常		总是		合计	
	人数（人）	%	人数（人）	%	人数（人）	%
课堂讨论	153	45.13	66	15.04	204	60.18
小组合作	145	42.90	61	18.05	206	60.95
讲授	103	55.23	6	11.92	231	67.15
提开放式问题	164	48.24	51	15.00	215	63.24
自主探究	163	48.08	44	12.98	207	61.06
外出实践	44	12.94	7	2.06	51	15.00
多媒体演示	124	36.90	54	16.07	178	52.98

研究者将14位教师使用教学方法的情况记录下来并进一步分析，也可以发现上述研究中所反映的现象。表7.5是每一位教师在某堂课上使用教学方法的情况，需要说明的是，对于那些听了几节课的教师，研究者选取其备课较充分、课堂气氛较好的一节课作为分析对象。另外，教师还采用做练习题、要求学生将课本中的答案找到并回答的教学方式，这也是许多教师重复采用的方式，在听课的过程中令研究者印象深刻。例如C1T3教师，一节课内共提出9个问题，其中4个就是"请同学们在课本××页找出答案来"，每当提出这样的问题时，学生们都只是埋头在教科书中找答案并能声音洪亮且异口同声地回答，课堂气氛表面上看起来热烈，而实际上教学依然是以教师为主导的识记知识的过程。

---

① 赵志毅：《德育的"意志"转向——兼论走向"实践理性"的学校德育》，《教育研究》2012年第2期。

表 7.5　　　　　　　　教师教学方法运用的个案分析

	教师控制				师生互动		学生主动		
	讲授	提开放式问题	做练习题	学生课本中的读或回答答案	多媒体演示	小组合作	课堂讨论	外出实践	自主探究
N1T1	√*	√		√	√*		√		
N1T2	√*				√		√		
N1T3	√*	√					√		
N1T4	√*	√*				√			√
N2T1	√*			√*					
N2T2	√*								
N2T3	√*		√			√	√*		
N2T4		√	√			√			
C1T1	√*	√*		√	√*				
C1T2	√		√		√*		√		
C1T3	√*	√							
C2T1	√*	√	√						
C2T2	√*		√						
C2T3	√*				√		√		

注：√指采用了的教学方法，√*指主要采用的教学方法。

从表7.5可以看出，教师采用的教学方法并不单一，像"课堂讨论""小组合作"等新型教学方式也被许多教师所采用，但是，一些教师的教学活动倾向于关注活动的形式，关注教师和学生表面行为的变化，而对其目的、意义却不太清楚。尽管如此，教师们学习尝试使用新的教学方法，已成为一种普遍现象，正如一位教师所说的"新课程到底怎样，我说不太清楚，但总的就是老师要想办法让课堂'活'起来"（N2T1）。总体来看，教师在教学方法上主要采用以讲授与一般性提问相结合，提出少量带有启发性的问题或者讲练结合等方法，这些方法仍然是传统教育理念下的典型教学方法。同时，多媒体演示也比较常见，但凡在配备了多媒体的教室中，教师一般习惯于采用电教设备以辅助教学。

传统讲授法其实并非新课程所极力摒弃的，"按照奥苏贝尔的有意义接受学习理论，讲授法也能促使学生在静听中主动建构知识……教学的关键在于培植学生的'自否定'精神"[1]。N1T4、C1T1教师虽然也以讲授法为主，但是通过提出开放式问题来调动学生参与思考，因而是一种启发式讲授，应是新课程所提倡的。但是，更多的教师仍然习惯于以教师为中心的"注入式"讲授，学生学习是在教师预设下"牵着鼻子走"，没有投入思考的过程，尽管在形式上可能发生了变换，例如教师乐于一边讲课，一边让学生从课本中找出答案，看似学生都在积极参与并异口同声地回答问题，但是"用追求所谓的标准答案取代了学习本应具有的思考自由。这种知识讲授体现出直奔主题的功利性旨趣，消解了曲径通幽的游戏性意味；它根本背离了教学的内在精神，不过是一些教师挂'讲授'之名而行'灌输'之实的表现"[2]。

在一节公开课上，教师准备了多个环节，素材很丰富，教学环节让人眼花缭乱，但重点不突出，学生基本上没有思考，也没有在参与中产生共鸣。教师在一次次图片展示后，没有详细阐释，也没有在已经创设的情景上提出让学生深思的、开放性的问题，学生面对所呈现的关于生命形式的很多图片缺乏深刻体会，只是在教师的预设下学习了书中的知识点。对于"理解每种生命都有其存在的意义和价值""培养情感：践踏地球生命最终伤害的是人类自己"以及"理解生物遭受迫害的原因正是在于人类的贪欲"等方面的教学目标都没有很好地达成。

---

[1] 陈尚达：《应理性审视新课改下的"穿新鞋走老路"现象——兼与〈新课改与"穿新鞋走老路"〉一文商榷》，《全球教育展望》2010年第8期。

[2] 陈尚达：《应理性审视新课改下的"穿新鞋走老路"现象——兼与〈新课改与"穿新鞋走老路"〉一文商榷》，《全球教育展望》2010年第8期。

第七章 西北地区中学德育课教师的教学行为

表 7.6　　　　　　　　　　一堂公开课课堂实录

授课教师：赵老师
时间：2012 年 9 月 18 日
班级：七年级 6 班
学生：32 人

时间	教师	学生	重要事件或感受
15:05	清点人数 复习旧课，点名提问	被提问的学生没有回答上来，其他同学看书齐声回答	面对没有回答出问题的学生，教师略显不悦。教室里坐着八位听课教师，这些本来就很羞涩的山区孩子更紧张了，整堂课上几乎没有学生主动举手回答问题
15:10	导入新课：世界因生命而精彩	阅读引言部分，并画出其中最受感动的一句话	教师在巡视的过程中批评一位学生，由于他没有找到重点内容，画出的与其他同学不一致。可是，这有一致性的答案吗
15:16	活动：组织六名学生在黑板上写出自己最喜欢的动物名称	学生很主动	面对"小狗""小猫"的答案，教师并没有追问"为什么喜欢？"学生在体会生命形式的多样性上感受并不深刻
15:24	纠正黑板上的错别字，有些生气了	几个学生都没有写正确，全班被要求查字典纠正	
15:31	简单地总结了生命存在的重要性	在老师提示下，将课本中对应的地方画了下来	
15:33	分发"拯救民生"等环境恶化、生命遭到蹂躏的主题图片，并提问：你们看到了什么	传阅图片，学生变得积极起来，可是只有寥寥的回答声，声音很小	学生对图片的描述和感受体会的环节被忽略了，由教师以讲解的形式代替
15:39	板书并阐述：1. 面对生命，我们应有的态度？2. 关爱生命的理由	在老师提醒下在书上记笔记	时间已经过去大半，教师只是匆忙地做了简单讲解，没有提问
15:41	分发图片"一份动物死亡档案"	互相传阅	
15:45	总结：生命需要相互关爱，人类需要关爱动植物	在教师提醒下画下课本中的要点	
15:47	指导学生做练习		

四 教学评价

教学评价是对教学活动进行全面考察和调整反馈的重要环节,《义务教育思想品德课程标准(2011年)》指出:"通过评价活动,考查学生达成学习目标的程度,提高教学质量,保证课程目标的实现,使评价成为促进教师教学、学生思想品德发展与提高的有效手段。"

表 7.7 　　　　　　　　　　对教学效果的评价情况

	制定详细、可行的评价指标以评价学生的思想现状		在对评价结果进行综合分析的基础上设计下一步教学		仅以纸笔测验,完成对教学效果的评价	
	人数(人)	%	人数(人)	%	人数(人)	%
从不	31	9.12	17	5.06	26	7.67
偶尔	138	40.59	97	28.87	136	40.12
经常	139	40.88	194	57.74	131	38.64
总是	32	9.41	28	8.33	46	13.57

由表7.7可以看出,有50.29%的教师"经常""总是"制定比较详细、可行的评价指标,知道从具体方面入手评价学生的思想现状,表明有一半左右的教师结合学校实际和自己的教学实践,积极探索符合中学德育课特性和学生发展实际情况的有效评价方式,而另一半左右的教师在确立评估学生思想状况上所花费的时间和精力较少,并没有根据新课程的要求形成新的评价方式。有66.07%的教师"经常""总是"在对教学效果评价结果分析的基础上设计自己下一步教学,说明大部分教师重视评价的作用,认为通过评价所得到的信息,可以帮助教师总结与反思,改进教学,进而更好地实现课程目标。但是还有52.21%的教师"经常""总是"采用单一的纸笔测验方式。由于中学德育课的教学不仅涉及认知领域,还涉及情感、品格与信念等非认知领域,其教学评价必然呈现出一定的特殊性,单一的纸笔测验显然不能对中学德育课教学做出客观评价。新课程强调日常评价的发展性作用,提出要结合观察、描述性评语、谈话、成长记录袋等多种方式进行评价,显然,相当多的教师背离了新课程的要求。

第七章 西北地区中学德育课教师的教学行为

尽管如此，形式上教师采用了多元的评价方式，但是通过质性研究发现，评价内容的重点仍然是学生对原理、概念的记诵程度，其评价不仅是片面的，而且直接导向智育化的教学。中学德育课评价的难度和挑战在于，对人的情感、态度与价值观等非认知领域的评价因其不确定性和模糊性而难以操作。访谈也反映出中学德育课评价的复杂性和教师对"如何评价"的迷茫与无奈。

> 教育成了长线产品，像生产一件东西一样，这样对老师来说，压力太大，尤其像这门课，这门课跟其他课不一样，你怎么看一个老师的教学效果？文科属于一种社会学科，应该更长远地看待一些东西，现在老师们自己所受到的一些压力就由学生来承担了。（N1T4）

> 家庭、学校、班主任与学生的交流沟通情况，我觉得非常需要一个成长记录袋来记录，学生的德育成绩不能和人品挂钩，这个东西也就走走形式而已。（C1T3）

> 我觉得更多的是让学生实践，比如孝敬父母这一块儿，应该让学生回家实践。班级学生之间交流，班级学生之间相互帮助、合作等。其实，班主任是一个很好的考评者，通过班主任工作能了解很多。（C2T1）

第二节 比较研究

从前面的研究中，我们已经知道不同类别的教师对新课程理念的理解与接受程度是存在差异的，那么他们在行为上是否也会表现出一定的差异呢？下面我们将进一步进行分析。

一 城乡教师教学行为的比较

（一）城乡教师在教学目标上的比较

从表7.8可以看出，教师在制定教学目标的依据上，在B1a、B1c上的百分比同质性卡方检验统计量 χ^2 分别为10.960、

11.689，显著性概率值分别为 0.012、0.009，达到 0.05 显著性水平，事后比较采用调整化残差值估计法发现，就 B1a 的"总是"选项而言，城市教师选择的百分比显著大于农村教师；就 B1c 的"从不""偶尔"选项而言，农村教师选择的百分比显著大于城市教师。

表7.8　　　　　城乡教师的教学目标制定和落实情况　　　　　（%）

	项目		从不	偶尔	经常	总是	卡方检验
制定教学目标依据	学生的知识和能力基础	城市	0.00	12.30	56.60	31.10	$\chi^2 = 10.960$
		农村	3.50	19.50	58.40	18.60	Sig = .012
	学生的兴趣和需要	城市	1.90	24.50	55.70	17.90	
		农村	3.90	33.90	50.90	11.30	
	"课标"及相关教材	城市	0.00	15.10	53.80	31.10	$\chi^2 = 11.689$
		农村	4.80	25.20	48.70	21.30	Sig = .009
落实教学目标的关注点	知识	城市	0.00	13.20	53.80	33.00	
		农村	2.20	12.20	62.20	23.50	
	能力	城市	1.90	20.80	56.60	20.80	
		农村	3.00	27.50	58.90	10.60	
	情感、态度与价值观	城市	1.00	20.00	49.50	29.50	
		农村	4.30	20.90	49.60	25.20	
事后比较	B1a—"总是"—城市＞农村；B1c—"从不""偶尔"—农村＞城市						

注：B1a＝"学生的知识和能力基础"，B1c＝"课标及相关教材等"。

另外，在制定教学目标时，城乡教师"经常""总是"依据学生的知识和能力基础、学生的兴趣和需要、"课标"及相关教材三个方面的比例分别为 87.70%、77.00%，73.60%、62.20%，84.90%、70.00%，城市教师均高于农村教师，表明城市教师更关注学生的知识和能力基础、学生的兴趣和需要以及"课标"及相关教材。在落实教学目标时，城乡教师"经常""总是"关注知识目标，能力目标和情感、态度与价值观目标三个方面的比例分别为 86.80%、85.70%，77.40%、69.50%，79.00%、74.80%，城市教师在关注能力目标，情感、态度与价值观目标上的比例高于农村教师，表明城市教师更关注能力目标，情感、态度与价值观目标；在知识目标上，虽然城市教师也高于农村教师，但受到考试压力的影响，二者相差不大。

（二）城乡教师在教学内容处理上的比较

表7.9　　　　　　　　城乡教师的教学内容处理情况　　　　　　　　（%）

项目		从不	偶尔	经常	总是	卡方检验
调整顺序和内容	城市	0.93	26.17	44.86	28.04	$\chi^2 = 9.903$
	农村	4.33	34.20	45.89	15.58	Sig = .019
补充生活实例	城市	0.00	8.41	48.60	42.99	$\chi^2 = 9.978$
	农村	2.99	15.81	51.28	29.91	Sig = .019
增加练习题	城市	2.83	16.98	56.60	23.58	
	农村	5.17	22.84	51.72	20.26	
完成探究活动	城市	5.71	37.14	39.05	18.10	
	农村	2.99	38.89	42.31	15.81	
事后比较	B3a—"总是"—城市＞农村；B3b—"总是"—城市＞农村					

注：B3a="调整顺序和内容"，B3b="补充生活实例"。

从表7.9可以看出，城乡教师在处理教学内容时，在B3a、B3b上的百分比同质性卡方检验统计量χ^2分别为9.903、9.978，显著性概率值分别为0.019、0.019，达到0.05显著性水平，事后比较采用调整化残差值估计法发现，就B3a的"总是"选项而言，城市教师选择的百分比显著大于农村教师；就B3b的"总是"选项而言，城市教师选择的百分比显著大于农村教师。

另外，城乡教师"经常""总是"调整顺序和内容、补充生活实例、增加练习题和完成探究活动的比例分别为72.90%、61.47%，91.59%、81.19%，80.18%、71.98%，57.15%、58.12%，城市教师在前三个方面的比例均大于农村教师，表明城市教师相比农村教师更为灵活地调适教学内容，教科书只是其凭借的教学资源，是"用教材"，而非"教教材"。同时，城市教师可能承受着更大的竞争压力，在唯分数至上的现实境遇中，会更加重视给学生增加练习题。相比较而言，在完成探究活动的选择上，城市教师略少于农村教师，但差别并不大，都存在着忽视探究活动内容的现象。

（三）城乡教师在教学方法上的比较

表 7.10　　　　　城乡教师的教学方法使用情况　　　　　（%）

项目		从不	偶尔	经常	总是	卡方检验
课堂讨论或辩论	城市	1.90	34.29	48.57	15.24	
	农村	2.15	39.48	43.78	14.59	
小组合作	城市	0.95	34.29	44.76	20.00	
	农村	1.29	39.66	41.81	17.24	
讲授	城市	1.87	33.64	55.14	9.35	
	农村	1.72	28.45	56.47	13.36	
提开放性问题	城市	2.80	25.23	57.94	14.02	$\chi^2 = 7.802$
	农村	1.72	39.22	43.53	15.52	Sig = .050
自主探究	城市	3.81	34.29	41.90	20.00	
	农村	3.43	36.05	51.07	9.44	
组织外出实践活动	城市	55.66	38.68	4.72	0.94	$\chi^2 = 10.251$
	农村	46.78	34.33	16.74	2.15	Sig = .017
多媒体演示	城市	11.54	38.46	29.81	20.19	
	农村	7.36	38.53	40.26	13.85	
事后比较	B4d—"偶尔"—农村>城市、"经常"—城市>农村；B4f—"经常"—农村>城市					

注：B4d = "提开放性问题"，B4f = "组织外出实践活动"。

从表 7.10 可以看出，在提开放性问题、组织外出实践活动两方面的百分比同质性卡方检验统计量 χ^2 分别为 7.802、10.251，显著性概率值分别为 0.050、0.017，达到 0.05 显著性水平，事后比较采用调整化残差值估计法发现，就 B4d 的"偶尔"选项而言，农村教师选择的百分比显著大于城市教师，就"经常"选项而言，城市教师选择的百分比显著大于农村教师；就 B4f 的"经常"选项而言，农村教师选择的百分比显著大于城市教师。

另外，从表 7.10 的数据里也可以看出，城市教师在课堂讨论或辩论、小组合作、提开放性问题上选择"经常""总是"的比例大于农村教师（分别为 63.81%、58.37%、64.76%、59.05%、71.96%、59.05%），表明城市教师更多地使用这些教学方法，尤其是提开放性问题的方式。在访谈中，城市教师谈到："像小组合作这些方法，在课堂上乱哄哄的，一个班上那么多学生不好组织，但是多提问，特别是提一些开放式的问题，学生也能参与进来，课堂气氛比较好，所以我觉得这就是一种传统和现代的结合。"（C1T1）这位教师的言下之意就是，提开放性问题是有助于培养学生发散性思维的方法，能较好地起到调动学生积极性和参与性的效果，这是一种新课程所提倡的以学生为学习主体的教学方法，同时与小组合作等教学方法相比，课堂管理的难度大大降低，这让长期习惯于让学生"端坐静听"讲授的教师，寻求到一种相对适宜的变革途径。当然，关键还在于教师提问的水平和质量，以及教师对形成一种"对话"式教学关系的理解和把握。经观察发现，城市教师在课堂教学中，简单的问答式依然占据主流，只有个别教师如C1T3，善于精心预设问题，在她的授课中虽然没有学生的角色扮演、小组活动等热热闹闹的形式，但是能通过开放式问题的设置，使学生积极参与和深入思考，课堂教学在热烈的气氛中较好地达到了教学目标。

另外，城市教师在讲授、外出实践方面选择"经常""总是"的比例小于农村教师（分别为64.49%、69.83%，5.66%、18.89%），表明农村教师更重视讲授法。观察也发现，农村教师的课堂授课相对呆板，城市教师无论在新课程理念的接纳，还是在教学实践方面，都明显优于农村教师。由于农村地区相对宽松和安全的环境，农村教师在外出实践方面的活动更多。

（四）城乡教师在教学评价上的比较

表7.11　　　　　城乡教师的教学评价情况　　　　　　（%）

项目		从不	偶尔	经常	总是
B5a	城市	5.71	42.86	42.86	8.57
	农村	10.68	39.74	40.17	9.40
B5b	城市	6.73	24.04	56.73	12.50
	农村	4.33	31.17	58.01	6.49
B5c	城市	11.32	35.85	39.62	13.21
	农村	6.03	42.24	38.36	13.36

注：B5a = "制定详细、可行的评价指标以评价学生的思想现状"，B5b = "在对评价结果综合分析的基础上设计下一步教学"，B5c = "仅以纸笔测验完成对教学效果的评价"。下同。

从表 7.11 可以看出，在教学评价的三个选项上，城乡教师选择"经常""总是"的比例分别为 51.43%、49.57%，69.23%、64.50%，52.83%、51.72%，城乡教师在选项 B5a、B5c 上的差距非常小，表明城乡教师在"制定详细、可行的评价指标以评价学生的思想现状""仅以纸笔测验完成对教学效果的评价"方面做法类似，而在选项 B5b 上，城乡教师之间的比例差距相对增大，城市教师比例较高，表明城市教师更加重视评价反馈的作用，"在对评价结果综合分析的基础上设计下一步教学"，以使教学更加有序和有效。

二 不同学历教师教学行为的比较

（一）不同学历教师在教学目标上的比较

表 7.12　　不同学历教师的教学目标制定和落实情况　　（%）

	项目		从不	偶尔	经常	总是
制定教学目标的依据	学生的知识和能力基础	大专及以下	1.72	20.69	63.79	13.79
		本科及以上	2.51	16.49	56.63	24.37
	学生的兴趣和需要	大专及以下	3.45	24.14	51.72	20.69
		本科及以上	3.24	32.37	52.52	11.87
	"课标"及相关教材	大专及以下	5.36	23.21	51.79	19.64
		本科及以上	2.86	21.79	50.00	25.36
落实教学目标的关注点	知识	大专及以下	1.72	10.34	74.14	13.79
		本科及以上	1.44	12.95	56.47	29.14
	能力	大专及以下	1.67	30.00	63.33	5.00
		本科及以上	2.84	24.47	57.09	15.60
	情感、态度与价值观	大专及以下	1.72	25.86	46.55	25.86
		本科及以上	3.56	19.57	50.18	26.69

从表 7.12 可以看出，在制定教学目标时，大专及以下、本科及以上教师"经常""总是"依据学生的知识和能力基础、学生的兴趣和需要、"课标"及相关教材三个方面的比例分别为 77.58%、81.00%，72.41%、64.39%，71.43%、75.36%，大专及以下学

历教师在学生的知识和能力基础、"课标"及相关教材上的比例小于本科及以上教师，但差别不大；在学生的兴趣和需要上的比例大于本科及以上教师，表明大专及以下教师更关注学生的兴趣和需要。在落实教学目标时，大专及以下、本科及以上教师"经常""总是"关注知识目标，能力目标和情感、态度与价值观目标三个方面的比例分别为 87.93%、85.61%，68.33%、72.69%，72.41%、76.87%，大专及以下教师在知识目标上的比例略大于本科及以上教师，而在能力目标，情感、态度与价值观目标上的比例略小于本科及以上教师，但都差别不大。

（二）不同学历教师在教学内容处理上的比较

表7.13　　　　　　　不同学历教师的教学内容处理情况　　　　　　（%）

项目		从不	偶尔	经常	总是
调整顺序和内容	大专及以下	5.08	30.51	47.46	16.95
	本科及以上	2.87	31.90	45.16	20.07
补充生活实例	大专及以下	3.33	13.33	55.00	28.33
	本科及以上	1.78	13.52	49.47	35.23
增加练习题	大专及以下	3.39	32.20	50.85	13.56
	本科及以上	4.66	18.64	53.76	22.94
完成探究活动	大专及以下	1.69	49.15	40.68	8.47
	本科及以上	4.29	36.07	41.43	18.21

从表7.13的数据可以看出，不同学历教师"经常""总是"调整顺序和内容、补充生活实例、增加练习题和完成探究活动的比例分别为64.41%、65.23%，83.33%、84.70%，64.41%、76.70%，49.15%、59.64%，不同学历教师在调整顺序和内容、补充生活实例方面的比例差别不大，而在增加练习题和完成探究活动两方面的比例，本科及以上学历教师大于大专及以下教师，表明本科及以上学历教师更加重视习题操练，同时也更重视完成探究活动。在新课程教与学形式的变革过程中，学历较高的教师的适应性和能动性都更强。

（三）不同学历教师在教学方法上的比较

表 7.14　　　　　不同学历教师的教学方法使用情况　　　　　（%）

项目		从不	偶尔	经常	总是
课堂讨论或辩论	大专及以下	0.00	30.51	54.24	15.25
	本科及以上	2.51	39.43	43.37	14.70
小组合作	大专及以下	0.00	42.37	47.46	10.17
	本科及以上	1.44	37.05	41.73	19.78
讲授	大专及以下	0.00	31.67	61.67	6.67
	本科及以上	2.15	29.75	54.84	13.26
提开放性问题	大专及以下	5.17	39.66	44.83	10.34
	本科及以上	1.42	33.81	48.75	16.01
自主探究	大专及以下	1.69	45.76	42.37	10.17
	本科及以上	3.94	33.33	49.46	13.26
组织外出实践活动	大专及以下	40.68	44.07	11.86	3.39
	本科及以上	51.43	33.93	13.21	1.43
多媒体演示	大专及以下	12.28	35.09	36.84	15.79
	本科及以上	7.91	39.21	37.05	15.83

表 7.14 的数据告诉我们，不同学历教师在小组合作、讲授、组织外出实践活动、多媒体演示上选择"经常""总是"的比例差别不大，表明不同学历教师对这几种教学方法的使用情况类似；但是在其他教学方式上存在较大差距，大专及以下教师在课堂讨论上的比例大于本科及以上（分别是 69.49%、58.07%），而在提开放式问题和自主探究方面的比例小于本科及以上教师（分别是 55.17%、64.76%，52.54%、62.72%），表明大专及以下教师更多地使用课堂讨论，而本科及以上教师更多地提开放式问题和进行自主探究。"课堂讨论的方式好像大家都会用，但是很多老师就是'一三五七向后转'，运用就是很例行化的，现在课本里设置的讨论话题很多，老师们都要用到这个方法，以为这就是新课程的变化……相比较而言，我更多地使用提开放性问题，或者设计完成主题探究内容，这些方法的效果更好，其中的问题很值得我们探讨。"（C1T1）这也许反映出一部分学历较高的骨干教师开始摸索使用多样化的新型教学方式，而课堂讨论或辩

论方式,是大部分普通教师的选择和尝试。

(四) 不同学历教师在教学评价上的比较

表7.15　　　　　不同学历教师的教学评价情况　　　　　(%)

项目		从不	偶尔	经常	总是
B5a	大专及以下	6.67	48.33	33.33	11.67
	本科及以上	9.68	39.07	42.65	8.60
B5b	大专及以下	5.17	31.03	53.45	10.34
	本科及以上	5.05	28.52	58.48	7.94
B5c	大专及以下	10.17	37.29	47.46	5.08
	本科及以上	7.17	40.86	36.92	15.05

从表7.15可以看出,在教学评价的三个选项上,不同学历教师选择"经常""总是"的比例分别为45.00%、51.25%,63.79%、66.42%,52.52%、51.97%,不同学历教师在B5c选项上的比例差异不大,只是在B5a、B5b选项上的差异相对明显,本科及以上学历教师的比例较大,表明本科及以上学历教师更加倾向于"制定详细、可行的评价指标以评价学生的思想现状""在对评价结果综合分析的基础上设计下一步教学",也说明学历高的教师,其教学行为的有效性更为彰显。

三　不同性别教师教学行为的比较

(一) 不同性别教师在教学目标上的比较

表7.16　　　　不同性别教师的教学目标制定和落实情况　　　　(%)

项目			从不	偶尔	经常	总是	卡方检验
制定教学目标依据	学生的知识和能力基础	男	1.37	17.81	65.07	15.75	$\chi^2 = 9.341$
		女	3.14	16.75	51.83	28.27	Sig = .025
	学生的兴趣和需要	男	2.74	37.67	47.26	12.33	
		女	3.68	25.79	55.79	14.74	
	"课标"及相关教材	男	2.07	26.21	55.17	16.55	$\chi^2 = 10.809$
		女	4.19	18.85	46.60	30.37	Sig = .013

续表

项目			从不	偶尔	经常	总是	卡方检验
落实教学目标的关注点	知识	男	0.68	14.38	64.38	20.55	
		女	2.11	11.58	55.79	30.53	
	能力	男	0.67	27.52	59.73	12.08	
		女	4.15	23.83	56.48	15.54	
	情感、态度与价值观	男	2.72	20.41	48.30	28.57	
		女	3.65	20.83	51.04	24.48	
事后比较	B1a—"经常"—男>女、"总是"—女>男；B1c—"经常"—男>女						

注：B1a="学生的知识和能力基础"，B1c="'课标'及相关教材"。

从表7.16可以看出，不同性别教师在制定教学目标的依据上，在B1a、B1c上的百分比同质性卡方检验统计量 x^2 分别为9.341、10.809，显著性概率值分别为0.025、0.013，达到0.05显著性水平，事后比较采用调整化残差值估计法发现，就B1a的"经常"选项而言，男教师选择的百分比显著大于女教师，就"总是"选项而言，女教师选择的百分比显著大于男教师；就B1c的"经常"选项而言，男教师选择的百分比显著大于女教师。

另外，在制定教学目标时，男女教师"经常""总是"依据学生的知识和能力基础、学生的兴趣和需要、"课标"及相关教材三个方面的比例分别为80.82%、80.10%，59.59%、70.53%，71.72%、76.97%，男教师在学生的兴趣和需要、课标及相关教材上选择的比例小于女教师，表明在制定教学目标时，女教师比男教师更重视学生的兴趣和需要、课标及相关教材等，而在学生的知识和能力基础方面，男女教师差别不大。在落实教学目标时，男女教师"经常""总是"关注知识目标，能力目标和情感、态度与价值观目标三个方面的比例分别为84.93%、86.32%，71.81%、72.02%，76.87%、75.52%，可以看出，男女教师在落实教学目标的关注点上差别不大。

（二）不同性别教师在教学内容处理上的比较

表 7.17　　　　　不同性别教师的教学内容处理情况　　　　　（%）

项目		从不	偶尔	经常	总是	卡方检验
调整顺序和内容	男	2.70	28.38	47.30	21.62	
	女	3.68	34.21	44.21	17.89	
补充生活实例	男	1.35	14.86	52.70	31.08	
	女	2.59	12.95	48.70	35.75	
增加练习题	男	4.11	27.40	52.05	16.44	$x^2 = 7.984$
	女	4.69	16.15	54.17	25.00	Sig = .046
完成探究活动	男	3.40	38.10	46.94	11.56	
	女	4.17	38.54	36.46	20.83	
事后比较		\multicolumn{4}{c}{B3c—"偶尔"—男 > 女}	

注：B3c = "增加练习题"。

从表 7.17 中可以看出，在增加练习题方面的百分比同质性卡方检验统计量 x^2 为 7.984，显著性概率值为 0.046，达到 0.05 显著性水平，事后比较采用调整化残差值估计法发现，就 B3c 的"偶尔"选项而言，男教师选择的百分比显著大于女教师。

另外，男女教师"经常""总是"调整顺序和内容、补充生活实例、增加练习题和完成探究活动的比例分别为 68.92%、62.10%、83.78%、84.45%、68.49%、79.17%、58.50%、57.29%，男教师在调整顺序和内容上的比例大于女教师，而在增加练习题上的比例小于女教师，表明男教师会更主动灵活地调适教学内容，女教师则更重视对学生的习题操练，同时他们在补充生活实例、完成探究活动两方面的比例差别不大。

（三）不同性别教师在教学方法上的比较

可以看出，在这些教学方法中，男女教师选择"经常""总是"的比例分别为 60.41%、59.79%，57.82%、63.16%，68.03%、67.71%，62.84%、63.35%，63.51%、58.95%，14.87%、14.66%，52.74%、52.91%，男女教师在这几方面的比例差别很小，表明男女教师在教学方法的使用上不存在显著差异。

表 7.18　　　　　　　不同性别教师的教学方法使用情况　　　　　　　（%）

项目		从不	偶尔	经常	总是
课堂讨论或辩论	男	2.68	36.91	50.34	10.07
	女	1.59	38.62	41.27	18.52
小组合作	男	2.04	40.14	45.58	12.24
	女	0.53	36.32	40.53	22.63
讲授	男	2.04	29.93	53.06	14.97
	女	1.56	30.73	57.81	9.90
提开放性问题	男	2.03	35.14	50.00	12.84
	女	2.09	34.55	47.12	16.23
自主探究	男	4.73	31.76	52.70	10.81
	女	2.63	38.42	44.74	14.21
组织外出实践活动	男	50.68	34.46	12.84	2.03
	女	48.69	36.65	13.09	1.57
多媒体演示	男	10.27	36.99	38.36	14.38
	女	7.41	39.68	35.98	16.93

（四）不同性别教师在教学评价上的比较

表 7.19　　　　　　　不同性别教师的教学评价情况　　　　　　　（%）

项目		从不	偶尔	经常	总是
B5a	男	9.46	37.16	43.92	9.46
	女	8.90	43.46	38.22	9.42
B5b	男	4.76	30.61	57.82	6.80
	女	5.32	27.66	57.98	9.04
B5c	男	6.12	38.10	44.90	10.88
	女	8.90	41.88	34.03	15.18

从表 7.19 可以看出，在教学评价的三个选项上，不同性别教师选择"经常""总是"的比例分别为 53.38%、47.64%，64.62%、67.02%，55.78%、49.21%，男教师在选项 B5a、B5c 上的比例大于女教师，而在 B5b 选项上略小于女教师，表明男教师更加重视"制定详细、可行的评价指标以评价学生的思想现状"和"仅以纸笔

测验完成对教学效果的评价",而"在对评价结果综合分析的基础上设计下一步教学"方面,女教师会相对重视,但总体上差别不大。

四 骨干教师与非骨干教师教学行为的比较

(一)骨干教师与非骨干教师在教学目标上的比较

表7.20　　骨干教师与非骨干教师在教学目标制定上的情况　　(%)

	项目		从不	偶尔	经常	总是	卡方检验
制定教学目标依据	学生的知识和能力基础	骨干教师	0.00	15.44	55.70	28.86	$x^2 = 11.407$
		非骨干教师	4.35	18.48	59.24	17.93	Sig = 0.010
	学生的兴趣和需要	骨干教师	1.36	31.97	56.46	10.20	
		非骨干教师	4.35	28.80	50.00	16.85	
	"课标"及相关教材	骨干教师	0.67	21.33	52.67	25.33	
		非骨干教师	5.49	22.53	48.35	23.63	
落实教学目标的关注点	知识	骨干教师	0.00	12.75	59.73	27.52	
		非骨干教师	2.75	12.64	58.79	25.82	
	能力	骨干教师	1.32	20.53	66.89	11.26	$x^2 = 9.225$
		非骨干教师	3.80	28.80	51.09	16.30	Sig = 0.026
	情感、态度与价值观	骨干教师	0.67	16.78	55.70	26.85	$x^2 = 9.181$
		非骨干教师	4.92	24.04	44.26	26.78	Sig = 0.027
事后比较	B1a—"从不"—B > A;B2b—"经常"—A > B;B2c—"从不"—B > A、"经常"—A > B						

注:A = "骨干教师",B = "非骨干教师",B1a = "学生的知识和能力基础",B2b = "能力目标",B2c = "情感、态度与价值观目标"。

从表7.20可以看出,骨干教师与非骨干教师在制定和落实教学目标时,在B1a、B2b、B2c上的百分比同质性卡方检验统计量 x^2 分别为11.407、9.225、9.181,显著性概率值分别为0.010、0.026、0.027,达到0.05显著性水平,事后比较采用调整化残差值估计法发现,就B1a的"从不"选项而言,非骨干教师选择的百分比显著大于骨干教师;就B2b的"经常"选项而言,骨干教师选择的百分比显著大于非骨干教师;就B2c的"从不"选项而言,非骨干教师选择的百分比显著大于骨干教师,就"经常"选项而言,骨干教师选择的百分比显著大于非骨干教师。

另外，在制定教学目标时，骨干教师与非骨干教师"经常""总是"依据学生的知识和能力基础、学生的兴趣和需要、"课标"及相关教材的比例分别为84.56%、77.17%，66.66%、66.85%、78.00%、71.98%，可以看出，在依据学生的兴趣和需要的选择上，骨干教师与非骨干教师差别不大；而在依据学生的知识和能力基础、"课标"及相关教材方面的选择上，骨干教师大于非骨干教师，说明骨干教师更加关注学生的知识和能力基础、"课标"及相关教材。

在落实教学目标时，骨干教师与非骨干教师"经常""总是"关注知识目标，能力目标和情感、态度与价值观目标的比例分别为87.25%、84.61%，78.15%、67.39%，82.55%、71.04%，骨干教师的比例均大于非骨干教师，其中在知识目标上的差别不大，表明骨干教师更加关注能力目标，情感、态度与价值观的落实情况，骨干教师在这一方面更符合新课程要求。

（二）骨干教师与非骨干教师在教学内容处理上的比较

表7.21　　　　骨干教师与非骨干教师的教学内容处理情况　　　　（%）

项目		从不	偶尔	经常	总是	卡方检验
调整顺序和内容	骨干教师	1.33	38.00	44.00	16.67	
	非骨干教师	4.42	26.52	47.51	21.55	
补充生活实例	骨干教师	0.00	14.00	48.00	38.00	
	非骨干教师	3.26	14.13	52.17	30.43	
增加练习题	骨干教师	1.36	22.45	50.34	25.85	$x^2 = 8.345$
	非骨干教师	6.52	19.57	55.98	17.93	Sig = 0.039
完成探究活动	骨干教师	3.38	36.49	41.89	18.24	
	非骨干教师	3.26	39.67	40.76	16.30	
事后比较		B3c—"从不"—非骨干教师＞骨干教师				

注：B3c = "增加练习题"。

从表7.21可以看出，在增加练习题方面的百分比同质性卡方检验统计量x^2为8.345，显著性概率值为0.039，达到0.05显著性水平，事后比较采用调整化残差值估计法发现，就B3c的"从不"选项而言，非骨干教师选择的百分比显著大于骨干教师。

另外，在调整顺序和内容、补充生活实例、增加练习题和完成探究活动四个方面，骨干教师与非骨干教师选择"经常""总是"的比例分别为 60.67%、69.06%，86.00%、82.60%，76.19%、73.91%，60.13%、57.06%，在调整顺序和内容的比例方面，非骨干教师高于骨干教师，而在补充生活实例、增加练习题和完成探究活动三方面的比例，骨干教师与非骨干教师之间差别不大。

（三）骨干教师与非骨干教师在教学方法上的比较

表7.22　　骨干教师与非骨干教师的教学方法使用情况　　（%）

项目		从不	偶尔	经常	总是	卡方检验
课堂讨论或辩论	骨干教师	2.03	33.78	43.92	20.27	
	非骨干教师	1.64	40.44	47.54	10.38	
小组合作	骨干教师	1.35	35.14	39.86	23.65	
	非骨干教师	1.10	39.56	45.05	14.29	
讲授	骨干教师	2.01	29.53	55.70	12.75	
	非骨干教师	1.64	30.60	55.74	12.02	
提开放性问题	骨干教师	2.67	29.33	47.33	20.67	$x^2 = 9.932$
	非骨干教师	1.10	39.01	50.00	9.89	$Sig = 0.019$
自主探究	骨干教师	2.04	31.29	49.66	17.01	
	非骨干教师	4.35	38.59	46.74	10.33	
组织外出实践活动	骨干教师	46.98	34.90	16.11	2.01	
	非骨干教师	51.91	34.97	10.93	2.19	
多媒体演示	骨干教师	8.97	33.10	42.07	15.86	
	非骨干教师	8.20	42.08	32.79	16.94	
事后比较		B4d—"总是"—骨干教师 > 非骨干教师				

注：B4d = "提开放性问题"。

从表7.22可以看出，在提开放性问题方面的百分比同质性卡方检验统计量 x^2 为9.932，显著性概率值为0.019，达到0.05显著性水平，事后比较采用调整化残差值估计法发现，就 B4d 的"总是"选项而言，骨干教师选择的百分比显著大于非骨干教师。

表7.22数据也说明，在不同的教学方法的使用上，骨干教师选

择"经常""总是"的比例均大于非骨干教师,表明骨干教师采用的教学方法更多样、更丰富。

（四）骨干教师与非骨干教师在教学评价上的比较

表7.23　　　　骨干教师与非骨干教师的教学评价情况　　　　　（%）

项目		从不	偶尔	经常	总是	卡方检验
B5a	骨干教师	6.71	39.60	45.64	8.05	
	非骨干教师	10.93	40.98	37.70	10.38	
B5b	骨干教师	4.79	24.66	59.59	10.96	
	非骨干教师	5.49	30.22	57.69	6.59	
B5c	骨干教师	7.38	28.19	46.98	17.45	$x^2 = 16.257$
	非骨干教师	8.24	48.90	31.87	10.99	Sig = 0.001
事后比较	B5c—"偶尔"—非骨干教师>骨干教师、"经常"—骨干教师>非骨干教师					

从表7.23可以看出,在选项B5c上的百分比同质性卡方检验统计量x^2为16.257,显著性概率值为0.001,达到0.05显著性水平,事后比较采用调整化残差值估计法发现,就B5c的"偶尔"选项而言,非骨干教师选择的百分比显著大于骨干教师,就"经常"选项而言,骨干教师选择的百分比显著大于非骨干教师。

另外,在教学评价的三个选项上,骨干教师与非骨干教师选择"经常""总是"的比例分别为53.69%、48.08%,70.55%、64.28%,64.43%、42.86%,骨干教师在这三个选项上的比例均大于非骨干教师,表明骨干教师更加倾向于"制定详细、可行的评价指标以评价学生的思想现状""在对评价结果综合分析的基础上设计下一步教学",同时,尤其重视"仅以纸笔测验完成对教学效果的评价"。骨干教师不仅要求教学技艺精湛、善于钻研和总结,而且必须保证升学率,这样才能获得学校和家长的认可。如一位农村骨干教师提到的"学校领导看的也就是个成绩,拿成绩说话,每次你哪一项成绩下来了,校长就批评哪一个老师。像我上课比较好,学生也很喜欢我,但我的成绩还是不太好,我对学生的督促工作做得比较少。现在我就意识到这个成绩不抓不行……这样肯定是很累的,大家开玩笑说,骨干教师就是瘦

到皮包骨还拼命干活的人。"(N1T4)

五 不同教龄教师教学行为的比较

（一）不同教龄教师在教学目标上的比较

表 7.24　　　不同教龄教师的教学目标制定和落实情况　　　（%）

项目			1—5年(A)	6—10年(B)	11—15年(C)	16—20年(D)	21年及以上(E)	卡方检验	事后比较
制定教学目标的依据	B1a	从不	1.28	4.11	0.00	6.15	0.00		
		偶尔	19.23	20.55	10.81	20.00	13.33		
		经常	62.82	52.05	63.51	49.23	62.22		
		总是	16.67	23.29	25.68	24.62	24.44		
	B1b	从不	0.00	0.00	4.05	7.69	6.52		
		偶尔	29.87	31.94	29.73	33.85	26.09		
		经常	57.14	56.94	44.59	46.15	58.70		
		总是	12.99	11.11	21.62	12.31	8.70		
	B1c	从不	2.56	4.23	1.35	6.06	0.00		
		偶尔	20.51	21.13	29.73	13.64	24.44		
		经常	53.85	50.70	45.95	53.03	51.11		
		总是	23.08	23.94	22.97	27.27	24.44		
落实教学目标的关注点	B2a	从不	0.00	1.41	0.00	6.15	0.00		
		偶尔	9.09	8.45	16.22	16.92	12.77		
		经常	62.34	59.15	52.70	55.38	70.21		
		总是	28.57	30.99	31.08	21.54	17.02		
	B2b	从不	0.00	2.74	4.00	6.06	0.00		
		偶尔	29.11	26.03	17.33	24.24	29.79		
		经常	54.43	57.53	58.67	57.58	65.96		
		总是	16.46	13.70	20.00	12.12	4.26		
	B2c	从不	1.27	2.78	4.00	6.15	0.00	$x^2=21.541$ Sig=0.043	B>D E>C
		偶尔	18.99	29.17	26.67	10.77	13.04		
		经常	51.90	44.44	38.67	53.85	69.57		
		总是	27.85	23.61	30.67	29.23	17.39		

注：B1a = "学生的知识和能力基础"，B1b = "学生的兴趣和需要"，B1c = "'课标'及相关教材"，B2a = "知识目标"，B2b = "能力目标"，B2c = "情感、态度与价值观目标"。

在制定教学目标的依据上，不同教龄教师"经常""总是"依据学生的知识和能力基础的比例分别是79.49%、75.34%、89.19%、73.85%、86.66%，可以看出，11—15年和21年及以上教龄教师的比例较大，6—10年和16—20年教龄教师的比例较小，说明，11—15年和21年及以上教龄教师比较重视学生的知识和能力基础，而6—10年和16—20年教龄教师则不太重视。不同教龄教师"经常""总是"依据学生的兴趣和需要的比例分别是70.13%、68.05%、66.21%、58.46%、67.40%，16—20年教龄教师的比例最小，其他教龄教师较大，表明16—20年教龄教师对学生兴趣和需要考虑得最少。不同教龄教师"经常""总是"依据"课标"及相关教材的比例分别是76.93%、74.64%、68.92%、80.30%、75.55%，16—20年教龄教师的比例最大，11—15年教龄教师比例最小，表明16—20年教龄教师最重视"课标"及相关教材，而11—15年教龄教师最不重视。

在落实教学目标的关注点上，不同教龄教师"经常""总是"关注落实知识目标的比例分别是90.91%、90.14%、83.78%、76.92%、87.23%，1—10年教龄教师的比例较大，而16—20年教龄教师的比例最小，说明1—10年教龄教师最关注落实知识目标。不同教龄的教师"经常""总是"关注落实能力目标的比例分别是70.89%、71.23%、78.67%、69.70%、70.22%，11—15年教龄教师的比例最大，其他教龄教师的比例较小，说明11—15年教龄教师最关注能力目标的落实。不同教龄教师"经常""总是"关注落实情感、态度与价值观目标的比例分别是79.75%、68.05%、69.34%、83.08%、86.96%，16年以上教龄教师的比例较大，而6—15年教龄教师的比例较小。可以看出，16年以上教龄教师更加重视情感、态度与价值观目标的落实。同时，关注落实情感、态度与价值观目标的百分比同质性卡方检验统计量x^2为21.541，显著性概率值为0.043，均达到0.05显著性水平，事后比较采用调整化残差值估计法发现，就B2c的"偶尔"选项而言，6—10年教龄教师选择的百分比显著大于16—20年教龄教师，就"经常"选项而言，21年及以上教龄教师选择的百分比显著大于11—15年教龄教师。

（二）不同教龄教师在教学内容处理上的比较

表7.25　　　　　　不同教龄教师的教学内容处理情况　　　　　　（％）

项目		1—5年	6—10年	11—15年	16—20年	21年及以上	卡方检验
调整顺序和内容	从不	5.06	5.56	0.00	1.61	4.17	
	偶尔	34.18	29.17	30.67	33.87	29.17	
	经常	45.57	48.61	42.67	43.55	47.92	
	总是	15.19	16.67	26.67	20.97	18.75	
补充生活实例	从不	0.00	2.78	1.33	6.06	0.00	$x^2 = 21.636$
	偶尔	15.19	11.11	17.33	9.09	14.89	$Sig = 0.042$
	经常	55.70	58.33	34.67	56.06	46.81	
	总是	29.11	27.78	46.67	28.79	38.30	
增加练习题	从不	2.53	4.17	6.76	6.25	0.00	
	偶尔	15.19	31.94	18.92	18.75	21.28	
	经常	63.29	47.22	50.00	54.69	51.06	
	总是	18.99	16.67	24.32	20.31	27.66	
完成探究活动	从不	1.27	5.63	5.33	4.62	2.13	
	偶尔	35.44	39.44	36.00	41.54	38.30	
	经常	46.84	42.25	33.33	44.62	38.30	
	总是	16.46	12.68	25.33	9.23	21.28	

注：B3b = "补充生活实例"。

在增加练习题方面，不同教龄教师选择"经常""总是"的比例分别为82.28%、63.89%、74.32%、75.00%、78.72%，1—5年教龄教师比例最大，6—10年教龄教师的比例最小，说明1—5年教龄教师最重视增加练习题，6—10年教龄教师最不重视。在调整顺序和内容、补充生活实例、完成探究活动方面，不同教龄教师选择"经常""总是"的比例总体差别不大。同时，在补充生活实例方面的百分比同质性卡方检验统计量 x^2 为21.636，显著性概率值为0.042，达到0.05显著性水平，而事后比较采用调整化残差值估计法发现，就B3b各选项而言，不同教龄教师选择的百分比没有显著差异。

（三）不同教龄教师在教学方法上的比较

表7.26　　　　　不同教龄教师的教学方法使用情况　　　　　（%）

项目		1—5年（A）	6—10年（B）	11—15年（C）	16—20年（D）	21年及以上（E）	卡方检验	事后比较
B4a	从不	2.53	1.43	4.00	0.00	0.00	$x^2=22.642$ Sig=0.031	A>D
	偶尔	32.91	35.71	37.33	53.85	25.53		
	经常	56.96	47.14	41.33	30.77	51.06		
	总是	7.59	15.71	17.33	15.38	23.40		
B4b	从不	1.27	1.41	2.67	0.00	0.00		
	偶尔	35.44	32.39	33.33	49.21	40.43		
	经常	43.04	42.25	46.67	38.10	44.68		
	总是	20.25	23.94	17.33	12.70	14.89		
B4c	从不	0.00	0.00	2.67	4.69	2.13		
	偶尔	29.11	37.50	28.00	29.69	27.66		
	经常	55.70	50.00	56.00	53.13	65.96		
	总是	15.19	12.50	13.33	12.50	4.26		
B4d	从不	0.00	2.82	2.67	1.56	2.08		
	偶尔	37.97	38.03	40.00	26.56	27.08		
	经常	48.10	47.89	40.00	56.25	54.17		
	总是	13.92	11.27	17.33	15.63	16.67		
B4e	从不	0.00	4.23	6.67	4.62	0.00	$x^2=24.766$ Sig=0.016	
	偶尔	43.59	42.25	28.00	35.38	25.53		
	经常	47.44	39.44	46.67	43.08	70.21		
	总是	8.97	14.08	18.67	16.92	4.26		
B4f	从不	54.43	47.89	53.33	49.23	38.30		
	偶尔	32.91	30.99	30.67	44.62	40.43		
	经常	10.13	21.13	10.67	6.15	19.15		
	总是	2.53	0.00	5.33	0.00	2.13		
B4g	从不	6.41	2.86	9.33	12.50	13.04	$x^2=22.792$ Sig=0.030	B>C
	偶尔	38.46	31.43	49.33	32.81	39.13		
	经常	42.31	47.14	20.00	35.94	41.30		
	总是	12.82	18.57	21.33	18.75	6.52		

注：B4a＝"课堂讨论或辩论"，B4b＝"小组合作"，B4c＝"讲授"，B4d＝"提开放性问题"，B4e＝"自主探究"，B4f＝"组织外出实践活动"，B4g＝"多媒体演示"。

有关课堂讨论，不同教龄教师选择"经常""总是"的比例分别是64.55%、62.85%、58.66%、46.15%、74.46%，21年及以上教龄教师的比例最大，16—20年教龄教师的比例最小，表明21年以上教龄教师使用得最多，而16—20年教龄教师使用得最少。另外，在课堂讨论方面的百分比同质性卡方检验统计量 x^2 为22.642，显著性概率值为0.031，达到0.05显著性水平，事后比较采用调整化残差值估计法发现，就B4a的"经常"选项而言，1—5年教龄教师选择的百分比显著大于16—20年教龄教师。

有关小组合作，不同教龄教师选择"经常""总是"的比例分别是63.29%、66.19%、64.00%、50.80%、59.57%，16—20年教龄教师的比例最小，其余教龄教师的比例差别不大，表明16—20年教龄教师使用得最少，其余教龄教师的使用差别不大。

有关讲授，不同教龄教师选择"经常""总是"的比例分别是70.89%、62.50%、69.33%、65.63%、70.22%，1—5年、11—15年、21年及以上教龄教师的比例较大，表明这三个教龄段的教师使用得更多，但总体上，各教龄段教师使用讲授法普遍较多。

有关提开放性问题，不同教龄教师选择"经常""总是"的比例分别是62.02%、59.16%、57.33%、71.88%、70.84%，16年以上教龄教师的比例较大，表明教龄越长，使用这种方法的教师越多。

有关自主探究，不同教龄教师选择"经常""总是"的比例分别是56.41%、53.52%、65.34%、60.00%、74.47%，21年及以上教龄教师的比例最大，其次是11—15年教龄教师，总体呈现出教龄越长，使用这种教学方法的教师就越多的趋势。另外，在自主探究方面的百分比同质性卡方检验统计量 x^2 为24.766，显著性概率值为0.016，均达到0.05显著性水平，说明不同教龄教师在自主探究的选择上差异显著，而事后比较采用调整化残差值估计法并没有发现不同教龄教师在B4e各选项的选择上有显著差异。

有关组织外出实践活动，不同教龄教师选择"经常""总是"的比例分别是12.66%、21.13%、16.00%、6.15%、21.28%，6—10年教龄和21年及以上教龄教师比例较大，这个教龄段的教师使用得更多，而16—20年教龄教师比例最小，他们在组织学生外出实践方面做得最少。

有关多媒体演示，不同教龄教师选择"经常""总是"的比例分别是 55.13%、65.71%、41.33%、54.69%、47.82%，6—10 年教龄教师的比例最大，其次是 1—5 年和 16—20 年教龄教师，这一教龄段的教师使用得最多。另外，在多媒体演示方面的百分比同质性卡方检验统计量 x^2 为 22.792，显著性概率值为 0.030，事后比较采用调整化残差值估计法发现，就 B4g 的"经常"选项而言，6—10 年教龄教师选择的百分比显著大于 11—15 年教龄教师。

（三）不同教龄教师在教学评价上的比较

表 7.27　　　　　不同教龄教师的教学评价情况　　　　　（%）

项目		1—5 年	6—10 年	11—15 年	16—20 年	21 年及以上
B5a	从不	5.06	6.94	13.33	12.50	6.38
	偶尔	40.51	44.44	40.00	39.06	40.43
	经常	45.57	33.33	37.33	42.19	48.94
	总是	8.86	15.28	9.33	6.25	4.26
B5b	从不	2.53	8.57	6.67	4.76	2.17
	偶尔	24.05	31.43	26.67	38.10	23.91
	经常	68.35	48.57	58.67	46.03	69.57
	总是	5.06	11.43	8.00	11.11	4.35
B5c	从不	3.80	10.00	12.00	7.69	4.26
	偶尔	49.37	41.43	32.00	46.15	27.66
	经常	35.44	38.57	41.33	30.77	51.06
	总是	11.39	10.00	14.67	15.38	17.02

从表 7.27 可以看出，在选项 B5a 上，不同教龄教师选择"经常""总是"的比例分别为 54.43%、48.61%、46.66%、48.44%、53.20%，总体来看不同教龄的比例差异不大，表明教师在"制定详细、可行的评价指标以评价学生的思想现状"方面的行为类似；在选项 B5b 上，不同教龄的教师选择"经常""总是"的比例分别为 73.41%、60.00%、66.67%、57.14%、73.92%，其中 1—5 年教龄

教师和 21 年及以上教龄教师的比例较大，表明处在两头教龄的教师重视"在对评价结果综合分析的基础上设计下一步教学"；在选项 B5c 上，不同教龄教师选择"经常""总是"的比例分别为 46.83%、48.57%、56.00%、46.15%、68.08%，21 年及以上教龄教师的比例最大，其次是 11—15 年教龄教师，其余教龄教师的比例差别不大，表明 21 年及以上教龄教师最重视"仅以纸笔测验完成对教学效果的评价"，11—15 年教龄教师次之，而其余教龄教师的情况类似，均相对较少采用这种片面化的评价方式。

六 不同职称教师教学行为的比较

（一）不同职称教师在教学目标上的比较

表 7.28　　不同职称教师的教学目标制定和落实情况　　（%）

项目			从不	偶尔	经常	总是
制定教学目标的依据	学生的知识和能力基础	中一及以上	3.33	14.67	58.67	23.33
		中二及以下	1.31	19.61	56.86	22.22
		未定	3.13	12.50	59.38	25.00
	学生的兴趣和需要	中一及以上	6.00	29.33	52.00	12.67
		中二及以下	1.32	32.89	52.63	13.16
		未定	0.00	28.13	50.00	21.88
	"课标"及相关教材	中一及以上	3.95	26.32	44.74	25.00
		中二及以下	2.00	18.00	53.33	26.67
		未定	6.25	21.88	59.38	12.50
落实教学目标的关注点	知识	中一及以上	3.29	14.47	57.89	24.34
		中二及以下	0.00	12.58	58.94	28.48
		未定	0.00	6.45	64.52	29.03
	能力	中一及以上	4.58	25.49	56.86	13.07
		中二及以下	1.29	22.58	59.35	16.77
		未定	0.00	34.38	59.38	6.25
	情感、态度与价值观	中一及以上	3.95	17.11	52.63	26.32
		中二及以下	2.61	23.53	46.41	27.45
		未定	3.13	25.00	46.88	25.00

表 7.28 反映出，在制定教学目标时，不同职称教师"经常""总是"依据学生的知识和能力基础、学生的兴趣和需要、"课标"及相关教材的比例分别为 82.00%、79.08%、84.38%，64.67%、65.79%、71.88%，69.74%、80.00%、71.88%，可以看出，不同职称教师在学生的知识和能力基础、学生的兴趣和需要上选择的比例差别不大，而在"课标"及相关教材上的比例呈现出一定差别，"中二及以下"教师最高，说明"中二及以下"教师更加重视依据课标及相关教材来制定教学目标。

在落实教学目标时，不同职称教师"经常""总是"关注知识目标，能力目标和情感、态度与价值观目标的比例分别为 82.23%、87.42%、93.55%，69.93%、76.12%、65.63%，78.95%、73.86%、71.88%，在知识目标方面，"中一及以上"比例最小，"未定"最大，表明教师职称越低，越关注知识目标的达成情况；在能力目标的选择上，"中二及以下"教师的比例最大，表明"中二及以下"教师最关注能力目标的达成情况；在情感、态度与价值观目标的选择上，与知识目标刚好相反，职称越高的教师，越关注情感、态度与价值观目标的达成情况。

（二）不同职称教师在教学内容处理上的比较

表 7.29　　　　不同职称教师的教学内容处理情况　　　　　（%）

项目		从不	偶尔	经常	总是
调整顺序和内容	中一及以上	2.67	28.67	47.33	21.33
	中二及以下	1.95	34.42	44.81	18.83
	未定	9.38	34.38	40.63	15.63
补充生活实例	中一及以上	3.95	11.18	50.00	34.87
	中二及以下	0.65	14.84	50.97	33.55
	未定	0.00	18.75	50.00	31.25
增加练习题	中一及以上	6.62	22.52	49.67	21.19
	中二及以下	1.96	21.57	54.90	21.57
	未定	6.25	12.50	59.38	21.88
完成探究活动	中一及以上	2.65	41.72	38.41	17.22
	中二及以下	5.84	37.01	41.56	15.58
	未定	0.00	31.25	46.88	21.88

第七章 西北地区中学德育课教师的教学行为

从表 7.29 可以看出，不同职称教师"经常""总是"调整顺序和内容、补充生活实例的比例分别为 68.66%、63.64%、56.26%，84.87%、84.52%、81.25%，基本上呈现出职称越高，选择比例越大的趋势，表明职称较高的教师对教材内容的调适更多。不同职称教师"经常""总是"增加练习题和完成探究活动的比例分别为 70.86%、76.47%、81.26%、55.63%、57.14%、68.76%，可以看出，在增加练习题上，职称未定教师的比例最高，"中一及以上"教师比例最低；在完成探究活动上，职称未定教师的比例也是最高，"中一及以上"与"中二及以下"教师差别不大，表明职称未定教师既重视增加习题操练，也重视完成新教材增设的主题探究内容的学习，这与前述分析教龄时，对刚入职的年轻教师（1—5 年教龄）的分析基本一致。

（三）不同职称教师在教学方法上的比较

表 7.30　　　　不同职称教师的教学方法使用情况　　　　　　（%）

项目		从不	偶尔	经常	总是
课堂讨论或辩论	中一及以上	1.32	40.79	40.79	17.11
	中二及以下	1.97	36.84	46.05	15.13
	未定	6.25	31.25	59.38	3.13
小组合作	中一及以上	0.67	38.67	45.33	15.33
	中二及以下	1.96	35.29	42.48	20.26
	未定	0.00	43.75	37.50	18.75
讲授	中一及以上	1.99	31.13	57.62	9.27
	中二及以下	1.95	30.52	51.30	16.23
	未定	0.00	28.13	65.63	6.25
提开放性问题	中一及以上	3.27	30.72	48.37	17.65
	中二及以下	0.66	40.13	46.05	13.16
	未定	3.13	28.13	56.25	12.50
自主探究	中一及以上	5.23	33.99	49.67	11.11
	中二及以下	1.99	37.75	44.37	15.89
	未定	3.13	31.25	56.25	9.38
组织外出实践活动	中一及以上	46.71	33.55	18.42	1.32
	中二及以下	50.33	38.56	8.50	2.61
	未定	56.25	31.25	9.38	3.13
多媒体演示	中一及以上	8.72	34.90	37.58	18.79
	中二及以下	7.24	41.45	36.18	15.13
	未定	15.63	40.63	34.38	9.38

从表 7.30 可以看出，在教学方法方面，"中一及以上"教师"经常""总是"选择多媒体演示（56.37%）、组织外出实践活动（19.74%）方面的比例最大，表明"中一及以上"教师使用这些方法是最多的；"中二及以下"教师的比例普遍居于中间，未定职称的教师在课堂讨论或辩论（62.51%）、讲授（71.88%）、提开放性问题（68.75%）、自主探究（65.63%）上的比例最大，表明未定职称教师使用这些教学方式最多，作为刚刚走上工作岗位不久的教师，有意识地将自己在大学所学的新课程理念应用于教学，但又重视讲授等教学方式，希望通过好成绩，尽快获得学校领导和同事的认可。

（四）不同职称教师在教学评价上的比较

表7.31　　　　　不同职称教师的教学评价情况　　　　　（%）

项目		从不	偶尔	经常	总是
B5a	中一及以上	11.84	36.84	43.42	7.89
	中二及以下	7.19	43.79	36.60	12.42
	未定	6.25	46.88	43.75	3.13
B5b	中一及以上	6.71	28.86	55.70	8.72
	中二及以下	4.61	28.95	58.55	7.89
	未定	0.00	28.13	62.50	9.38
B5c	中一及以上	9.21	32.24	40.13	18.42
	中二及以下	6.58	44.74	38.82	9.87
	未定	6.25	56.25	28.13	9.38

从表7.31可以看出，在教学评价的三个选项上，不同职称教师选择"经常""总是"的比例分别为51.31%、49.02%、46.88%，64.42%、66.44%、71.88%，58.55%、48.69%、37.51%，可以看出，选项B5a上的比例差异不大，表明不同职称教师在"制定详细可行的评价指标以评价学生的思想现状"方面情况类似；在选项B5b上，未定职称教师的比例相对高于其他职称教师，表明未定职称教师最重视"在对评价结果综合分析的基础上设计下一步教学"；在选项B5c上，不同职称教师的比例差异较显著，职称越高则比例越大，表明职称越高，越固守于"仅以纸笔测验完成对教学效果的评价"，而

未定职称教师采用得最少,可能在尝试使用新课程提倡的多元化的评价方式。

第三节　小结

教师的课堂教学是教师实际运作的课程。研究发现,教师的教学行为已经发生了某些变化,但依然呈现出明显的智育化倾向,在一定程度上违背了中学德育课的德育性质。

在制定教学目标时主要还是依据学生的知识和能力基础,没有充分考虑学生的兴趣和需要;在教学目标的落实上,有85%以上的教师主要关注的仍然是知识目标。中学德育课是一门以"促进学生身心健康发展为根本目的"的德育课程,这一性质决定了情感、态度与价值观目标才是第一位的,但是教师却舍本逐末,将知识目标放在第一位。

在教学内容的处理上,对教材内容的调适和课程资源的开发、利用已经成为一种普遍现象(67%以上)。然而,教师经常会增加和补充练习题(约75%),在课堂上经常提醒学生哪些内容是"考点",要求学生做好标注,并且十分重视让学生做好课堂笔记。此外,对于新课程中增加的主题探究内容,教师通常不会花一定时间来带领学生完成(超过40%)。

教学方法的使用是考察课堂教学的最重要方面,研究发现,大部分教师(60%以上)采用的教学方法并不单一,经常采用课堂讨论或辩论、小组合作等新型教学方法。但是,一些教师的教学活动只是为了让课堂"活"起来,他们倾向于关注活动的形式,而对其目的、意义却不太清楚。但是总体来看,教师的教学方法还是以讲授与一般性提问相结合、提出少量带有启发性的问题或者讲练结合等为主,这些方法仍然是传统教育理念下的典型教学方法。值得一提的是,许多教师表示自己并不清楚如何有效使用新课程教学方法,从而达到教学目的,因而在教学中就会放弃使用这些教学方法,采用更为熟练的传统教学方法。

关于教学评价,教师已经开始尝试设计中学德育课评价方案,总结与反思评价结果，形式上有了多元的评价方式，但实质上，评价内容的重点仍然是学生对原理、概念的记诵程度，以应对学校的评价考核，这种单一的、应试倾向的评价方式是片面的，不能客观、公正、准确记录和描述学生的学习状况和思想品德发展状况，并且直接导向智育化的教学。

通过对不同群体教师教学行为的比较研究发现：城乡教师相比，城市教师更加注重学生的兴趣、能力、情感态度价值观等方面的目标，在教学内容的处理上更加灵活，补充资料更多，同时增加的练习题也更多。城市教师会更多地采用课堂讨论、小组合作、提开放性问题等方法，农村教师会更多地采用讲授、组织外出实践和多媒体授课等方法。另外，城市教师使用最多的教学方法是提开放性问题，农村教师使用最多的教学方法是讲授。在教学评价方面，城乡教师的差别不明显。

不同学历教师相比，本科及以上学历教师更重视学生的能力、情感态度目标，但总体差别不大，其中，大专及以下学历教师在制定教学目标时会更加注重学生的兴趣和需要。本科及以上教师会更多地增加练习题，同时，也会更多地带领学生完成主题探究内容。大专及以下学历教师使用最多的教学方法是课堂讨论或辩论，本科及以上学历教师使用最多的教学方法是讲授。本科及以上学历教师会更加注重制定详细可行的评价指标以评价学生的思想现状。

不同性别教师相比，女教师更加注重学生的兴趣、需要以及课标要求；男教师在教学内容的处理方面更加灵活，而女教师则会更多地补充练习题。男教师更多地使用自主探究，女教师更多地使用小组合作，男女教师使用最多的教学方法都是讲授。在教学评价方面，男女教师差别不大。

骨干教师与非骨干教师相比，骨干教师更加注重课标的要求和学生的知识、能力、情感态度价值观目标。在教学内容的处理方面二者差别不大。骨干教师会更多地尝试使用新方法。在教学评价方面，骨干教师既注重设计详细的评价指标和根据评价结果设计自己的教学，又注重纸笔测验。

不同教龄教师相比，1—5年和21年及以上教龄教师既注重学生

❖ 第七章 西北地区中学德育课教师的教学行为 ❖

知识的学习，也注重学生能力、情感态度价值观的培养；6—15 年教龄教师更加注重学生知识的学习和能力的培养；16—20 年教龄教师更加注重"课标"的要求和学生情感态度价值观的培养。在教学内容的处理方面，11—15 年教龄教师更加灵活，1—5 年和 21 年及以上教龄教师既重视增加练习题，又重视完成探究活动；在补充实例等方面，不同教龄教师的差别不大。在教学方法的使用方面，1—5 年教龄教师更多地使用讲授和课堂讨论或辩论，6—10 年教龄教师在各种教学方法的使用上都比较多，11—15 年教龄教师更多地使用小组合作、讲授、自主探究的教学方法，16—20 年教龄教师更多地使用讲授和提出开放性问题，21 年及以上教龄教师更多地使用除小组合作和多媒体以外的其他方法。另外，1—5 年和 11—15 年教龄教师使用最多的教学方法是讲授，6—10 年教龄教师使用最多的教学方法是小组合作，16—20 年教龄教师使用最多的是提开放性问题，21 年及以上教龄教师使用最多的是课堂讨论和自主探究。在教学评价方面，1—5 年和 21 年及以上教龄教师更注重根据评价结果设计自己的教学，同时，21 年及以上教龄教师更加注重纸笔测验。

不同职称教师相比，"中一及以上"教师更加注重情感、态度与价值观目标。"中一及以上"教师在教学内容的处理方面最灵活，未定职称教师最不灵活。在教学方法的使用方面，不同职称教师差别不大，"中一及以上"教师使用最多的教学方法是讲授和提开放性问题，其他职称教师使用最多的教学方法是讲授。在教学评价方面，"中一及以上"教师更注重纸笔测验。

第八章 西北地区中学德育课程实施的影响因素及影响程度

第一节 总体现状

"变革的现实观是非常复杂和微妙的"。西北地区中学德育课教师在与课程设计者对话、"契合"的过程中必然会存在一些障碍。这就激发了人们深入思考影响课程实施的过程和最终结果的因素究竟有哪些？影响程度如何？发现这些因素及其影响程度，就有可能提前预防，有效加以应对，以保证课程实施的顺利进行。正如已有研究所揭示的，影响因素是课程实施研究中一个极其复杂而重要的问题，"在个人、组织和全系统的各个层次上，变革都相当复杂，含有多个变量，且是动态发展的"[①]。影响西北地区中学德育课程实施的因素多重而复杂，有学校内部的，有学校外部的，内外部各种因素相互关联、相互影响，构成一个复杂的影响课程实施的因素网（webs of factors）。富兰及后来的研究者对此倾注大量心血，试图找出影响课程实施的所有因素，并建立适当的理论模型以解释和预测影响课程实施的因素。本书以此为基础，结合中学德育课程实施的特殊性，从教师、课程、学校和社会四个层面形成分析框架，揭示现状并厘清影响中学德育课程实施的因素及程度。

调查问卷的最后一部分是关于中学德育课程实施影响因素的内容（其代码为 D1—D15），目的在于考察教师对中学德育课程实施影响

---

① [美]霍尔等：《实施变革：模式、原则与困境》，吴晓玲译，浙江教育出版社2004年版，第6页。

❖ 第八章 西北地区中学德育课程实施的影响因素及影响程度 ❖

因素的看法,问卷围绕教师、课程、学校和社会四个层面,设计了较为详细的 15 种可能的影响因素,由教师根据自己的教学经验和思考对它们在实施中学德育课中的影响程度做出判断。作为课程改革的"亲历者""实施者",中学德育课教师是如何看待这一问题的呢?

一 影响因素的百分比描述

尽管中学德育课的实施受制于各种内外部因素,然而,这些因素并非均衡地作用于课程实施这一复杂系统,从理论研究的目的而言,只有关注那些影响较强的因素,才有可能找到推动课程实施的动力之源。

对问卷所涉及的 15 种影响因素,教师们都有不同的看法。根据问卷设计的选项,教师对每一种因素的影响程度在"很小""小""一般""大"和"很大"五个选项上做出判断。本书将"大"和"很大"选项的百分比进行合并,以发现那些对中学德育课程实施影响较强的因素。

表 8.1 关于不同因素对中学德育课程实施影响程度"大"和"很大"的情况

影响因素	题号	"大"		"很大"		合计
		人数(人)	%	人数(人)	%	%
教学知识	D1	153	45.0	64	18.8	63.8
学科知识	D2	169	49.7	71	20.9	70.6
实践性知识	D3	162	47.9	71	21.0	68.9
教师心理	D4	163	48.1	71	20.9	69.0
课标	D5	134	39.9	26	7.7	47.6
教材	D6	159	47.2	21	6.2	53.4
教参	D7	114	33.5	26	7.6	41.1
课程资源	D8	114	33.9	48	14.3	48.2
校长因素	D9	111	32.9	49	14.5	47.4
课程评价	D10	136	40.4	82	24.3	64.7
学校文化	D11	127	37.7	45	13.4	51.1
学生因素	D12	159	46.9	68	20.1	67.0
社会教科研活动	D13	110	32.6	30	8.9	41.5
行政支持	D14	133	39.8	46	13.8	53.6
家长	D15	118	35.3	59	17.7	53.0

从表 8.1 可以看出，首先，有超过 60% 的教师认为，影响程度"大"和"很大"的因素从大到小依次是学科知识、教师心理、实践性知识、学生因素、课程评价、教学知识。

其次，有 50%—60% 的教师认为，影响程度"大"和"很大"的因素从大到小依次是，行政支持、教材、家长、学校文化。

最后，有 40%—50% 的教师认为，影响程度"大"和"很大"的因素从大到小依次是，课程资源、课标、校长因素、社会教科研活动、教参。

相比较而言，教师如果对问卷中的选项做出影响"很大"的判断，则代表了教师更具倾向性的观点，通过对"很大"百分比的统计，可以发现那些更具影响力的因素。由表 8.1 可以看出，有 24.3% 的教师认为，影响程度"很大"的因素是课程评价，选择此项因素的教师最多；有 20%—21% 的教师认为，影响程度"很大"的因素从大到小依次是实践性知识、教师心理、学科知识、学生；有 10%—20% 的教师认为，影响程度"很大"的因素从大到小依次是，教学知识、家长、校长、课程资源、行政支持、学校文化；不到 10% 的教师认为，影响程度"很大"的因素从大到小依次是社会教科研活动、课标、教参、教材。

另外，将 15 种影响因素在选择"大"和"很大"的百分比排名进行对比分析发现：课程评价、校长、家长从原来的第 5 位、第 13 位和第 9 位，分别上升为第 1 位、第 8 位和第 7 位，说明相当一部分教师认为这几种因素影响"很大"，是对中学德育课程实施更具影响力的因素；但是教材、行政支持由原来的第 6 位和第 7 位，分别下降为第 15 位和第 10 位，说明教师认为它们只是影响"大"的因素，即只是次重要的因素，这就启发我们在分析这些因素的影响程度时要区别对待。

二 影响因素的均值描述

对影响中学德育课程实施的因素进行均值统计，结果见表 8.2 所示。

第八章 西北地区中学德育课程实施的影响因素及影响程度

表 8.2　　　　　　　各影响因素的平均值统计情况

影响因素	题号	均值	标准差
教学知识	D1	3.72	.902
学科知识	D2	3.87	.791
实践性知识	D3	3.83	.851
教师心理	D4	3.83	.850
课标	D5	3.49	.729
教材	D6	3.48	.809
教参	D7	3.33	.857
课程资源	D8	3.44	.978
校长	D9	3.39	1.049
课程评价	D10	3.76	.987
学校文化	D11	3.51	.910
学生	D12	3.76	.920
社会教科研活动	D13	3.20	1.054
行政支持	D14	3.41	1.100
家长	D15	3.43	1.149

从表8.2可以看出，15种影响因素的平均值介于3.20—3.87，标准差介于0.729—1.149。根据问卷设计中对"很小""小""一般""大"和"很大"的设定（分别对应1、2、3、4、5），均值越大，表示教师认为该因素的影响程度越大；标准差能反映一个数据集的离散程度，标准差越大，表示教师对该因素影响程度的看法分歧越大。

根据均值从大到小的排序结果，可以将这些因素的影响程度划分为三类：

首先，平均值介于3.65—3.87的因素从大到小依次为：学科知识、教师心理、实践性知识、学生、课程评价、教学知识。

其次，平均值介于3.39—3.51的因素从大到小依次为：学校文化、课标、教材、课程资源、家长、行政支持、校长。

最后，平均值介于3.20—3.33的因素从大到小依次为：教参、社会教科研活动。

三 各因素的影响程度

综合上述分析结果,研究者尝试将影响中学德育课程实施的因素分为三种类型,即强影响因素、一般影响因素和弱影响因素,以整体了解中学德育课程实施影响因素的基本现状。结合上文以数值大小划分层次的方式,将15种影响因素进行初步划分。

表8.3　　　　　影响中学德育课程实施因素的强弱情况

项目	强影响因素	一般影响因素	弱影响因素
"大"和"很大"的百分比	D2 D4 D3 D12 D10 D1	D14 D7 D15 D11	D8 D5 D9 D13 D6
"很大"的百分比	D10 D3 D4 D2 D12	D1 D15 D9 D8 D14 D11	D13 D5 D7 D6
均值	D2 D4 D3 D12 D10 D1	D11 D5 D6 D8 D15 D14 D9	D7 D13

基于一般的经验和规律,"大"和"很大"的百分比与平均值比较的统计方式,它们二者以一种整体的视角呈现出这些因素影响程度的基本趋势,而"很大"的百分比统计结果,可以为确定其中的强影响因素提供更有利的依据,因为教师在问卷所提供的五个选项中选择影响程度"很大",表达了教师更具倾向性的态度。研究者结合三方面统计的结果来确定影响因素的强弱程度,从表8.3中可以看到,在这三种分析视角下,尽管存在一些差异,但仍然可以得出相对一致的结果。

首先可以对那些在这三种分析视角下所得出的一致性结论进行界定,例如,D2、D3、D4无论以何种方式分析均可归入强影响因素一类,本书最终将其确定为影响中学德育课程实施的强影响因素。同理,强影响因素是学科知识、实践性知识、教师心理、课程评价、学生;一般影响因素是学校文化、行政支持、家长;弱影响因素是社会教科研活动、教参。

其次,有的影响因素在三种分析视角下并没有得到完全一致的结

第八章　西北地区中学德育课程实施的影响因素及影响程度

论，例如，D7 在"大"和"很大"的百分比统计以及均值统计中都处于一般影响因素序列中，但是在"很大"百分比排名中却处在弱影响因素序列中，那么对它们应当如何界定呢？进一步分析发现，对这类因素影响程度的确定，在两种分析视角下至少也会保持同一的结果，而且不存在明显违背逻辑的现象，或者说，并没有在三种分析方式中得出跳跃性很大的结果。例如，某种因素在两种统计结果中为强影响因素，而在第三种统计结果中却为弱影响因素；或者在两种统计结果中都属于弱影响因素，而在第三种统计结果中却归入强影响因素。因此，对这些相对保持一致性的分析结果，实际上也易于对其进行辨识，本书将根据一致性的结论进行界定。

教学知识（D1）在"大"和"很大"百分比统计和均值统计中都被确定为强影响因素，而在"很大"百分比排名中则处于一般影响因素序列中，本书最终将其确定为强影响因素。同理，学科知识、实践性知识、教师心理、课程评价、学生被确定为强影响因素；教材、校长、课程资源被确定为一般影响因素；课标被确定为弱影响因素。

至此，我们可以确认影响西北地区中学德育课程实施的各因素及其影响程度。

表8.4　　影响西北地区中学德育课程实施的因素及程度

强影响因素	一般影响因素	弱影响因素
教学知识 学科知识 实践性知识 教师心理 课程评价 学生	学校文化 家长 教材 校长因素 课程资源 行政支持	社会教科研活动 教参 课标

第二节　比较研究

不同因素对不同类别教师的影响程度是不同的，对不同类别教师在影响因素方面做进一步比较分析，了解影响因素对他们的影响程度差异,有利于采取差别化措施,以促使不同类别教师课程实施能力的提高。

一 各因素对城乡教师影响程度的比较

(一)教师影响因素的比较

表8.5　　　　　　城乡教师对教师因素影响的评价　　　　　　(%)

项目	教学知识		学科知识		实践性知识		教师心理	
	城市	农村	城市	农村	城市	农村	城市	农村
很小	1.89	1.29	0.94	0.00	0.95	0.86	0.95	0.86
小	3.77	9.01	5.66	3.00	5.71	5.17	1.90	6.87
一般	23.58	29.18	17.92	28.33	19.05	27.59	17.14	27.90
大	44.34	45.06	46.23	51.50	45.71	49.14	47.62	48.50
很大	26.42	15.45	29.25	17.17	28.57	17.24	32.38	15.88
卡方检验			$x^2 = 12.163$ Sig. = .016				$x^2 = 16.157$ Sig. = .003	
事后比较	"大"——城市>农村				"一般"——农村>城市 "很大"——城市>农村			

从表8.5可以看出,在学科知识和教师心理两方面上的百分比同质性卡方检验统计量 x^2 分别为12.163和16.157,显著性概率值分别为0.016和0.003,达到0.05显著性水平,事后比较采用调整化残差值估计法发现,就学科知识的"一般"选项而言,农村教师选择的百分比显著大于城市教师,就"很大"选项而言,城市教师选择的百分比显著大于农村教师;就教师心理的"很大"选项而言,城市教师选择的百分比显著大于农村教师。

另外,在教师因素的教学知识、学科知识、实践性知识和教师心理四个方面,城乡教师认为影响"大"和"很大"的比例之和分别为 70.76%、60.51%,75.48%、68.67%,74.28%、66.38%,80.00%、64.38%。城市教师在四个方面选择"大"和"很大"的比例均大于农村教师,说明城市教师认为教师因素对中学德育课程实

第八章 西北地区中学德育课程实施的影响因素及影响程度

施的影响更大。

研究者从四个样本学校发现,城乡教师的专业知识和教学技能水平存在一定差距,城市教师显然要好于农村教师,目前仍须加强理论知识水平和教育观念的转变,理论知识包括对课程标准和教材的研究和认识,对中学德育课的教学任务、教育对象特征的理解,对有关课程发展的理论和教师在课程改革中的反思、科研及其作用有一定的认识;农村教师特别是乡镇中学教师,对教材内容的理解不够理想,其学科教学法知识和教学的实践经验都比较缺乏,因此当务之急还是以中学德育课相关专业学科知识、学科教学法知识为重点提高他们的理论知识和教学水平。

(二)课程影响因素的比较

表8.6　　　　　城乡教师对课程因素影响的评价　　　　　(%)

项目	课标		教材		教参		课程资源	
	城市	农村	城市	农村	城市	农村	城市	农村
很小	0.00	0.00	0.00	3.90	0.94	2.15	0.96	3.03
小	4.76	6.52	6.67	5.63	9.43	14.16	11.54	15.15
一般	40.95	48.70	31.43	40.69	45.28	43.78	33.65	36.36
大	45.71	37.39	51.43	45.45	32.08	34.33	38.46	31.60
很大	8.57	7.39	10.48	4.33	12.26	5.58	15.38	13.85
卡方检验			$x^2=10.770$ Sig.$=.029$					
事后比较			"很小"——农村>城市 "很大"——城市>农村					

从表8.6可以看出,在教材上的百分比同质性卡方检验统计量 x^2 为10.770,显著性概率值为0.029,达到0.05显著性水平,事后比较采用调整化残差值估计法发现,就教材的"很小"选项而言,农村教师选择的百分比显著大于城市教师,就"很大"选项而言,城市教师选择的百分比显著大于农村教师。

另外,在课程因素的课标、教材、教参、课程资源四个方面,城乡教师认为影响"大"和"很大"的比例之和分别为54.28%、44.78%，61.91%、49.78%，44.34%、39.91%，53.84%、45.45%。城市教师在课程因素四个方面的比例均大于农村教师，说明城市教师认为课程因素对中学德育课程实施的影响要大于农村教师。

（三）学校影响因素的比较

表8.7　　　　　城乡教师对学校因素影响的评价　　　　　（%）

项目	校长		课程评价		学校文化		学生	
	城市	农村	城市	农村	城市	农村	城市	农村
很小	6.73	4.74	3.77	1.74	1.90	2.60	0.00	2.58
小	8.65	14.22	5.66	9.13	5.71	9.52	6.67	8.15
一般	25.00	38.79	14.15	30.00	29.52	42.42	16.19	27.04
大	43.27	28.45	45.28	37.83	40.00	36.80	42.86	48.93
很大	16.35	13.79	31.13	21.30	22.86	8.66	34.29	13.30
卡方检验	$x^2=11.366$ Sig.=.023		$x^2=13.515$ Sig.=.009		$x^2=15.842$ Sig.=.003		$x^2=23.152$ Sig.=.000	
事后比较	"一般"——农村>城市 "大"——城市>农村		"一般"——农村>城市		"很大"——城市>农村		"很大"——城市>农村	

表8.7数据告诉我们，在学校因素影响四方面上的百分比同质性卡方检验统计量x^2分别为11.366、13.515、15.842、23.152，显著性概率值分别为0.023、0.009、0.003、0.000，均达到0.05显著性水平，事后比较采用调整化残差值估计法发现，就校长因素的"一般"选项而言，农村教师选择的百分比显著大于城市教师，就"大"选项而言，城市教师选择的百分比显著大于农村教师；就评价因素的"一般"选项而言，农村教师选择的百分比显著大于城市教师；就学校文化因素的"很大"选项而言，城市教师选择的百分比显著大于农村教师；就学生因素的"很大"选项而言，城市教师选择的百分比显著大于农村教师。

另外，在学校因素的校长、课程评价、学校文化、学生四个方

第八章 西北地区中学德育课程实施的影响因素及影响程度

面，城乡教师认为影响"大"和"很大"的比例之和分别为 59.62%、42.24%，76.41%、59.13%，62.86%、45.46%，77.15%、62.23%，城市教师在各个方面的比例均明显高于农村教师，说明城市教师认为学校因素对中学德育课程实施的影响较大，农村教师认为学校因素的影响较小。

（四）社会影响因素的比较

表8.8　　　　　　城乡教师对社会因素影响的评价　　　　　　（%）

项目	社会教科研活动		行政支持		家长	
	城市	农村	城市	农村	城市	农村
很小	3.81	9.52	4.76	9.65	4.72	9.69
小	9.52	17.75	6.67	11.84	8.49	13.22
一般	39.05	33.77	24.76	29.82	22.64	29.52
大	35.24	31.60	44.76	37.28	41.51	32.16
很大	12.38	7.36	19.05	11.40	22.64	15.42

从表8.8可以看出，在社会因素的社会教科研活动、行政支持、家长三个方面，城乡教师认为影响"大"或"很大"的比例之和分别为47.62%、38.96%，63.81%、48.68%，64.15%、47.58%，可以看出，城市教师的比例均高于农村教师，说明城市教师认为社会因素对中学德育课程实施的影响较大。

（五）各因素影响程度的差异比较

把各因素对城乡教师影响"大"和"很大"的百分比合计后排序，结果见表8.9所示。

从表8.9可以看出，在教师因素中，教师心理对城市教师影响最大，学科知识对农村教师的影响最大；在课程因素中，教材对城乡教师的影响都是最大的；在学校因素中，评价对城市教师影响最大，学生对农村教师的影响最大；在社会因素中，家长对城市教师影响最大，行政支持对农村教师的影响最大。总体来看，学科知识、实践性知识、教材和课程评价四个因素对城乡教师影响程度的差异相对较大，其中学科知识、实践性知识、教材对农村教师的影响相对较大，而评价对城市教师的影响相对较大。

表8.9　　　　　　各因素对城乡教师影响程度的强弱

	强 → 弱											
城市	教师心理	学生	课程评价	学科知识	实践性知识	教学知识	家长	行政支持	学校文化	教材	校长	课标	课程资源	社会教科研活动	教参
农村	学科知识	实践性知识	教师心理	学生	教学知识	课程评价	教材	行政支持	家长	学校文化	课程资源	课标	校长	教参	社会教科研活动

二　各因素对不同学历教师影响程度的比较

（一）教师因素影响的比较

表8.10　　　　　不同学历教师对教师因素影响的评价　　　　　　（%）

项目	教学知识		学科知识		实践性知识		教师心理	
	大专及以下	本科及以上	大专及以下	本科及以上	大专及以下	本科及以上	大专及以下	本科及以上
很小	1.72	1.42	0.00	0.36	3.51	0.36	1.72	0.71
小	22.41	4.27	6.90	3.20	3.51	5.71	17.24	2.86
一般	20.69	28.83	27.59	24.56	33.33	23.21	25.86	24.29
大	41.38	45.55	48.28	50.18	45.61	48.57	41.38	49.64
很大	13.79	19.93	17.24	21.71	14.04	22.14	13.79	22.50
卡方检验	$x^2=23.795$ Sig.=.000						$x^2=21.683$ Sig.=.000	
事后比较	"小"——A>B						"小"——A>B	

注：A=大专及以下，B=本科及以上。

从表8.10可以看出，在教学知识和教师心理两方面上的百分比同质性卡方检验统计量 x^2 分别为 23.795 和 21.683，显著性概率值分别为 0.000 和 0.000，达到 0.001 显著性水平，事后比较采用调整化残差值估计法发现，就教学知识的"小"选项而言，大专及以下教师选择的百分比显著大于本科及以上教师；就教师心理的"小"选项而言，大专及以下教师选择的百分比显著大于本科及以上教师。

另外，在教师影响因素的教学知识、学科知识、实践性知识和教师心理四个方面，大专及以下、本科及以上教师认为影响"大"和"很大"的比例之和分别为 55.17%、65.48%，65.52%、71.89%，59.65%、70.71%，55.17%、72.14%。本科及以上教师在四个方面选择"大"和"很大"的比例均大于大专及以下教师，说明学历越高，认为教师因素对课程实施的影响越大。

（二）课程因素影响的比较

表 8.11　　　　　**不同学历教师对课程因素影响的评价**　　　　（%）

项目	课标		教材		教参		课程资源	
	大专及以下	本科及以上	大专及以下	本科及以上	大专及以下	本科及以上	大专及以下	本科及以上
很小	0.00	0.00	1.72	2.88	0.00	2.14	5.17	1.81
小	6.90	5.78	6.90	5.76	24.14	10.32	17.24	13.36
一般	48.28	45.85	32.76	38.85	43.10	44.48	32.76	36.10
大	36.21	40.79	51.72	46.40	29.31	34.52	29.31	34.66
很大	8.62	7.58	6.90	6.12	3.45	8.54	15.52	14.08
卡方检验					$x^2=10.509$ Sig.=.033			
事后比较					"小"—A>B			

注：A = 大专及以下，B = 本科及以上。

从表 8.11 可以看出，在教参上的百分比同质性卡方检验统计量 x^2 为 10.509，显著性概率值为 0.033，达到 0.05 显著性水平，事后比较采用调整化残差值估计法发现，就教参的"小"选项而言，大专及以下教师选择的百分比显著大于本科及以上教师。

另外，在课程因素的课标、教材、教参、课程资源四个方面，大专及以下、本科及以上教师认为影响"大"和"很大"的比例之和分别为44.83%、48.37%，58.62%、52.52%，32.76%、43.06%，44.83%、48.74%。只有在教材方面，大专及以下教师的比例超过了本科及以上教师，其余三个方面，本科及以上教师的比例均大于大专及以下教师，说明学历低的教师认为教材对中学德育课程实施的影响更大。

（三）学校因素影响的比较

表8.12　　　不同学历教师对学校因素影响的评价　　　（%）

项目	校长		课程评价		学校文化		学生	
	大专及以下	本科及以上	大专及以下	本科及以上	大专及以下	本科及以上	大专及以下	本科及以上
很小	7.02	5.02	1.75	2.51	1.75	2.51	1.75	1.78
小	10.53	12.90	14.04	6.81	12.28	7.53	15.79	6.05
一般	49.12	31.54	31.58	23.66	45.61	36.92	21.05	24.20
大	26.32	34.41	36.84	40.86	31.58	39.07	47.37	46.98
很大	7.02	16.13	15.79	26.16	8.77	13.98	14.04	21.00

从表8.12可以看出，在学校因素的校长、课程评价、学校文化、学生四个方面，大专及以下、本科及以上教师认为影响"大"和"很大"的比例之和分别为33.34%、50.54%，52.63%、67.02%，40.35%、53.05%，61.41%、67.98%。本科及以上教师的比例均高于大专及以下教师，说明学历越高的教师认为学校因素对中学德育课程实施的影响越大。

（四）对社会因素影响的评价

从表8.13可以看出，在社会因素的社会教科研活动、行政支持、家长三个方面，大专及以下、本科及以上教师认为影响"大"和"很大"的比例之和分别为36.84%、42.65%，44.44%、55.20%，43.40%、54.64%，可以看出，本科及以上教师的比例均高于大专及以下教师，说明学历越高的教师认为社会因素对中学德育课程实施的影响越大。

第八章 西北地区中学德育课程实施的影响因素及影响程度

表8.13　　　　　不同学历教师对社会因素影响的评价　　　　　（%）

项目	社会教科研活动		行政支持		家长	
	大专及以下	本科及以上	大专及以下	本科及以上	大专及以下	本科及以上
很小	3.51	8.60	9.26	7.89	13.21	7.14
小	26.32	12.90	12.96	9.68	13.21	11.43
一般	33.33	35.84	33.33	27.24	30.19	26.79
大	29.82	33.33	40.74	39.43	32.08	35.71
很大	7.02	9.32	3.70	15.77	11.32	18.93

（五）各因素影响程度的差异比较

把各因素对不同学历教师影响"大"和"很大"的百分比合计后排序，结果见表8.14所示。

表8.14　　　　　各因素对不同学历教师影响程度的强弱

	强　──────→　弱														
大专及以下	学科知识	学生	实践性知识	教材	教学知识	教师心理	课程评价	课程资源	课标	行政支持	家长	学校文化	社会教科研活动	校长	教参
本科及以上	教师心理	学科知识	实践性知识	学生	教学知识	课程评价	行政支持	家长	学校文化	教材	校长	课程资源	课标	教参	社会教科研活动

从表8.14可以看出，在教师因素中，教师心理对本科及以上学历教师影响最大，学科知识对大专及以下学历教师的影响最大；在课程因素中，教材对不同学历教师的影响都是最大的；在学校因素中，学生对不同学历教师的影响都是最大的；在社会因素中，行政支持对不同学历教师的影响都是最大的。总体来看，教材、课标、教师心理、课程资源四个因素对不同学历教师影响程度的差异相对较大，其中教材、课标和课程资源对大专及以下学历教师的影响相对较大，而教师

心理对本科及以上学历教师的影响相对较大。

三 各因素对不同性别教师影响程度的比较

（一）教师因素影响的比较

表8.15　　　　　不同性别教师对教师因素影响的评价　　　　　（％）

项目	教学知识		学科知识		实践性知识		教师心理	
	男	女	男	女	男	女	男	女
很小	2.03	1.05	0.00	0.52	0.68	1.06	1.35	0.53
小	8.78	6.28	2.70	4.71	4.05	6.35	6.76	4.21
一般	20.27	32.98	20.95	28.80	22.97	26.46	20.27	28.42
大	47.30	42.93	50.00	49.74	45.27	49.74	47.97	47.89
很大	21.62	16.75	26.35	16.23	27.03	16.40	23.65	18.95

从表8.15可以看出，在教师因素的教学知识、学科知识、实践性知识和教师心理四个方面，男女教师认为影响"大"和"很大"的比例之和分别为68.92％、59.68％，76.35％、65.97％，72.30％、66.14％，71.62％、66.84％。男教师在四个方面选择"大"和"很大"的比例均大于女教师，表明男教师认为教师因素对中学德育课程实施的影响程度更大。

（二）课程因素影响的比较

表8.16　　　　　不同性别教师对课程因素影响的评价　　　　　（％）

项目	课标		教材		教参		课程资源	
	男	女	男	女	男	女	男	女
很小	0.00	0.00	1.35	3.72	2.03	1.57	3.40	1.60
小	8.78	4.28	4.73	6.91	14.19	11.52	17.01	11.70
一般	50.68	42.78	41.22	35.64	49.32	40.84	34.69	36.17
大	32.43	45.99	45.95	47.87	29.73	36.65	29.93	37.23
很大	8.11	6.95	6.76	5.85	4.73	9.42	14.97	13.30

从表8.16可以看出，在课程因素的课标、教材、教参、课程资

第八章 西北地区中学德育课程实施的影响因素及影响程度

源四个方面,男女教师认为影响"大"和"很大"的比例之和分别为 40.54%、52.94%,52.71%、53.72%,34.46%、46.07%,44.90%、50.53%。女教师的比例均大于男教师,说明女教师认为课程因素对中学德育课程实施的影响较大。

(三)学校因素影响的比较

表8.17　　　　不同性别教师对学校因素影响的评价　　　　(%)

项目	校长		课程评价		学校文化		学生	
	男	女	男	女	男	女	男	女
很小	7.48	3.70	3.40	1.58	2.03	2.66	0.68	2.62
小	14.97	10.58	8.84	7.37	10.14	6.91	8.16	7.33
一般	34.01	35.45	19.05	29.47	34.46	40.96	25.17	21.99
大	28.57	35.98	39.46	41.05	38.51	37.23	42.86	50.26
很大	14.97	14.29	29.25	20.53	14.86	12.23	23.13	17.80

从表8.17可以看出,在学校因素的校长、课程评价、学校文化、学生四个方面,男女教师认为影响"大"和"很大"的比例之和分别为 43.54%、50.27%,68.71%、61.58%,53.37%、49.46%,65.99%、68.06%。男教师在课程评价、学校文化方面的比例大于女教师,在校长、学生方面的比例小于女教师,表明男教师认为课程评价和学校文化对中学德育课程实施的影响更大,而女教师则认为校长在中学德育课程实施中的影响更大,关于学生这一影响因素,男女教师的看法大体相同。

(四)社会因素影响的比较

表8.18　　　　不同性别教师对社会因素影响的评价　　　　(%)

项目	社会教科研活动		行政支持		家长	
	男	女	男	女	男	女
很小	7.43	7.98	9.03	7.41	9.72	6.88
小	14.86	15.96	12.50	8.47	9.03	13.76
一般	35.81	35.11	29.17	27.51	33.33	22.75
大	32.43	32.45	35.42	42.86	32.64	37.04
很大	9.46	8.51	13.89	13.76	15.28	19.58

从表 8.18 可以看出，在社会因素的社会教科研活动、行政支持、家长三个方面，男女教师认为影响"大"和"很大"的比例之和分别为 41.89%、40.96%、49.31%、56.62%，47.92%、56.62%，女教师在行政支持和家长两个方面的比例高于男教师，说明女教师认为行政支持和家长在中学德育课程实施中的影响较大，而在社会教科研活动方面男女教师之间在认识上差别不大。

（五）各因素影响程度的差异比较

把各因素对不同性别教师影响"大"和"很大"的百分比合计后排序，结果见表 8.19 所示。

表 8.19　　　　各因素对不同性别教师影响程度的强弱

	强　　　　　　　　　　　→　　　　　　　　　　　弱											
男	学科知识	实践性知识	教师心理	教学知识	课程评价	学生	学校文化	教材	行政支持	学生家长	课程资源	校长	社会教科研活动	课标	教参
女	学生	教师心理	实践性知识	学科知识	课程评价	教学知识	学生家长	行政支持	教材	课标	课程资源	校长	学校文化	教参	社会教科研活动

从表 8.19 可以看出，在教师因素中，教师心理对女教师影响最大，学科知识对男教师的影响最大；在课程因素中，教材对男女教师的影响都是最大的；在学校因素中，课程评价对男教师影响最大，学生对女教师影响最大；在社会因素中，家长和行政支持对女教师影响最大，行政支持对男教师的影响最大。总体来看，学生、学校文化和课标三个因素对男女教师影响程度的差异相对较大，其中学校文化对男教师的影响相对较大，而学生、课标对女教师的影响相对较大。

四 各因素对骨干教师与非骨干教师影响程度的比较

（一）教师因素影响的比较

表8.20　　　骨干教师与非骨干教师对教师因素影响的评价　　　（%）

项目	教学知识		学科知识		实践性知识		教师心理	
	骨干教师	非骨干教师	骨干教师	非骨干教师	骨干教师	非骨干教师	骨干教师	非骨干教师
很小	1.33	1.64	0.00	0.55	0.00	1.65	0.67	1.10
小	6.00	8.74	4.00	3.83	4.70	6.04	2.67	7.69
一般	28.00	26.78	21.33	28.42	21.48	26.37	26.67	22.53
大	44.00	45.36	51.33	48.09	48.32	47.80	47.33	48.35
很大	20.67	17.49	23.33	19.13	25.50	18.13	22.67	20.33

从表8.20可以看出，在教师因素的教学知识、学科知识、实践性知识和教师心理四个方面，骨干教师与非骨干教师认为影响"大"和"很大"的比例之和分别为64.67%、62.85%，74.66%、67.22%，73.82%、65.93%，70.00%、68.68%，可以看出，骨干教师的比例均大于非骨干教师，说明骨干教师认为教师因素对中学德育课程实施的影响程度更大，尤其是在学科知识和实践性知识上，骨干教师认为其对中学德育课程实施的影响比例明显大于非骨干教师。

（二）课程因素影响的比较

表8.21　　　骨干教师与非骨干教师对课程因素影响的评价　　　（%）

项目	课标		教材		教参		课程资源	
	骨干教师	非骨干教师	骨干教师	非骨干教师	骨干教师	非骨干教师	骨干教师	非骨干教师
很小	0	0	5.33	0.56	1.33	2.19	0.68	3.87
小	4.08	8.24	4.67	6.67	10.67	13.11	10.81	16.02
一般	46.26	46.70	36.67	38.89	47.33	42.08	35.81	35.36
大	39.46	39.01	46.00	48.33	30.67	36.61	37.16	31.49
很大	10.20	6.04	7.33	5.56	10.00	6.01	15.54	13.26

从表 8.21 可以看出，在课程因素的课标、教材、教参、课程资源四个方面，骨干教师与非骨干教师认为影响"大"和"很大"的比例之和分别为 49.66%、45.05%、53.33%、53.89%、40.67%、42.62%、52.70%、44.75%，可以看出，在课标和课程资源方面，骨干教师的比例高于非骨干教师，说明骨干教师认为这两个方面的因素对中学德育课程实施的影响程度较大。而在教材和教参方面，非骨干教师的比例高于骨干教师，但是差别并不是很大，说明骨干教师和非骨干教师在这两个方面的因素对中学德育课程实施影响的认识上差别不大。

（三）学校因素影响的比较

表 8.22　　骨干教师与非骨干教师对学校因素影响的评价　　　　（%）

项目	校长		课程评价		学校文化		学生	
	骨干教师	非骨干教师	骨干教师	非骨干教师	骨干教师	非骨干教师	骨干教师	非骨干教师
很小	2.70	7.69	0.68	3.85	0.00	4.42	0.00	3.28
小	9.46	15.38	6.08	8.79	6.71	9.94	4.70	9.84
一般	34.46	34.07	24.32	25.27	34.23	40.33	26.85	21.31
大	39.19	28.02	43.24	37.91	43.62	33.15	52.35	43.17
很大	14.19	14.84	25.68	24.18	15.44	12.15	16.11	22.40
卡方检验					$x^2=11.415$ Sig.=.022		$x^2=11.949$ Sig.=.018	
事后比较					"很小"——B>A		"大"——A>B	

注：A = 骨干教师，B = 非骨干教师。

从表 8.22 可以看出，在学校文化和学生因素影响上的百分比同质性卡方检验统计量 x^2 分别为 11.415、11.949，显著性概率值分别为 0.022、0.018，达到 0.05 显著性水平，事后比较采用调整化残差值估计法发现，就学校文化因素的"很小"选项而言，非骨干教师选择的百分比显著大于骨干教师；就学生因素的"大"选项而言，骨干教师选择的百分比显著大于非骨干教师。

第八章 西北地区中学德育课程实施的影响因素及影响程度

另外,在学校因素的校长、课程评价、学校文化、学生四个方面,骨干教师与非骨干教师认为影响"大"和"很大"的比例之和分别为 53.38%、42.86%,68.92%、62.09%,59.06%、45.30%,68.46%、65.57%,可以看出,骨干教师在学校因素四个方面的比例均高于非骨干教师,说明骨干教师认为学校因素对中学德育课程的实施影响较大,同时发现,在学生因素方面,骨干教师与非骨干教师的差别不大。

(四)社会因素影响的比较

表8.23　　　　骨干教师与非骨干教师对社会因素影响的评价　　　　(%)

项目	社会教科研活动		行政支持		家长	
	骨干教师	非骨干教师	骨干教师	非骨干教师	骨干教师	非骨干教师
很小	4.67	10.56	3.33	12.43	6.04	10.11
小	12.00	18.33	8.00	11.86	7.38	15.73
一般	33.33	35.56	30.00	24.86	30.20	23.60
大	42.67	25.56	47.33	34.46	36.91	33.71
很大	7.33	10.00	11.33	16.38	19.46	16.85
卡方检验	$x^2 = 13.691$ Sig. = .008		$x^2 = 14.930$ Sig. = .005			
事后比较	"大"—A>B		"很小"—B>A			

注：A=骨干教师,B=非骨干教师。

从表8.23可以看出,在社会教科研活动和行政支持两个方面的百分比同质性卡方检验统计量 x^2 分别为 13.691、14.930,显著性概率值分别为 0.008、0.005,达到 0.05 显著性水平,事后比较采用调整化残差值估计法发现,就社会教科研活动的"大"选项而言,骨干教师选择的百分比显著大于非骨干教师;就行政支持的"很小"选项而言,非骨干教师选择的百分比显著大于骨干教师。

另外,在社会因素的社会教科研活动、行政支持、家长三个方面,骨干教师与非骨干教师认为影响"大"和"很大"的比例之和分别为 50.00%、35.56%，58.66%、50.84%、56.37%、50.56%，骨干教师在三个方面的比例均高于非骨干教师，说明骨干教师认为社会因素对中学德育课程实施的影响较大。

（五）各因素影响程度的差异比较

把各因素对骨干教师与非骨干教师影响"大"和"很大"的百分比合计后排序，结果见表 8.24 所示。

表8.24　　各因素对骨干教师与非骨干教师影响程度的强弱

	强————————————————→弱											
骨干教师	学科知识	实践性知识	教师心理	课程评价	学生	教学知识	学校文化	教育行政支持	家长	校长	教材	课程资源	社会教科研活动	课标	教参
非骨干教师	教师心理	学科知识	实践性知识	学生	教学知识	课程评价	教材	教育行政支持	家长	学校文化	课标	课程资源	校长	教参	社会教科研活动

从表 8.24 可以看出，在教师因素中，学科知识对骨干教师的影响最大，教师心理对非骨干教师的影响最大；在课程因素中，教材对骨干教师和非骨干教师的影响都是最大的；在学校因素中，课程评价对骨干教师的影响最大，学生对非骨干教师的影响最大；在社会因素中，行政支持对骨干教师和非骨干教师的影响都是最大的。总体来看，教材、课标、校长和学校文化四个因素对骨干教师和非骨干教师影响程度的差异相对较大，其中校长和学校文化对骨干教师的影响相对较大，而教材和课标对非骨干教师的影响相对较大。

五　各因素对不同教龄教师影响程度的比较

（一）教师因素影响的比较

在教学知识方面，不同教龄教师认为影响"大"和"很大"的比例之和分别为 63.29%、65.28%、54.80%、69.69%、68.09%。

第八章 西北地区中学德育课程实施的影响因素及影响程度

可以看出，16年以上较长教龄教师的比例较高，1—10年教龄教师的比例居中，而11—15年教龄教师的比例最小，说明较长教龄教师和教龄较短的教师认为自己的教学知识对中学德育课程实施的影响较大。可能的解释是，较长教龄教师由于不能适应新课程对教学的一些新要求，造成他们在面对新课程时，显得心有余而力不足；教龄较短的教师由于缺乏教学经验而认为教学知识影响较大。11—15年教龄教师由于正处于职业生涯的辉煌时期，对教学得心应手，所以认为教学知识影响较小。

表 8.25　　　　**不同教龄教师对教师因素影响的评价**　　　　（%）

项目		很小	小	一般	大	很大
教学知识	1—5 年	0.00	7.59	29.11	51.90	11.39
	6—10 年	1.39	9.72	23.61	43.06	22.22
	11—15 年	4.11	6.85	34.25	36.99	17.81
	16—20 年	0.00	7.58	22.73	45.45	24.24
	21 年及以上	0.00	4.26	27.66	46.81	21.28
学科知识	1—5 年	0.00	3.80	25.32	55.70	15.19
	6—10 年	0.00	4.17	26.39	45.83	23.61
	11—15 年	1.37	4.11	24.66	46.58	23.29
	16—20 年	0.00	4.55	28.79	43.94	22.73
	21 年及以上	0.00	2.13	19.15	57.45	21.28
实践性知识	1—5 年	0.00	3.85	30.77	50.00	15.38
	6—10 年	1.39	4.17	22.22	54.17	18.06
	11—15 年	2.74	5.48	20.55	47.95	23.29
	16—20 年	0.00	7.69	30.77	30.77	30.77
	21 年及以上	0.00	4.26	19.15	57.45	19.15
教师心理	1—5 年	0.00	6.33	26.58	50.63	16.46
	6—10 年	1.39	9.72	18.06	47.22	23.61
	11—15 年	1.37	4.11	24.66	49.32	20.55
	16—20 年	0.00	0.00	21.21	51.52	27.27
	21 年及以上	0.00	4.35	39.13	41.30	15.22

在学科知识方面，不同教龄教师认为影响"大"和"很大"的比例之和分别为 70.89%、69.44%、69.87%、66.67%、78.73%。

可以看出，21年及以上教龄教师和1—5年教龄教师的比例较高，而6—20年教龄教师选择的比例较低，说明中间教龄教师认为学科知识对中学德育课程实施的影响较小，而21年及以上和1—5年教龄教师面对新课程的变化，可能是由于自身学科知识储备方面的不足，因而认为学科知识对中学德育课程实施的影响较大。

在实践性知识方面，不同教龄教师认为影响"大"和"很大"的比例之和分别为65.38%、72.23%、71.24%、61.54%、76.60%。可以看出，21年及以上教龄教师的比例仍然远高于其他教龄教师，其次是6—15年教龄教师，而1—5年教龄教师和16—20年教龄教师的比例较低，说明21年及以上教龄教师认为实践性知识对中学德育课程实施的影响较大，1—5年教龄教师和16—20年教龄教师认为实践性知识对中学德育课程实施的影响较小。

在教师心理方面，不同教龄教师认为影响"大"和"很大"的比例之和分别为67.09%、70.83%、69.87%、78.79%、56.52%。可以看出，16—20年教龄教师的比例最高，其次是6—10年教龄教师，而21年及以上教龄教师的比例最低，说明21年及以上教龄教师认为教师心理对中学德育课程实施的影响程度最小，这或许是因为长期从事中学德育课教学，使得他们对教学已经有了很强的自信心与责任感，同时深感教学对于个人成长的重要作用，所以对待教学的情感、动机、态度等也更加积极。

（二）课程因素影响的比较

在课标方面，不同教龄教师认为影响"大"和"很大"的比例之和分别为64.10%、42.25%、38.36%、39.40%、55.56%，可以看出，1—5年教龄教师的比例最高，其次是21年及以上教龄教师和6—10年教龄教师，而11—15年教龄教师的比例最低。说明1—5年教龄教师认为课标对中学德育课程实施的影响较大，而11—15年教龄教师认为课标对中学德育课程实施的影响较小。

在教材方面，不同教龄教师认为影响"大"和"很大"的比例之和分别为58.97%、52.11%、58.90%、46.16%、46.81%，可以看出，1—5年教龄教师和11—15年教龄教师的比例较大，其次为6—10年教龄教师，16年以上教龄教师的比例最小。说明1—5年教龄教师和11—

❖ 第八章 西北地区中学德育课程实施的影响因素及影响程度 ❖

15年教龄教师认为教材对中学德育课程实施的影响较大,而16年以上教龄教师认为教材对中学德育课程实施的影响较小。

在教参方面,不同教龄教师认为影响"大"和"很大"的比例之和分别为49.37%、41.67%、41.10%、34.85%、36.17%,总体呈现出教龄越长比例越小的趋势,说明随着教龄的增加,教师们认为教参对中学德育课程实施的影响程度在减弱。

表8.26　　　　　**不同教龄教师对课程因素影响的评价**　　　　　(%)

项目		很小	小	一般	大	很大
课标	1—5年	0.00	6.41	29.49	57.69	6.41
	6—10年	0.00	8.45	49.30	33.80	8.45
	11—15年	0.00	8.22	53.42	30.14	8.22
	16—20年	0.00	4.55	56.06	31.82	7.58
	21年及以上	0.00	2.22	42.22	46.67	8.89
教材	1—5年	1.28	6.41	33.33	52.56	6.41
	6—10年	1.41	8.45	38.03	43.66	8.45
	11—15年	2.74	4.11	34.25	52.05	6.85
	16—20年	1.54	6.15	46.15	41.54	4.62
	21年及以上	8.51	2.13	42.55	42.55	4.26
教参	1—5年	1.27	10.13	39.24	40.51	8.86
	6—10年	1.39	15.28	41.67	30.56	11.11
	11—15年	2.74	9.59	46.58	35.62	5.48
	16—20年	3.03	12.12	50.00	28.79	6.06
	21年及以上	0.00	19.15	44.68	29.79	6.38
课程资源	1—5年	1.27	12.66	32.91	31.65	21.52
	6—10年	5.63	18.31	25.35	32.39	18.31
	11—15年	4.17	12.50	36.11	36.11	11.11
	16—20年		9.23	47.69	35.38	7.69
	21年及以上	0.00	13.04	39.13	36.96	10.87

在课程资源方面,不同教龄教师认为影响"大"和"很大"的比例之和分别为53.17%、50.70%、47.22%、43.07%、47.83%,总体呈现出教龄越长比例越小的趋势。说明随着教龄的增加,教师们认为课程资源对中学德育课程实施的影响程度在减弱,而21年及以上教龄教

师在面对自己知识老化的同时,也开始强调课程资源的重要作用。

在课程影响因素方面,整体来看,随着教龄的增加,教师们认为课程因素对中学德育课程实施的影响程度在减弱,也就是说,随着教龄的增加,教师认为课程这一客观因素对课程实施的影响程度在减弱,从之前对教师因素影响的分析中可以发现,随着教龄的增加,整体上教师对自身的因素更加看重。

(三)学校因素影响的比较

表8.27　　　　　不同教龄教师对学校因素影响的评价　　　　　(%)

项目		很小	小	一般	大	很大	卡方检验
校长	1—5年	2.56	11.54	34.62	30.77	20.51	$x^2=27.175$ Sig.=.040
	6—10年	9.72	8.33	43.06	27.78	11.11	
	11—15年	5.56	8.33	23.61	47.22	15.28	
	16—20年	6.06	21.21	33.33	31.82	7.58	
	21年及以上	2.17	13.04	41.30	23.91	19.57	
课程评价	1—5年	1.27	7.59	17.72	50.63	22.78	
	6—10年	4.17	5.56	31.94	34.72	23.61	
	11—15年	2.82	7.04	21.13	42.25	26.76	
	16—20年	1.54	10.77	24.62	36.92	26.15	
	21年及以上	0.00	8.51	34.04	36.17	21.28	
学校文化	1—5年	2.56	7.69	43.59	34.62	11.54	
	6—10年	6.94	8.33	37.50	37.50	9.72	
	11—15年	1.39	9.72	30.56	43.06	15.28	
	16—20年	0.00	7.58	39.39	34.85	18.18	
	21年及以上	0.00	8.70	41.30	36.96	13.04	
学生	1—5年	0.00	6.33	18.99	58.23	16.46	$x^2=31.895$ Sig.=.010
	6—10年	1.39	6.94	23.61	54.17	13.89	
	11—15年	0.00	8.22	28.77	31.51	31.51	
	16—20年	7.58	9.09	22.73	42.42	18.18	
	21年及以上	0.00	6.52	26.09	47.83	19.57	

在校长方面,不同教龄教师认为影响"大"和"很大"的比例之和分别为51.28%、38.89%、62.50%、39.40%、43.48%,可以看出,11—15年教龄教师的比例最大,其次是1—5年教龄教师,而

❖ 第八章 西北地区中学德育课程实施的影响因素及影响程度 ❖

6—10年教龄教师和16年及以上教龄教师的比例较小。说明11—15年教龄教师认为校长对中学德育课程实施的影响较大，而6—10年教龄教师和16年及以上教龄教师认为校长对中学德育课程实施的影响较小。另外，在校长因素上的百分比同质性卡方检验统计量x^2为27.175，显著性概率值为0.040，达到0.05显著性水平，事后比较采用调整化残差值估计法发现，就校长因素各选项而言，不同教龄教师选择的百分比没有显著差异。

在课程评价方面，不同教龄教师认为影响"大"和"很大"的比例之和分别为73.41%、58.33%、69.01%、63.07%、57.45%，可以看出，1—5年教龄教师的比例最大，11—15年和16—20年教龄教师的比例居中，而6—10年和21年及以上教龄教师的比例较低。说明1—5年教龄教师认为课程评价对中学德育课程实施的影响大，而6—10年和21年以上教龄认为课程评价对中学德育课程实施的影响较小。

在学校文化方面，不同教龄教师认为影响"大"和"很大"的比例之和分别为46.16%、47.22%、58.34%、53.03%、50.00%，可以看出，11—15年教龄教师的比例较大，其他教龄教师的比例较小但相互之间差距不大。说明11—15年教龄教师认为学校文化对中学德育课程实施的影响较大，而其他教龄教师认为学校文化的影响较小。

在学生方面，不同教龄教师认为影响"大"和"很大"的比例之和分别为74.69%、68.06%、63.02%、60.60%、67.40%，可以看出，1—5年教龄教师的比例较大，其他教龄教师的比例较小，说明1—5年教龄教师更加注重学生对中学德育课程实施的影响作用。总体而言，随着教龄的增加，教师走向职业生涯的成熟阶段，对学生的影响作用的看法有所淡化。另外，在学生因素上的百分比同质性卡方检验统计量x^2为31.895，显著性概率值为0.010，达到0.05显著性水平，事后比较采用调整化残差值估计法发现，就学生因素各选项而言，不同教龄教师选择的百分比没有显著差异。

（四）社会因素影响的比较

在社会教科研活动方面，不同教龄教师认为影响"大"和"很大"的比例之和分别为40.51%、40.00%、46.58%、35.39%、

48.93%，可以看出，21年及以上和11—15年教龄教师的比例较大，其次是1—5年和6—10年教龄教师的比例，而16—20年教龄教师的比例最小。说明21年及以上和11—15年教龄教师认为社会教科研活动对中学德育课程实施的影响较大，而16—20年教龄教师认为社会教科研活动的影响较小。

表8.28　　　　　　不同教龄教师对社会因素影响的评价　　　　　　（%）

项目		很小	小	一般	大	很大
社会教科研活动	1—5年	6.33	17.72	35.44	27.85	12.66
	6—10年	10.00	12.86	37.14	35.71	4.29
	11—15年	5.48	9.59	38.36	30.14	16.44
	16—20年	12.31	15.38	36.92	32.31	3.08
	21年以上	4.26	19.15	27.66	42.55	6.38
行政支持	1—5年	6.33	11.39	22.78	44.30	15.19
	6—10年	14.93	10.45	25.37	35.82	13.43
	11—15年	5.48	6.85	34.25	32.88	20.55
	16—20年	9.23	9.23	27.69	43.08	10.77
	21年以上	4.26	10.64	34.04	44.68	6.38
家长	1—5年	8.86	15.19	18.99	40.51	16.46
	6—10年	13.43	8.96	22.39	34.33	20.90
	11—15年	4.11	15.07	26.03	32.88	21.92
	16—20年	9.23	6.15	32.31	36.92	15.38
	21年以上	4.26	8.51	44.68	31.91	10.64

在行政支持方面，不同教龄教师认为影响"大"和"很大"的比例之和分别为59.49%、49.25%、53.43%、53.85%、51.06%，可以看出，1—5年教龄教师的比例最大，其他教龄教师的比例较小且相差不大，说明1—5年教龄教师认为行政支持对中学德育课程实施的影响较大，而其他教龄教师认为行政支持的影响作用一般。

在家长方面，不同教龄教师认为影响"大"和"很大"的比例之和分别为56.97%、55.23%、54.80%、52.30%、42.55%，总体呈现出下降趋势，说明随着教龄的增加，教师的能力和经验不断提升，教师越不认同家长在中学德育课程实施中的影响作用。

第八章 西北地区中学德育课程实施的影响因素及影响程度

（五）各因素影响程度的差异比较

把各因素对不同教龄教师影响"大"和"很大"的百分比合计后排序，结果见表 8.29 所示。

表 8.29　　各因素对不同教龄教师影响程度的强弱

	强　　　　　　　　　　→　　　　　　　　　　弱										
1—5 年	学生	课程评价	学科知识	教师心理	实践性知识	课标	教学知识	行政支持	教材	家长	课程资源	校长	教参	学校文化	社会教科研活动
6—10 年	实践性知识	教师心理	学科知识	学生	教学知识	课程评价	家长	教材	课程资源	行政支持	学校文化	课标	教参	社会教科研活动	校长
11—15 年	实践性知识	教师心理	学科知识	课程评价	学生	校长	教材	学校文化	家长	教学知识	行政支持	课程资源	社会教科研活动	教参	课标
16—20 年	教师心理	教学知识	学科知识	课程评价	实践性知识	学生	行政支持	学校文化	家长	教材	课程资源	校长	课标	社会教科研活动	教参
21 年及以上	学科知识	实践性知识	教学知识	学生	课程评价	教师心理	课标	行政支持	学校文化	社会教科研活动	课程资源	教材	校长	家长	教参

从表 8.29 可以看出，在教师因素中，学科知识对 1—5 年和 21 年及以上教龄教师影响最大，实践性知识对 6—10 年和 11—15 年教龄教师的影响最大，教师心理对 16—20 年教龄教师的影响最大；在课程因素中，课标对 1—5 年和 21 年及以上教龄教师影响最大，教材对 6—10 年、11—15 年和 16—20 年教龄教师的影响较大；在学校因

素中，学生对1—5年、6—10年和21年及以上教龄教师影响较大，课程评价对11—15年和16—20年教龄教师的影响最大，教师心理对6—20年和10—20年教龄教师的影响最大；在社会因素中，行政支持对1—5年和16年及以上教龄教师影响最大，家长对6—15年教龄教师的影响最大。总体来看，教学知识、教师心理、实践性知识、课标、校长、课程评价、学生、学校文化、社会教科研活动这些因素对不同教龄教师影响程度的差异相对较大。

六　各因素对不同职称教师影响程度的比较

（一）教师因素影响的比较

表8.30　　　　　不同职称教师对教师因素影响的评价　　　　　（%）

项目		职称		
		中一及以上	中二及以下	未定
教学知识	很小	2.61	0.00	3.13
	小	6.54	8.55	6.25
	一般	27.45	26.32	34.38
	大	42.48	46.71	43.75
	很大	20.92	18.42	12.50
学科知识	很小	0.65	0.00	0.00
	小	4.58	2.63	3.13
	一般	22.88	26.97	31.25
	大	49.67	49.34	50.00
	很大	22.22	21.05	15.63
实践性知识	很小	1.32	0.66	0.00
	小	6.58	5.26	0.00
	一般	25.00	23.03	35.48
	大	40.13	53.29	54.84
	很大	26.97	17.76	9.68
教师心理	很小	1.32	0.00	3.13
	小	5.92	4.61	6.25
	一般	26.97	23.03	25.00
	大	42.11	51.32	56.25
	很大	23.68	21.05	9.38

第八章　西北地区中学德育课程实施的影响因素及影响程度

从表8.30可以看出，在教师因素的教学知识、学科知识、实践性知识和教师心理四个方面，不同职称教师认为影响"大"和"很大"的比例之和分别为63.40%、65.13%、56.25%，71.89%、70.39%、65.63%，67.10%、71.05%、64.52%，65.79%、72.37%、65.63%。总体看来，中二及以下职称教师的比例高于其他职称教师，而职称未定教师的比例最低，说明中二及以下职称教师认为教师因素对中学德育课程实施的影响较大，而职称未定教师则认为教师自身对中学德育课程实施的影响较小。

（二）课程因素影响的比较

表8.31　　　　　不同职称教师对课程因素影响的评价　　　　　（%）

项目		职称		
		中一及以上	中二及以下	未定
课标	很小	0.00	0.00	0.00
	小	4.64	8.67	3.13
	一般	50.33	44.00	37.50
	大	38.41	38.00	53.13
	很大	6.62	9.33	6.25
教材	很小	4.61	1.33	0.00
	小	3.29	8.67	6.25
	一般	38.82	37.33	34.38
	大	47.37	46.67	50.00
	很大	5.92	6.00	9.38
教参	很小	1.31	1.97	3.13
	小	12.42	13.82	9.38
	一般	46.41	44.08	34.38
	大	32.03	32.89	46.88
	很大	7.84	7.24	6.25
课程资源	很小	1.99	3.33	0.00
	小	13.25	14.00	18.75
	一般	41.06	30.00	34.38
	大	34.44	34.00	31.25
	很大	9.27	18.67	15.63

从表 8.31 可以看出，在课程因素的课标、教材、教参、课程资源四个方面，不同职称教师认为影响"大"和"很大"的比例之和分别为 45.03%、47.33%、59.38%，53.29%、52.67%、59.38%，39.87%、40.13%、53.13%，43.71%、52.67%、46.88%。

在课标、教材和教参方面，未定职称教师的比例高于已定职称教师，说明未定职称教师认为这三个方面的因素对中学德育课程实施的影响程度较大。在课程资源方面中二及以下职称教师的比例最高，说明该职称教师认为课程资源对中学德育课程实施的影响程度较大，而中一及以上职称教师认为课程资源的影响较小。

（三）学校因素影响的比较

表 8.32　　　　不同职称教师对学校因素影响的评价　　　　（%）

项目		职称		
		中一及以上	中二及以下	未定
校长	很小	5.96	4.61	6.45
	小	15.89	7.89	16.13
	一般	32.45	36.18	38.71
	大	31.13	36.18	25.81
	很大	14.57	15.13	12.90
课程评价	很小	3.29	0.67	6.25
	小	7.89	7.33	12.50
	一般	27.63	24.67	15.63
	大	37.50	40.00	50.00
	很大	23.68	27.33	15.63
学校文化	很小	1.32	3.29	3.23
	小	8.61	8.55	6.45
	一般	39.74	35.53	45.16
	大	35.10	38.82	41.94
	很大	15.23	13.82	3.23
学生	很小	3.95	0.00	0.00
	小	9.21	6.58	6.25
	一般	21.05	27.63	15.63
	大	42.76	47.37	62.50
	很大	23.03	18.42	15.63

第八章 西北地区中学德育课程实施的影响因素及影响程度

从表8.32可以看出，在学校因素的校长、课程评价、学校文化、学生四个方面，不同职称教师认为影响"大"和"很大"的比例之和分别为 45.70%、51.31%、38.71%、61.18%、67.33%、65.63%、50.33%、52.64%、45.17%、65.71%、65.79%、78.13%，可以看出，未定职称教师在校长、课程评价和学校文化三个方面的比例较低，而在学生因素方面的比例较高，已定职称教师在学校因素四个方面的比例差别不大。说明未定职称教师认为校长、课程评价和学校文化对中学德育课程实施的影响较小，而学生的影响较大，已定职称教师在学校因素对中学德育课程实施的影响认识上差别不大。

（四）社会因素影响的比较

表 8.33　　　　　　不同职称教师对社会因素影响的评价　　　　　　（%）

项目		职称			卡方检验
		中一及以上	中二及以下	未定	
社会教科研活动	很小	9.30	6.60	6.30	$x^2 = 16.913$ Sig. = .031
	小	11.90	17.20	21.90	
	一般	38.40	34.40	25.00	
	大	31.80	35.80	21.90	
	很大	8.60	6.00	25.00	
行政支持	很小	7.40	9.90	3.10	
	小	10.80	9.30	12.50	
	一般	29.10	27.80	21.90	
	大	38.50	40.40	43.80	
	很大	14.20	12.60	18.80	
家长	很小	7.40	9.30	6.30	
	小	10.80	10.60	21.90	
	一般	30.40	25.20	21.90	
	大	35.10	36.40	28.10	
	很大	16.20	18.50	21.90	

从表8.33可以看出，在社会教科研活动方面的百分比同质性卡方检验统计量 x^2 为16.913，显著性概率值为0.031，达到0.05显著性水平，事后比较采用调整化残差值估计法发现，就社会教科研活动

各选项而言，不同职称教师选择的百分比没有显著差异。

另外，在社会因素的社会教科研活动、行政支持、家长三个方面，不同职称教师认为影响"大"和"很大"的比例之和分别为40.40%、41.80%、46.90%，52.70%、53.00%、62.60%，51.30%、54.90%、50.00%，未定职称教师在社会教科研活动和行政支持方面的比例较高，已定职称教师在这两个方面的比例差别不大。说明未定职称教师认为社会教科研活动和行政支持对中学德育课程实施的影响较大，而已定职称教师在这两个方面的认识上差别不大。另外，不同职称教师对家长这一因素影响程度的认识差别不大。

（五）各因素影响程度的差异比较

把各因素对不同职称教师影响"大"和"很大"的百分比合计后排序，结果见表8.34所示。

表8.34　　各因素对不同职称教师影响程度的强弱

	强 → 弱														
中一及以上	学科知识	实践性知识	教师心理	学生	教学知识	课程评价	教材	教育行政支持	家长	学校文化	校长	课标	课程资源	社会教科研活动	教参
中二及以下	教师心理	实践性知识	学科知识	课程评价	学生	教学知识	家长	教育行政支持	教材	学校文化	校长	课标	社会教科研活动		教参
未定	学生	教师心理	学科知识	课程评价	实践性知识	教育行政支持	教材	课标	教学知识	教参	家长	社会教科研活动	课程资源	学校文化	校长

从表8.34可以看出，在教师因素中，学科知识对中一及以上职称教师影响最大，教师心理对中二及以下职称教师的影响最大，学科

知识和教师心理对未定职称教师的影响最大；在课程因素中，教材对中一及以上和未定职称教师的影响都是最大的，教材和课程资源对中二及以下职称教师的影响最大；在学校因素中，学生对中一及以上和未定职称教师的影响都是最大的，课程评价对中二及以下职称教师影响最大；在社会因素中，行政支持对中一及以上和未定职称教师的影响都是最大的，家长对中二及以下职称教师的影响最大。总体来看，学生、课标、教参、课程资源、家长、教学知识、学校文化、校长、实践性知识这些因素对不同职称教师影响程度的差异相对较大，其中学生、课标、教参对未定职称教师的影响相对较大，课程资源、家长对中二及以下职称教师的影响相对较大。教学知识、学校文化、校长对中一及以上职称教师的影响相对较大。实践性知识对未定职称教师的影响相对较小。

第三节 小结

影响西北地区中学德育课程实施的强因素是学科知识、教师心理、课程评价和学生因素；一般影响因素是学校文化、家长、教材、校长因素、课程资源、行政支持；弱影响因素是社会教科研活动、课标、教参。

城乡教师相比，城市教师认为教师、课程、学校和社会四方面因素对中学德育课程实施的影响更大。在教师因素中，教师心理对城市教师影响最大，学科知识对农村教师的影响最大；在课程因素中，教材对城乡教师的影响都是最大的；在学校因素中，课程评价对城市教师影响最大，学生对农村教师的影响最大；在社会因素中，家长对城市教师影响最大，行政支持对农村教师的影响最大。在影响程度的差异上，学科知识、实践性知识、教材对农村教师的影响相对较大，而课程评价对城市教师的影响相对较大。

不同学历教师相比，本科及以上学历教师认为教师、课程、学校和社会四方面因素对中学德育课程实施的影响均大于大专及以下学历教师。在教师因素中，教师心理对本科及以上学历教师影响最大，学科知识对大专及以下学历教师的影响最大；在课程因素中，教材对不同学历教师的影响都是最大的；在学校因素中，学生对不同学历教师的影响都是最大的；在社会因素中，行政支持对不同学历教师的影响都是最大的。在影响程度的差异上，教材、课标和课程资源对大专及以下学历教师的影响相对较大，而教师心理对本科及以上学历教师的影响相对较大。

男教师认为教师和学校因素对中学德育课程实施的影响较大，而女教师则认为课程和社会因素的影响较大。在教师因素中，教师心理对女教师影响最大，学科知识对男教师的影响最大；在课程因素中，教材对男女教师的影响都是最大的；在学校因素中，课程评价对男教师影响最大，学生对女教师的影响最大；在社会因素中，家长和行政支持对女教师的影响最大，行政支持对男教师的影响最大。在影响程度的差异上，学校文化对男教师的影响相对较大，而学生、课标对女教师的影响相对较大。

与非骨干教师相比，骨干教师认为教师、课程、学校和社会四方面因素对中学德育课程实施的影响较大。在教师因素中，学科知识对骨干教师的影响最大，教师心理对非骨干教师的影响最大；在课程因素中，教材对骨干教师和非骨干教师的影响都是最大的；在学校因素中，课程评价对骨干教师的影响最大，学生对非骨干教师的影响最大；在影响程度的差异上，校长和学校文化对骨干教师的影响相对较大，而教材和课标对非骨干教师的影响相对较大。

不同教龄教师对教师因素影响的认识，处于中间段教龄的教师认为教师心理对中学德育课程实施的影响较小，而处于年龄段两头的教师认为影响较大；对课程因素影响的认识，随着教龄的增加，教师认为课程因素的影响作用在减弱；对学校因素影响的认识，处于中间段教龄的教师认为学校对中学德育课程实施的影响较大，而处于年龄段两头的教师认为影响较小；在社会因素影响的认识上，差别不大。在教师因素中，学科知识对1—5年和21年及以上教龄教师的影响最大，实践性知识对6—10年和11—15年教龄教师的影响最大，教师心理对16—20年教龄教师的影响最大；在课程因素中，课标对1—5年和21年及以上教龄教师的影响最大，教材对6—10年、11—15年和16—20年教龄教师的影响最大；在学校因素中，学生对1—5年、

第八章 西北地区中学德育课程实施的影响因素及影响程度

6—10年和21年及以上教龄教师的影响最大,课程评价对11—15年和16—20年教龄教师的影响最大,教师心理对16—15年和16—20年教龄教师的影响最大;在社会因素中,行政支持对1—5年、16—20年和21年及以上教龄教师的影响最大,学生家长对6—10年和11—15年教龄教师的影响最大。总体来看,教学知识、教师心理、实践性知识、课标、校长、课程评价、学生、学校文化、社会教科研活动这些因素对不同教龄教师影响程度的差异相对较大。

不同职称教师相比,中二及以下职称的教师认为,教师和学校因素对中学德育课程实施的影响较大,未定职称的教师认为,课程和社会因素对中学德育课程实施的影响较大。在教师因素中,学科知识对中一及以上职称教师影响最大,教师心理对中二及以下职称教师的影响最大,学科知识和教师心理对未定职称教师的影响最大;在课程因素中,教材对中一及以上和未定职称教师的影响都是最大的,教材和课程资源对中二及以下职称教师的影响最大;在学校因素中,学生对中一及以上和未定职称教师的影响都是最大的,课程评价对中二及以下职称教师影响最大;在社会因素中,行政支持对中一及以上和未定职称教师的影响都是最大的,学生家长对中二及以下职称教师的影响最大。在影响程度的差异上,学生、课标、教参对未定职称教师的影响相对较大,课程资源、家长对中二及以下职称教师的影响相对较大。教学知识、学校文化、校长对中一及以上职称教师的影响相对较大。实践性知识对未定职称教师的影响相对较小。

第九章　制约西北地区中学德育课程实施的主要困难

第一节　德育课教师的素质

课程改革不单纯是课程与教学的事情。西北地区中学德育课程实施必然受多种因素的制约，面临诸多困难，这些困难有些是课程改革或者新课程本身的问题，也有些是当地政府、学校和教师的问题。为保证德育课程改革在西北地区的顺利实施，我们必须了解当前西北地区德育课程改革中所面临的主要困难。

就课程实施而言，教师是影响课程实施的核心因素，是课程方案的最终执行者，其素质能力对课程实施起着最直接最重要的影响。与原来那种依赖具体详细的、确定的"高控制型"教学大纲相比，《义务教育思想品德课程标准（2011年）》给教师留下了较大的创造空间，这就要求教师在对待方案的态度和方式等方面进行彻底的变革，教师从忠实于课程方案转变为与学生共同建设课程。"教学的多样性、变动性要求教师是个决策者，而不再是一个执行者。在这种课程环境中，需要教师创造出班级气氛，创造某种学习环境，设计教学活动，表达自己的教育理念。教师必须是一个真正的专业人员。"[1] 然而，面对新课程所提出的要求，西北地区中学德育课教师在课程实施的过程中却遇到了自身素质能力不足的问题。

---

[1] 钟启泉、崔允漷、张华：《为了中华民族的复兴，为了每位学生的发展——〈基础教育课程改革纲要（试行）〉解读》，华东师范大学出版社2001年版，第430页。

第九章　制约西北地区中学德育课程实施的主要困难

表9.1　　　　　　教师对新课程实施中自身能力的看法　　　　　　（%）

	完全不符合	不符合	说不清楚	符合	完全符合
知识体系陈旧	11.99	32.46	18.42	30.99	6.14
教育教学方法欠缺	6.16	32.84	23.17	33.14	4.69

如表9.1所示，有37.13%的被调查教师认为自己的知识体系陈旧，不能胜任新课程，有37.83%的教师认为自己的教育教学方法欠缺。在接受访谈的14位教师中，当被问及"教学中存在的最大困难是什么"时，有6位教师认为自身专业知识和技能缺乏是教学中的最大障碍。

感觉自己教学中最大的困难是课外知识量太欠缺，像政治课，一些时事政治都要了解。书本上的知识太少，虽然上网查一些知识，每天看一些新闻，但有时候还是会被学生问住。对于网络的利用比较吃力，以前学的只是课本知识，对于课外知识也不怎么重视。德育课确实比其他课难上得多，感到压力非常大。（N2T1）

我上的是合作师专，科目学得多，但学得精通的太少。所以最大的困难是知识储备太少，现在七年级课程虽然知识很简单，八年级课程中的与人交往、法律，九年级课程中的国情，这些方面的知识很欠缺。（N1T3）

我觉得我读的书还是太少了，上学的时候真应该多读书。多思考，多读书挺好，要不断学习，现在真有这种体会。我觉得我的知识面限制了我的教学。现在我们做一节公开课，都是从这方面考虑的。若老师知识面广，储备充分，就会游刃有余。但我在这方面有些限制。这门课需要特别宽泛的知识面，教好这门课真是不容易。（C4T1）

我们一早上备课的时候，单单就这些，教案写出来得用两节课。一些老教师，写了好几年了，可能快，我还没带过七年级，这次是学着带。我上课的时候，那些学生被叫起来什么也不说，我不知道是学生不会还是不敢说，学生不配合，场面挺尴尬的。

（N2T2）

中学德育课程改革打破了学科体系构建的传统模式，展现了不同的学习视角和问题视角，预留了较多的可供学生体验、探究、交流讨论和自我表现的空间。这无疑对教师的专业素养要求更高。教师专业素养的应然要求与教师自身专业水平实然现状水平的差距，导致教师不能顺利驾驭新课程。[①]

另外，教师的专业性、专任率也是衡量教师专业素质能力的指标之一，调查结果显示，非专业德育课教师[②]的比例高达36%；除兼任班主任工作外，兼职其他工作的德育课教师占35%；在本科及以上学历的教师中，只有42.6%的教师是国任统招；这也从另一个侧面反映了西北地区中学德育课教师队伍专业水平不高、整体素质亟须加强的现状。访谈中发现，非专业毕业的中学德育课教师面对新课程，胜任力明显不足。

N2T1教师是一名只有两年教龄的数学专业毕业的"特岗"教师，她谈到："在新课程教学过程中面临的困难比较多，最主要的就是课程内容与自己专业不同，只能参考各种图书和网上资源恶补这些知识。刚开始上课时，自己的知识不成体系，抓不到重点、难点。"

N1T3教师的教龄已有八年，曾经在乡镇学校教了五年数学课，三年前为了调回县城，便放弃了自己的专业，转而开始德育课教学，对于专业不对口给自己的教学所带来的困难也有所体会："我原来以为德育课容易上呢，其实比其他课都难上得多，比如说数学，你只要把那个知识点讲清楚就好了，公式讲好，学生会用就好了，但是这门课要结合很多的知识，一个知识点可以引发很多的东西。我总是感觉上课没有话说，这个教材上的东西很快就讲完了，有时候我就只能让学生做练习题。"

中学德育课教师多为兼任，他们将相当一部分精力用到了其他工

---

① 陈光全、杜时忠：《德育课程改革十年：反思与前瞻》，《课程·教材·教法》2012年第5期。

② 指非师范类思想政治教育及相关专业毕业的中学德育课教师。

作上，因工作量大、负担过重，很少能分出精力钻研中学德育课教学业务。而且，对那些专业不对口的教师来说，在教学上自我提升的能力就更加有限，很多教师在上课前不做任何准备，即使准备，也只是在课前把教材看一下，或者让学生在课前收集有关资料。如此，又怎能胜任中学德育课教学工作，当然更谈不上教学创新了。

第二节 校长的课程领导及学校德育环境

在学校层面，"校长的推动力和远见卓识是促进教师实施变革的重要因素"①。在中学德育课程实施中，校长是第一负责人，他能为德育课教师提供决策、方法、物质资源等支持，对教师实施新课程的效果起着至关重要的作用。

表9.2 教师对新课程实施中领导重视程度的看法 (%)

	完全不符合	不符合	说不清楚	符合	完全符合
学校不重视德育课及教师	5.59	29.12	23.24	27.65	14.41
学校对德育课程改革的支持措施令我满意	8.77	16.37	37.13	30.99	6.73

从表9.2可以看出，有42.06%的教师认为学校不重视中学德育课及其教师；对于学校在中学德育课程改革中的支持措施，只有37.72%的教师表示满意，绝大多数教师表示不满意或者中立。访谈中，教师表达了他们那种在"副科""小科"文化下所受到的"歧视"。"校长通常把评先进、晋升职称以及外出培训机会等优先给予'主科'教师，我们这些'副科'教师没办法比。"（C1T3）当前，校长能否在中学德育课程改革中发挥应有的领导作用，首先取决于校长对德育课教师的地位和工作能否认可。"没有管理者清晰的支持，教师会觉得与变革努力相联系的一切个人的牺牲都不是

---

① W. Doyle, & G. A. Ponder, "The Practicality Ethic in Teacher Decision-Making," *Interchange*, 1977, 8 (3): 1-12.

他们的专业兴趣所在,对他们的长远发展也不会有什么价值。"① 在现实中,虽然校长们"不重视"的态度并非只针对中学德育课这一门科目,但是,这种"不重视"的确挫伤了德育课教师实施新课程的积极性,而这也造成了相当多的教师不愿意承担更多改革的风险。在中学德育课程实施过程中,教师只不过是发生"表层改变"而已,新课程实施也便流于形式。

另外,积极营造一种有利于中学德育课程实施的学校德育文化环境,建立一个全面的德育体系(包括提供丰富的教学资源,设置各项助学活动的具体安排,明确所有"相关人物"——学科教师、班主任、学校德育职能部门的职责,而其中将"相关人物"纳入道德教育是构建良好德育体系,培养德育环境的核心,德育课教师在课堂上承担着显性课程的教学任务,而校园内的全体教职人员也都应该承担起德育的隐性教学任务②),对中学德育课程实施的影响更大。新课程强调,学校道德教育必须回归生活,把生活作为道德教育的来源和主体,引导学生在生活中发现和感悟生命成长的道德需要。在新理念的指导下,德育课教师已经开始力求在教学中密切联系学生的生活实际,如很多教师重视选取生活化的、发生在青少年群体中的事例来引发学生的共鸣,增强德育的针对性。可以说,新课程理念正在逐步被教师接受和内化,并通过日渐变化的中学德育课堂教学表现出来。但是,道德教育毕竟有其特殊性,学生的生活世界所覆盖的范围远远超出一间教室、一个班级,道德学习是一个全时空的过程,充斥在学习者生活的每一个角落。因而,如果不整合学校、家庭、社会各方面的力量,不能给学生创造一种积极、健康、充满正气的德育大环境,那么怎么可能实现"引导和促进初中学生思想品德发展""使学生成为有理想、有道德、有文化、有纪律的社会主义合格公民"的课改目标?中学德育课程实施需要良好的外部条件,至少在学校层面(因为学生大部分的生活还是在学校范围内度过的,而且从推进中学德育课

---

① 唐丽芳、马云鹏:《教师发展与课程改革:美国兰德研究对新课程实施的启示》,《当代教育科学》2004 年第 11 期。

② 刘源:《大陆与香港初中德育课程标准的比较与启示》,《教育科学研究》2012 年第 11 期。

◆ 第九章 制约西北地区中学德育课程实施的主要困难 ◆

程实施的角度来讲,笔者认为先谈学校水平上的实施环境,似乎更为现实),要举全校之力,整合和统一、规划班团队活动、学校日常教育活动,让学生"过有道德的生活",而这不是中学德育课程自身的改革就能解决的问题。

当然,我更希望我们的课堂是开放式的,有更多的生活体验的。像有一次,我在讲公开课的时候,讲的是学会独立自主,我就让他们包饺子,那节课给我留下的印象很深。刚开始也是课堂的讲解,包括事例引导、发问,只用了20分钟就把课讲完了,剩下20分钟让他们拿出提前准备好的东西,什么擀面杖啊面啊,包饺子。包完让他们每个组上台来说他们的感受,你通过包饺子有什么感受,他们会说过程很好,同学也很配合,等等,大家其实在活动当中也体会着生活的道理,所以小事情当中体现着大道理。这也就是在公开课上秀一秀,平时可不会这样做,所以我想不应试的话这种活动会多点。比如包个饺子啊,或者讲到尊重大自然就带着大家出去感受一下,但是这些都不可能实现啊!(C1T1)

我觉得这门课设计者编得、设想得很好,但真正用到学生身上效果不好,原因挺多的。以前好像政治课都是讲一些大道理,现在比较务实了。比如初一讲认识新同学、交朋友、认识新环境和家长交流等。看起来内容是贴近学生了,但是效果并不好,好多内容都是没办法一节课完成的,让学生体验的东西还是太少。我想要真正把这门课做成引导学生的课,许多老师都要参与其中,比如班主任要参与进来进行班级班徽的设置等,我想这样效果就比较好了。(C2T1)

我担任德育课的教学,同时我是政教处主任,管学生这一块,我觉得这个课,课外比课堂更重要一些。学生课堂上的表现和外面的表现反差大,五天在学校里学了很多知识,抵不上两天双休日所受的影响,这就是二大于五的效果。……我特别赞同以前每年一次的夏令营活动,把孩子放到山里面搞个野炊活动,在那里面你就会发现哪位学生孝敬父母,谁懂得照顾别人,回来再教育学生，就有侧重点了。但是，这两年教育安全喊得让人怕，对学生安全的责任负不起。不是说教育是一个高危行业嘛，指的就是我们中小学。其实，学生特别渴望这一天，但学校出于安全考虑不让去了。（N2T2）

研究者通过访谈了解到，学校德育工作系统，是按校长—德育处或政教处—班主任的方式展开的，其中德育课虽然在大小政策文件中被称作"学校德育工作的主渠道"，但实际上没有参与学校日常德育活动的机会，只是学校学科教学系统中的一门课而已，其任务就是在课堂上传授"道德知识"，学校在管理和组织教学等方面没有体现出德育课程的特殊性，与其他学科课程没有相异之处。

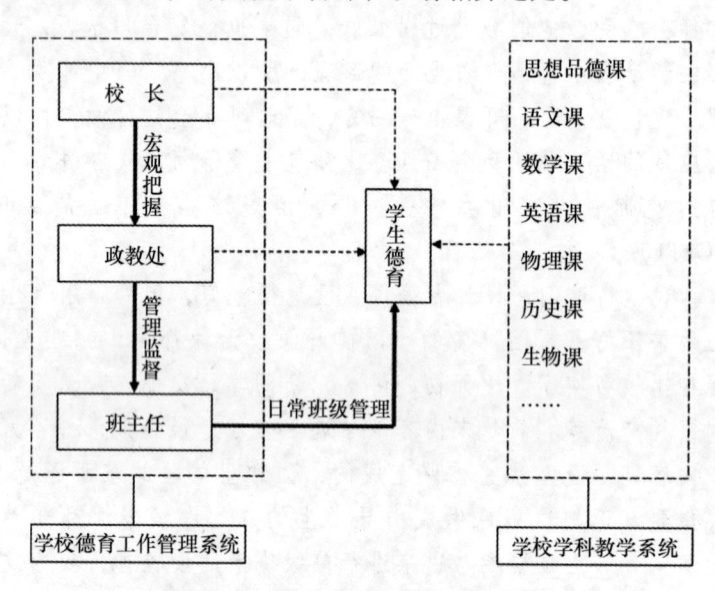

图9.1 学校德育的教学与管理系统

中学德育课程实施不能只限定在课堂上，而是要走出课堂，融入学生的全部生活，全方位、全天候地对学生施加积极影响，现实中学校却把中学德育课从学校的日常德育工作系统中剥离出来，把对学生的道德培养活动孤立地、生硬地停留在课堂上。不少教师只管课堂教学，下课铃一响，如同标上了休止符，"教学进行曲"戛然而止。教师没有结合具体的教学内容，关注学生日常生活中的行为表现，没有关注学生在日常生活中所孕育的道德经验，没有针对日常生活中的道德问题进行具体的指导，没有课堂之外的校园、家庭、社会为学生营造致知笃行的平台和实践性作业。造成了中学德育课难以关照和引领学生的生活，特别是很难走出课堂，无疑是中学德育课教学最具要害性的缺失。

鲁洁精辟地指出：

> 假如学生在课堂上学的、说的是一套，却根本不准备在生活中去实现它，这样的课堂也就脱离了生活。这种课堂学习不仅不能对学生的生活产生正面的影响，相反还会养成学习与生活、言与行相背离的虚假品行……作为一门生活实践的课程，从生活出发，还必须让它再回到生活中去，使它在与生活的其他方面不断发生动态联系和作用中真正融入生活世界，成为其中一个"活性因子"，去改善人们的生活方式，促使人们学会过一种有道德的社会生活。这才是本质意义上的回归。①

第三节　课程文本的实用性

多伊尔和庞德（Doyle & Ponder）在诠释教师的实用伦理时指出，有关改革的原则和理想的结果，必须有操作性的、程序性的知识加以落实，否则，就不可能真正影响教师的教学。原则和理想的操作化，是一项艰巨的任务，许多教师往往做不到这一点。② 中学德育课程改革在设计思路上改变了分科化、知识性道德教育模式，改变了原有初一到初三按不同学科设置课程的方式，打破了不同学科的分割，打破了学科内部的逻辑体系，"从初中生的认知水平和生活实际出发，围绕成长中的我，我与他人，我与集体、国家和社会等关系"，将道德、

---

① 鲁洁：《道德教育的当代论域》，人民教育出版社 2005 年版，第 311 页。
② W. Doyle, & G. A. Ponder, "The Practicality Ethic in Teacher Decision-Making," *Interchange*, Vol. 8, No. 3, 1977, 1–12.

心理健康、法律、国情等教学内容加以整合。教材的呈现方式不仅生动活泼，其中的"留白"为教师教学的再创造提供了可能性。这种改变一方面提升了课程计划的弹性，但另一方面，由于课程文本中没有了系统性、程序性的教学内容，其可操作性降低，这也加大了中学德育课程实施的难度。

表9.3　　　　教师对新课程实施中文本实用性的看法　　　　（%）

	完全不符合	不符合	说不清楚	符合	完全符合
教材不适宜当地社会和学生实际	6.51	31.07	22.78	28.11	11.54
有些教学内容板块安排不流畅，不好授课	3.24	23.60	17.40	45.72	10.03
教科书中有些案例不实用	5.87	42.23	19.65	28.45	3.81
教学内容涵量大，课时不够	10.53	41.81	16.37	28.36	2.92

从表9.3可以看出，有39.65%的教师认为教材不适宜当地社会和学生实际；有55.75%的教师认为有些教学内容板块安排不流畅，不好授课；有32.26%的教师认为教科书中有些案例不实用；有31.28%的教师认为教学内容涵量大，课时不够。可见不少教师在新教材的使用中感到困惑。

在访谈中，农村教师最集中地表达了教材城市化的问题。

现在的教材过于简单，讲授内容不适用，所有的科目，书上写的内容都变简单了，变得一目了然，但对老师讲授方式、备课方式、对学生的鼓励等要求变高了。我感觉初一的这些内容、例子还差不多，但到初二初三，有些内容、有些例子挺不适用，因为我们是偏远地区，对象是偏远地区的孩子，所以城里人的那些实例，学生没有那种意识或想法进入实际情景，书里写的都是城里人的生活习惯、生活方式。（访谈者：那你们有没有开发自己的校本教材？）我们没有实力去编写校本教材，别的科目也没有。（N1T3）

❖ 第九章 制约西北地区中学德育课程实施的主要困难 ❖

在研究者参加的一所农村学校的德育课教研活动中,教师们普遍谈到,教材城市化问题很突出,需要教师们大量查找和替换适宜的素材来开展教学,这一方面加大了他们的工作量,另一方面加大了学生的认知难度,影响到新课程的教学。

> W老师①:在课本中,城市中的一些例子,学生很陌生,不知道是怎么回事,所以你还要费劲解释一下。我们在上课的过程中可以举一些相同的农村题材的例子,比如农村的孩子对循环经济很陌生,课本中介绍了种葡萄、用葡萄酿酒、用酒糟养鱼的一个循环模式,学生对这个很陌生,所以我们平常不用这些例子。首先对学生讲一下什么是循环经济,然后举几个身边的例子,比如沼气、收破烂的人干的就是循环经济,因为他把旧金属、塑料等回收以后可以再利用,这就是循环经济。从初一到初三,课本中涉及的一些城市的例子,学生很陌生,这个现象很普遍。

目前,中学德育课教材在兼顾城乡上失衡,即关注城市多,表现农村生活则不足。之所以出现这种情况,一方面是城市和农村的现实差异,从客观上决定了教材处理这一问题的难度;另一方面,教材编写者都是在城市生活的人,思考问题所依据的时空背景自然是城市的生活。上述主客观因素造成了教材对农村、农业和农民生活的弱化(针对农村孩子的社会化,以及日后进入城市学习和生活的需要,让他们提前了解城市的方方面面是完全必要的,然而弱化农村内容却是一个缺失),这样,既为城市学生全面认识"三农"问题带来了困难,同时,又使农村教师在利用教材资源时感到无所适从。② 由于西北农村地区基础条件差,教学资源严重匮乏,中学德育课程改革在西北农村地区实施"短板"的最根本表现,就是对于西北农村孩子真实的生活以及他们的体验、

---

① W老师是在这次教研活动上发言的教师,不是本研究的个案。
② 陈光全、杜时忠:《德育课程改革十年:反思与前瞻》,《课程·教材·教法》2012年第5期。

向往和追求,没有高度关注;真正关乎他们生命成长,属于西北农村孩子的生活受到了冷落和禁锢。由于教材、教学的城市化倾向,本应是回归生活的中学德育课,在西北农村地区的实施反而远离了学生的真实生活。

另外,城市教师关于教材的问题,主要谈到以下三个方面:一是对案例不实用和新教材内容深度的质疑。"我们这个学科时政性特别强,课本上有些材料经不起推敲,教材里面有些例子比较陈旧、幼稚。比如在讲到世界文化之旅,与国际友人交流的时候,面对外国人的赞叹夸奖,中国人还表现得那么拘谨,里面用的还是上个时代的语气。"(C1T3)二是对教材组织梯度与衔接的质疑。认为新教材"知识不系统、太跳跃,有些内容在不同年级重复出现,衔接得很不好,我们感觉不好教"(C1T2)。三是对新教材基础性的质疑。教师都认为新教材在学生基础知识和技能的训练方面显得力不从心,"面面俱到、浅尝辄止,孩子实际掌握的东西太少,给下阶段(高中)学习带来隐患""应该重视知识点,有知识点的话学生好学,老师好教,出题的也有方向。现在政治课抓考题越来越难,没办法弄"(C2T1)。这一方面反映出教师在使用新教材时感到不适应,另一方面也反映出教师对"课标"的解读还远远不够,调查也发现,仅有38.0%的教师研读过"课标"。

教材是在缺少教师话语权的情况下,由课程专家和学者编写而成的,是一个理想的课程文本,但它必然面临着一个在具体教育情境中的适切性问题。改革的决策层希望教师能够按照一定的构想自行组织教学内容,从教材和教材以外的课程要素中获得教学所需要的素材,并自主选择和实施相应的活动方案,但是,西北地区德育课教师对教材进行创造性调适的能力不足。一方面,当教师个体难以把握学生发展的延续性问题,教学过程超出了教师个体的掌控能力时,教师也只能"有所不为";另一方面,教材的灵活性并不导致评价的灵活性,如果考到教材里的内容,教师却没有教,那就是教师的失职。这就使教师对教材的弹性化使用陷入困境而"有所难为"。"新的课程标准的弹性化处理,本意是想给教师带来更多的自由空间,但如果教师不适应或能力不足,很可能会弄巧成拙。教师们也诚惶诚恐。"①

第四节 课程评价的导向

评价在课程改革中起着导向与质量监控的重要作用，是课程改革成败的关键环节。《义务教育思想品德课程标准（2011年）》明确提出，课程评价是促进学生思想品德健康发展的重要手段，通过评价，考查学生达成学习目标的程度，提高教学质量，保证课程目标的实现，使评价成为促进教师教学、学生思想品德发展与提高的有效手段。因此，中学德育课教学要跨越因应试而导致的单纯知识记忆的模式，使知识教育为思想道德发展服务，"不能用单一的知识性考试成绩作为对学生思想品德课程学习质量评价的唯一方式，警惕应试倾向的评价方式对本课程目标和理念的偏离"②。

表9.4　　　教师对评价方式制约中学德育课程实施的看法　　　（%）

	完全不符合	不符合	说不清楚	符合	完全符合
评价方式滞后，制约了新课程的开展	4.71	12.06	14.41	37.35	31.47

从表9.4可以看出，有68.82%的教师认为评价方式滞后，制约了新课程的开展。访谈发现，学校对学生的评价方式单一，仅仅通过考试和排名加以评价，而对于教师的教学评价，也是采用简单化的甚至是漠视"教师自尊"的方式来促使考试成绩的提高。"每次考完试学校开大会的时候，就把各班的成绩打印在一张纸上发给我们，人手一份啊，每个班的成绩排名清清楚楚，成绩要是考砸了，你说丢人不……我印象特别深，去年中考前，在全校大会上我们初三教师每个人都签了'军令状'，就是你带的这门课绝不能低于学校上届在全市

---

① 屠莉娅：《影响课程实施的内源性矛盾分析——新教材使用中产生的问题与思考》，《教育发展研究》2007年第3期。

② 高德胜：《坚持·明确·完善·提高——思想品德课程标准修订的四个"关键词"》，《课程·教材·教法》2012年第3期。

的成绩排名,高出原来的名次有奖励,低了就罚钱。"(C1T3)

一名农村学校 Z 校长在访谈中谈到:"成绩肯定是第一位的,学校成绩上不去,社会声誉受到损失、生源不好、上级部门不支持,学校的发展就受到限制了……其实,德育课课程改革,到底怎么样了,我也不太清楚,平时太忙了。"(访谈者:如果学校不采取统考方式呢?)"这门课如果不考试,那肯定就在课程表上消失了。"

将中学德育课的考试成绩记入中考总成绩作为升高中依据的做法,在一定程度上起到了保护作用,因为在考试决定一切的情况下,一门课如果中考不考,它在学校中的地位肯定会一落千丈。可是,问题的关键在于,中学德育课教学评价具有极大的特殊性,表现在评价涉及人的情感、品行、理想、信念等非认知领域,而对这些没有行之有效的评价方法,所以其评价结果具有模糊性和不确定性。

在社会普遍追求升学率的现实背景下,中学德育课也沦落到"以成绩论英雄"的境地,被"一刀切"式地并入考试科目,以成绩作为评教和评学的唯一依据。这种方式虽然简单易行,但隐藏着极大的不合理性:它往往只能测量学生对道德知识概念的掌握程度,即学生"答什么""说什么",而对学生真实的道德涵养,即学生"怎么做",尤其是习惯于"怎么做"则无能为力。新课程提出采用成长记录袋、观察、项目评价等方式,全面、完整地评价学生的学习情况,尤其应关注学习过程中情感、态度、价值观的形成,但实际上,这些评价方式往往流于形式。

客观地说,正是因为有考试,所以学校才比较认真地开德育课,才给德育课教师一定的待遇,否则德育课在学校可能连课时都无法保障,德育课教师将在学校进一步被边缘化。[①] 从表面上看,考试维护了中学德育课的生存状态,似乎是德育课的"救命稻草",实际上,却是中学德育课程实施的主要障碍之一,教师的教学又回到了找知识点、讲解知识点的旧轨道上,学生的学习仍然是死记硬背教材中的知识和材料。对此,教师也体会深刻:

---

① 高德胜:《不是什么都能考的——对"思想品德"课考试的思考》,《思想理论教育》2007 年第 1 期。

❖ 第九章 制约西北地区中学德育课程实施的主要困难 ❖

  不同于其他课,这是一门德育课,不是知识性的课,应该开成不考试,但又是很重要的课。可是如果不考试的话,学生不重视,老师不重视,学校不重视,国家不重视。但现在考试的话,对学生品德上的教化比较少,学生死记硬背,当作知识记,没达到要求。(N1T3)

  既要上好课也要把成绩搞上去,教材和应试教育结合是老师们最痛苦的。(N1T2)

  鲁洁坚信德育应该是最有魅力的,"因为德育面对的是人而不是物,即使是物,我们也要显示它背后的人,显示它和人的关系;它面对的是一个个有血有肉的人,是人心,而不是抽象的概念化的人或是冷冰冰的理性;它面对的是人的向善之心,展示的是人对美好生活的向往、美丽人生的追求。人—人心—人的善心,世间还有什么比这些更有魅力?"[①] 同样,作为德育有机组成部分的中学德育课,其生存发展最终要靠自身的魅力,如果中学德育课本身没有魅力,单靠考试来维系,保得了一时,保不了长久。

第五节 教师发展与课程资源

  《基础教育课程改革纲要》十分重视教师发展和课程资源建设问题,提出要"完善教师培训制度""提高教师培养质量",强调必须把课程资源的建设纳入课程改革计划。

  一方面,为顺利推进西北地区中学德育课程实施,通过培训为教师提供持续的专业帮助非常重要。因为教师如果不具备将文件课程转化为教室中课程的"工具"(我拿什么)与技能(我以什么),那么课程实施的水平和教师在课程运作时的难度是可想而知的,更何况西北地区德育课教师整体的教学能力较低。在当前中学德育课程实施过程中,为德育课教师提供有计划的、持续的、针对性强的、组织管理

---

  ① 鲁洁:《道德教育的当代论域》,人民教育出版社 2005 年版,总序。

到位的培训，对提高他们的专业能力，增强其专业归属感和自信心，缓解教师的紧张情绪和心理压力具有重要的作用。

另一方面，课程资源是课程的生成性、生长性因素，是实现课程目标的内因和外因的总和，是展现课程生命力和创造性的源头活水。充分开发并有效利用西北地区有价值的课程资源，既是扩展和深化课程的有效途径，也是教师创造性教学的重要环节，对于增强西北地区中学德育课的开放性、生成性和教学活力具有重要意义。

表9.5　　　　　教师对培训和课程资源制约课程实施的看法　　　　　（%）

	完全不符合	不符合	说不清楚	符合	完全符合
可用的课程资源太少	7.94	32.06	10.29	41.47	8.24
信息闭塞，很难接触到新的思想观念	11.73	36.07	14.66	30.79	6.74
参加过培训，但没有实质性帮助	9.30	31.69	17.73	34.30	6.98
面对难点和问题，总是自己一个人摸索	3.54	39.53	14.75	34.81	7.37

从表9.5可以看出，有49.71%的教师认为可用的课程资源太少，有41.28%的教师表示参加过培训，但没有实质性帮助；有42.18%的教师表示面对难点和问题时，总是自己一个人摸索；有37.53%的教师认为信息闭塞，很难接触到新的思想观念。可见，教师所得到的智力和物质资源支持严重不足，已经成为制约西北地区中学德育课程实施的主要障碍。从访谈中我们也可以清晰地感受到教师对培训的强烈渴望和得不到培训的失望，以及对可利用的课程资源匮乏和自身开发能力不足制约自己的教学表示无奈。

自新课程实施以来，尽管教育行政部门投入了一定的人力物力来组织教师培训，但目前看来，西北地区中学德育课教师培训依然存在着两个突出问题：一是培训的次数太少、时间太短，绝大多数教师只在课改之初接受了一次性集中式培训，之后很少再有接受专家培训的机会；二是培训内容针对性和可操作性不强，培训大多是一些通识性的理念和理论，缺乏专门针对中学德育课教学和相关案例剖析的培

第九章 制约西北地区中学德育课程实施的主要困难

训。就是接受过培训的教师,也表示在培训中所收获的与实际教学实施中所需要的存在着很大的错位。因为较多的通识培训内容并不能直接作用于课堂教学的设计和决策,而专业知识的培训、教材的培训或文件课程如何转化为符合新课程要求的学生课程的培训却少之又少。

> 我是特岗,上岗的时候到兰州去培训过一次,两三天时间,提了点要求,没怎么培训,就是搞了个形式。(N1T3)
>
> 培训到基层就没什么效果了,我现在唯一参加的就是甘肃省网络培训,学校给出一个网页,给你一个用户名和密码,可以听教授讲课,可以听讲座,在规定的时间内要听够几个小时,人家教授的课一直在讲,可我们老师面对着一会儿有课,一会儿没课,一会儿又要吃饭等一系列的问题,所以实施的结果不怎么好。(N1T1)
>
> 学校领导觉得如果你干好了,成了骨干教师,你出去的机会就多,一般教师没有机会出去参加培训,我感觉获得资源的方式、交流的方式、途径太少,学习的机会太少,凭着感觉,只有通过网上查资料,通过教参看一看。(N2T3)

在我国,教研员队伍是一支独具特色的教师援助组织,他们是基层课改的专业引领者,与广大一线教师距离最近,能够为一线教师提供及时的专业援助,并能发挥监督、评议地方课改进程的作用。但是这支教研员队伍自身还存在着观念落后、教研能力不足的问题,对当地教师在新课程经验方面的传、帮、带作用不明显。研究者选择的两所样本学校所在县的教研机构,不但没有提供新课程的指导,甚至出现了一些极端现象,使得他们在基层教师心中的权威地位丧失。

> 我们县上教研室的人下来听课,我们觉得可笑得很,还给我们评课呢,原来都是在学校里教得不行的人,凭关系调过去的……曾经有两次,特别的可笑,全县统考的时候,一次是初二的物理,结果教研室考的卷子,完全是旧教材上的,他们就不懂,拿着新课程之前的卷子给全县统考。还有一次,用的考试卷

子完全和上一年考得一模一样,第一天一考完,老师们都急了,赶紧让学生找去年的卷子,结果考完以后,我们辛辛苦苦的还要批卷子,结果,教研室一看错了,整个的就在全县又统考了一次……这不是劳民伤财嘛,可笑不!(N1T2)

相比较而言,校本教研活动是教师发展最实际和最有成效的途径。富兰等人研究表明,教师个人的变化,依赖教师之间合作文化的形成,笔者认为,学校范围内教学研讨活动最为有效地促进了教师的发展。作为教师专业生活的一种常态,一般学校都会设置各种形式的教研活动,通过以老促新、学科带头人引领等方式促进学校教师整体的教育教学水平。但是也能看出,大多数教研活动主要以如何提高成绩为主题,一些新课程所要求的教学科研,由于疲于应付各种检查而流于形式。这样的教研活动在增加教师工作量和心理压力的同时,对教师解决那些课程改革中层出不穷的问题,并没有提供太大的帮助。

我们学校现在教研活动比前几年多多了,我一开学就感到恐惧,要做公开课,组内还有很多研讨活动。(访谈者:教研活动的帮助大吗?)挺大的,这种形式也逼着我们进步。但是学校管得很严,也不管什么专业,要求每周一下午必须听3节其他老师的课,我们全都必须听课,弄得很忙,很累。其实听别的专业课,没啥效果,周一下午大家表面上听课,实际上有的备自己的课,有的批改作业。……我们学校的集体备课,其实就是一个人备好课了,然后找几个人在这个教案的不同地方签字就行了。(C1T3)

我们都会不定期地听课,互相学习评价。由老教师培训新教师,将上课方面的一些问题提出来互相探讨。效果比较好。(访谈者:有没有硬性规定?)以前这样的规定比较多,这学期没有,每个人都有听课记录,每学期听20节课,每个教研组又有一些内容,比如说有些听30节。(访谈者:能达到吗?)达不到还是要听的,一天下来非常忙。批作业、月考、成绩的材料分析,每周都会提出教学案例,事情比较多。(访谈者:学校检查吗?)会

❖ 第九章 制约西北地区中学德育课程实施的主要困难 ❖

查,所以压力比较大。(N2T1)

  乡镇学校的 T 校长在访谈中也谈到:我们一直提倡各个教研组进行教研活动,特别是教法、学法上应该加强。但是教研组还是没有实行好。比如英语,像英语教研组应该探讨如何提高学生的英语成绩,探讨一些比较实际的提高成绩的方法,但这方面我们非常欠缺。

  课程改革是人的改革,课程发展是人的发展,没有教师发展就没有课程发展。学者们普遍认为,"学科结构运动"失败的一个重要原因就是它忽视了教师发展问题。国外课程实施的研究表明,课程实施失败的原因很复杂,但是忽略人员要求是根本性的。"许多学区课程实施失败的原因……还包括:一些课程变革者,尤其是来自于高校的改革者,他们把精力集中于改革课程计划而缺乏对教师实际要求的重视……"① 如果说,在课程改革初期,教师希望听到专家关于教育理念的解读和通识性内容的学习,那么,随着新课程的发展,这种形式就无法满足教师的实际需要,教师更加需要个性化教学实践的专业指导,如果教师的专业发展要求得不到满足,对新课程实施中的困惑不能得到有效解决,必然会影响西北地区中学德育课的实施。

  课程资源既包括学校内的教育资源,也包括学校外各类社会教育机构和各种教育渠道所蕴含的多种教育资源。课程资源是达成课程目标的重要保证,能否合理有效地开发和利用课程资源,直接关系到课程实施的成效。近年来,西北地区学校的基础设施建设虽然有所改观,但是教学所需的图书、报刊、影像资料、电脑和视听教室等课程资源仍然比较匮乏,农村学校尤为突出。在研究者所观察的乡镇中学,只有两间多媒体教室(包括电子白板教室),教师们也只在公开教学活动中偶尔使用,日常教学中仍然只靠传统的"一支粉笔、一张嘴"。而且,各种适合于中学德育课教学的丰富多彩的社会课程资源,如各地的爱国主义教育基地资源、社会实践活动基地资源,西北地区特有的民族民俗资源、乡土文化资源、革命传统资源、自然景观和历

---

  ① [美]艾伦·C. 奥思斯坦、费朗西斯·P. 汉金斯:《课程:基础、原理与问题》,柯森主译,江苏教育出版社 2004 年版,第 313 页。

史遗迹资源等也没有被有效开发和利用。

  这里的学生搞不起来这些活动，学生没法获得有关活动的资料，学校条件不允许，学生也没办法借到所需的书。图书馆书籍不全，没办法搞一些活动。（N2T4）

  教学资源不够是我教学中的最大困难，其他课程的资源都比较多，从开头到结尾，但是政治没有，搜集课件都得好长时间。没有专门的网站，只能自己慢慢搜集，太费时费力了，太难了。（C1T2）

  我们组里只发了一本《经典教案》让我们备课的时候参考，这么多人怎么够用，我就只能自己买了。（N1T4）

造成课程资源匮乏的原因是多方面的，但其中有两个突出的原因：第一，教育经费投入不足，无法满足教育的正常需要。第二，教师没有意识到自己是最重要的课程资源，缺少课程资源开发的动力和意识。缺乏课程资源和教师的开发能力不足，是目前西北地区中学德育课程实施遇到的最大的障碍。

目前，西北地区中学德育课程实施中面临着诸多困难，其中，德育课教师素质、校长的课程领导及学校德育环境、课程文本的实用性、课程评价的导向性、教师发展与课程资源等方面是较为突出的制约因素，这些因素交织在一起，共同作用于中学德育课程实施系统，导致西北地区中学德育课程实施水平不高，课程改革阻力较大。

第十章　研究的结论与政策建议

第一节　研究的结论

根据前文的研究结果，下面将对西北地区中学德育课程实施的现状、问题作出结论，并提出进一步深化课程改革，推进西北地区中学德育课程实施的对策建议。

前文通过对西北地区甘肃、宁夏、新疆几所中学的德育课教师的调查研究，得出如下结论：

1. 西北地区中学德育课教师对于文件课程的理解基本上是符合文本原意的，教师在观念上已经基本接受了新课程理念和价值，但教师的接受和理解程度并不高。在知识观上，教师普遍具有新课程所倡导的建构主义知识观，已经认识到道德知识学习的特殊性，即知识的学习并不是最终目的，中学德育课应更加突出培养学生的情感、态度与价值观。在教学观上，教师充满矛盾情结，他们既重视激发学生的主动性和积极性，认同情感体验和道德实践在德育课程中的重要性，但同时又认为教比学重要，教学中不能放手让学生充分发挥主体性。在课程观上，教师具有调适的实施取向，但仅仅限于对教材的调适。他们对生活德育理念很认同，对中学德育课的课程价值评价较高，但也认为，中学德育课对学生的影响有限。在教师观上，教师已经认同"组织者""引导者""促进者"以及"研究者"等新教师角色，也认识到应当全面地看待和评价学生，然而，在师生关系上，教师表现出根深蒂固的权威意识和学生管理思想，与新课程所倡导的建立民主平等的师生关系的理念相去甚远。

2. 教师的教学行为已经发生了某些变化，但他们在课堂上实际运作的课程依然呈现出明显的智育化倾向，在一定程度上违背了思想品德课程的德育性质。教师在制定教学目标时主要还是依据学生的知识和能力基础，没有充分考虑学生的兴趣和需要，在落实教学目标时，有85%以上的教师主要关注的仍然是知识目标，道德教育中本应置于首位的情感、态度与价值观目标却被忽视了。教师对教材内容的调适和课程资源的开发、利用已经成为一种普遍现象（67%以上）。然而，教师经常会围绕考点增加和补充练习题（约75%），对于主题探究内容，教师通常不会花一定时间来带领学生完成（超过40%）。教学方法的使用是考查课堂教学的最重要方面，研究发现，大部分教师（60%以上）采用的教学方法并不单一，经常采用课堂讨论、小组合作等新型教学方法。但是，一些教师的教学活动，重活动的形式而轻目的和意义。但是，总体来看，教师的教学方法还是以讲授与一般性提问相结合、提出少量带有启发性的问题或者讲练结合等为主，这些方法仍然是传统教育理念下的典型教学方法。值得一提的是，许多教师表示自己并不清楚如何有效使用新课程教学方法，因而在教学中就会放弃使用这些教学方法，采用更为熟练的传统教学方法。关于教学评价，教师已经开始尝试设计课程评价方案，总结与反思评价结果，形式上有了多元的评价方式，但实质上，评价内容的重点仍然是学生对原理、概念的记诵程度，以应对学校的评价考核，这种单一的、应试倾向的评价方式是片面的，不能客观、公正、准确记录和描述学生的学习状况与思想品德发展状况，并且直接导向智育化的教学。

3. 不同类别教师在观念和行为上存在差异。整体看来，对于新课程理念的接受程度，城市教师高于农村教师，本科及以上学历教师高于专科及以下学历教师，女教师高于男教师，骨干教师高于非骨干教师，教龄在10—20年的教师高于其他教龄教师，职称未定教师最低。

城乡教师相比，城市教师更加注重学生的兴趣、能力、情感态度价值观目标的达成，对教学内容的处理更加灵活，补充资料更多，但同时增加的练习题也更多，会更多地采用课堂讨论、小组合作、提开放性问题等方法，使用最多的教学方法是提开放性问题。农村教师会更多地采用讲授、组织外出实践和多媒体授课等方法，使用最多的教学方法是讲授。在教学评价方面二者差别不大。

不同学历教师相比，大专及以下学历教师在制定教学目标时更加注重学生的兴趣和需要，使用最多的教学方法是课堂讨论。本科及以上学历教师会更多地增加练习题，更多地带领学生完成主题探究内容，更加注重制定详细可行的评价指标以评价学生的思想现状。

不同性别教师相比，女教师更加注重学生的兴趣、需要以及课标要求，更多地补充练习题。男教师在教学内容的处理方面更加灵活。在教学评价方面差别不大。

骨干教师与非骨干教师相比，骨干教师更加注重"课标"的要求和三维目标的达成，更多地尝试新教学方法，既更加注重设计详细的评价指标和根据评价结果设计自己的教学，又更加注重纸笔测验。

不同教龄教师相比，6—15年教龄教师更加注重知识和能力目标，16—20年教龄教师更加注重"课标"的要求和学生情感、态度与价值观的培养；11—15年教龄教师在教学内容的处理上更加灵活，1—5年和21年及以上教龄教师既重视增加练习题，又重视完成探究活动；1—5年和11—15年教龄教师使用最多的教学方法是讲授，6—10年教龄教师使用最多的教学方法是小组合作，16—20年教龄教师使用最多的教学方法是提开放性问题，21年及以上教龄教师使用较多的教学方法是课堂讨论和自主探究。1—5年和21年及以上教龄教师更注重根据评价结果设计自己的教学，21年及以上教龄教师更加注重纸笔测验。

不同职称教师相比，中一及以上职称教师更加注重情感、态度与价值观目标，在教学内容的处理方面最灵活，使用较多的教学方法是讲授和提开放性问题，更注重纸笔测验。未定职称教师更注重知识目标和学生的兴趣需要，处理教学内容最不灵活。中二及以下职称教师更加注重课标和能力的培养，和未定职称教师一样，使用最多的教学方法是讲授法。

4. 在影响西北地区课程实施的4类15种因素中，强影响因素是教师知识、教师心理、课程评价和学生；一般影响因素是学校文化、家长、教材、校长、课程资源、行政支持；弱影响因素是社会教科研活动、课标、教参。

影响因素对不同类别教师的影响程度存在差异。从影响程度的差异上看，学科知识、实践性知识、教材对农村教师的影响相对较大，而课程评价对城市教师的影响相对较大。教材、课标和课程资源对大专及以下学历教师的影响相对较大，而教师心理对本科及以上学历教师的影响相对较大。学校文化对男教师的影响相对较大，而学生、课标对女教师的影响相对较大。校长和学校文化对骨干教师的影响相对较大，而教材和课标对非骨干教师的影响相对较大。教师影响因素对不同教龄教师的影响程度呈现出中间弱两头强的趋势，课程因素的影响程度随着教龄的增加，呈现出下降趋势，学校因素与教师因素的影响程度相反，社会因素差别不大。学生、课标、教参对未定职称教师的影响相对较大，课程资源、家长对中二及以下职称教师的影响相对较大。教学知识、学校文化、校长对中一及以上职称教师影响相对较大。实践性知识对未定职称教师的影响相对较小。

5. 目前，西北地区中学德育课在实施中面临着诸多困难，其中，德育课教师素质、校长的课程领导及学校德育环境、课程文本的实用性、课程评价的导向性、教师发展与课程资源等方面是较为突出的制约因素，这些因素交织在一起，共同作用于中学德育课程实施系统，导致西北地区中学德育课程实施水平不高，课程改革阻力较大。

第二节 深化西北地区中学德育课程改革的政策建议

"变革是一个旅程，而不是一张蓝图。"课程改革注定不可能一帆风顺。而西北地区中学德育课程改革至今，教师的观念更新了，某些教学行为也发生了变化，但总体上，正如高德胜在总结这些年的德育课程改革经验时所说的："我们的德育课程并没有突破直接道德教育的困局……学生在课堂学习中得到的更多的仍然是道德知识概念。"为进一步深化中学德育课程改革，使其回归学生生活世界，重塑德育魅力，特提出以下建议。

❖ 第十章 研究的结论与政策建议 ❖

一 树立德育为先的观念

党的十八大报告指出:"要坚持教育优先发展,全面贯彻党的教育方针,坚持教育为社会主义现代化建设服务、为人民服务,把立德树人作为教育的根本任务,培养德智体美全面发展的社会主义建设者和接班人。全面实施素质教育,深化教育领域综合改革,着力提高教育质量,培养学生社会责任感、创新精神、实践能力。"《国家中长期教育改革和发展规划纲要(2010—2020年)》明确提出,坚持以人为本、全面实施素质教育是教育改革发展的战略主题,要坚持德育为先、立德树人。这充分体现了党中央对学生思想品德建设的重视,体现了全面提高学生综合素质的重要性。青少年是国家和民族的未来,他们的思想道德状况如何,直接关系到中华民族的整体素质,关系到国家前途和民族命运。

在现代社会急功近利思想的影响下,教育也被深深地打上了功利的烙印。"培养什么人、怎样培养人"这一素质教育的核心问题,在西北地区的课程改革中,还没有引起各个层面实施者的深入思考,中学德育课长期被视作一门"副科""边缘学科",甚至在一些学校,其课时被缩减。德育活动形式化,德育课程应试化,德育评价简单化,导致学校教育中重智育轻德育、重课堂教学轻社会实践。当前,学校必须把德育工作摆在素质教育的首要位置,将其贯穿于教育教学的各个环节,纳入学校教育的全过程。要加快中学德育课的改进和建设,充分利用和整合各种德育资源,深入研究中学生思想品德形成的规律和特点,努力构建适应21世纪发展需要的中学德育课程体系。

实现中华民族的伟大复兴,需要一代又一代人的不懈努力。回归教育的本真,真正做到学校教育育人为本,以德为先,德智体美,全面发展,培养和造就千千万万具有高尚思想品质和良好道德修养的合格建设者和接班人,既是一项长远的战略任务,又是一项紧迫的现实任务。

二 加强宣传力度,为中学德育课程改革营造良好的舆论氛围

课程改革的顺利推进,需要社会各界对新课程的理解、参与和

支持，形成一种自下而上的、坚实的支撑力量。然而，当前理解和参与西北地区中学德育课程改革的社会氛围还没有形成：有些领导对课改采取应付态度；有些教师有畏难情绪，参与热情不高，习惯于传统教学，认为课改吃力不讨好等；一些家长往往只以孩子的学业成绩作为衡量教师学校工作的唯一标准；大部分社区还不能将资源向学生的德育实践活动免费开放，等等。因此，各级政府、教育行政部门、各类大众传媒要高度重视课程改革，大力宣传课程改革的重要意义，营造良好的改革氛围，把推动青少年思想道德教育作为义不容辞的职责，真正使社会、家长、学校形成推动中学德育课程改革的合力。

新闻媒体要发挥各自优势，制作有益的电视节目、报刊读物，设置课改专栏、网页，组织开展各种形式的网上思想道德教育活动，积极传播先进文化，倡导文明健康的网络风气。特别是要加大对课程改革的宣传力度，使社会和学生家长了解课程改革的目标和理念，转变以考试分数、升学率为主要尺度的应试教育的评价观念，给中学德育课教师创造一个相对宽松的改革环境；定期或不定期报道课程改革的进展、成效、先进典型、成功经验，正面宣传课程改革给教师、学生、学校带来的新变化、新风貌，使社会认同课程改革。

政府或其他机构应大量印刷课程改革的基本文件、课程设置方案、课程标准及其解读等，将其免费发放给西北地区的学校和教师。制作一些通俗易懂的有关中学德育课程改革怎样开展研究性学习，怎样开发课程资源，怎样开发校本课程，怎样开展以校为本的教研活动以及怎样开展参与式教学，怎样开发和利用当地的课程资源或者优秀教师教学实况等方面的电视节目，以录像带、光盘、录音带或网络资源的形式免费发放给西北地区学校。

三　高度重视西北地区基础教育课程改革，为推动中学德育课程改革提供经费和政策保障

任何一项变革都必须有相应的"政令"做支撑，课程改革作为一项复杂的系统工程更是如此。理论和实践都证明，"干预是变革成功

❖ 第十章 研究的结论与政策建议 ❖

的关键性行动和事件""命令（mandate）能对变革发挥一定作用""由于命令是自上而下的，尽管人们不断批评它的效果不好，但是它们还是能发挥出一定的作用的。"① 西北地区是我国经济社会发展较为落后的地区，也是教育发展最为落后的地区，西北地区的基础教育是我国基础教育的重要组成部分，西北地区的课程改革是国家基础教育课程改革中的重点和难点，西北地区课程改革的成败关系着国家基础教育课程改革的成败。因此，在西北地区课程改革的深入推进过程中尤其需要各级地方政府、教育行政部门的高度重视并给予充足的经费保障和坚实的政策支持。

各级政府特别是地方政府要充分认识到课程在学校教育中的核心地位，要充分认识到课程改革的重要意义。无论是已经"普九"的地区还是尚没有"普九"的地区，都应当把基础教育课程改革纳入教育改革与发展的重要内容之中，纳入政府工作的重要议事日程中。特别要明确的是，基础教育课程改革绝不单单是教育行政部门、学校和教师的事情，也是政府部门的重要工作。课程改革不单纯是教材的更换或改革，而是从教育理念、培养目标、教学内容到评价方式以及管理体制等方面均要进行改革。②

增加对西北地区特别是农村基础教育的经费投入，建立基础教育课程改革专项经费。目前，西北地区教育发展水平滞后，我国对西北地区教育的投入总体不高，对课程改革的经费保障尤其不足。一些地方政府动辄以几十万元高额奖励高考、中考的优胜者（教师和学生），以制造竞争异常激烈的应试教育的气氛来达到所谓"提升教育教学质量"的效果。但是，对课程改革中应当投入的促进教师能力发展、课程资源配套建设等费用却捉襟见肘。另外，教师在接受培训时被收取各种巧立名目的费用，教学所需的教参、教学光盘、软件等都要自己购买，这也严重影响了教师参与课程改革的积极性。在最基层的地方由于待遇低而缺乏留住人才的吸引力，在乡镇学校由于师资缺

---

① ［美］霍尔等：《实施变革：模式、原则与困境》，吴晓玲译，浙江教育出版社2004年版，第11—17页。
② 王嘉毅、常宝宁、王慧：《西北地区农村基础教育课程改革研究》，教育科学出版社2009年版，第214页。

乏，中学德育课的教师往往只能"临时拼凑"。因此，多渠道筹措课程改革专项经费，增加对西北地区新课改的经费投入是各级政府应该承担的主要义务和责任。各级财政和教育行政部门应给予专项经费支持，保证教师的培训经费、提供免费的人手一份的学科课程标准及解读，以及相关教辅资料、配套的课程资源建设经费等，为鼓励教师积极投身课程改革，还应当设置专门奖励课改先进示范者的经费。学校也要在有限的经费中挤出一定的资金用于课程改革。总之，各有关部门和学校应多渠道筹措经费，为新课程在西北地区的实施提供经费保障。

"命令这种策略如果没有收到好的效果，不是因为该策略本身的缺点，而是因为命令下达之后没有跟进其他一系列必要的干预方式的支持，即缺失了制度和强化'执法'效力的保障机制。"① 因此，保障中学德育课全面、深入、健康持久发展，必须运用好权威、权力，建立一系列有效的、规范化的制度和机制。例如，《义务教育思想品德课程标准（2011年）》指出，要"注重课内课外相结合，鼓励学生在实践中进行积极探究和体验，通过道德践行促进思想品德的健康发展"。因此，要以制度甚至法规的形式，保障德育的"践行"，规定具体的课时、途径及相关人的职责等，一些对学生有教育意义的社会资源，其主管部门要免费对学校和学生开放。应通过行政部门的政策引导、秩序确立来干预学校课程管理制度的建立与革新，消解"副科歧视文化"生存的土壤，保障中学德育课课时和教师评奖、评优和培训进修等专业发展方面应有的权利，包括工作量制度、奖金制度、评优制度、公开课及其参赛制度等，要通过适当的外力介入（如教育行政部门的某些职能）促进制度重建，从而改善中学德育课学科的地位，提高中学德育课教师的专业身份认同感，进而促进观念层面的学校文化重建。

各级政府还要组织专家对西北地区的一些突出问题进行深入研究。例如，当前西北地区农村寄宿制学校存在管理方式简单，学生生

---

① 谢月光：《普通高中信息技术课程实施个案研究——学校水平的特征与归因》，博士学位论文，东北师范大学，2007年。

❖ 第十章　研究的结论与政策建议 ❖

活轨迹单一等现象。学生从早晨六点多进入教室到晚上十点多晚自习结束回到宿舍，绝大部分时间都是由教师安排的，学生可自由支配的时间有限①，加之学校图书馆的资料极其陈旧缺乏，学生没有时间和相关信息资料来开展新课程所提倡的自主学习，他们只能坐在教室内"苦读"，学校生活单调，德育活动形式单一。而且，许多贫困地区的学生还面临父母外出打工的情况，他们的情感需求强烈但得不到满足。诸如此类的新问题还有很多，政府应重视并加强对西北地区农村学生的道德教育、心理问题的关注和研究，这也为如何在西北地区深入推进中学德育课程改革提出了时代的命题。

四　重建德育课程与其他课程和教育活动之间的联系，重建与学生生活的联系，构建一体化的学校德育系统

杜威关于直接德育课程有个著名的论断：直接的道德教学只能帮助学生形成"关于道德的观念"，不能形成"道德观念"。他在《教育中的道德原理》中指出："我们关于道德教育的概念是太狭隘、太注重形式、太病态了。我们把伦理的这个名词与某些贴上美德标签的、从大量其他行为中分离出来的、与履行这些美德的儿童的惯常形象和动机更加分离的某些特殊行为联系在一起。道德教学因此与这些特殊美德的教学联系在一起，或与同它们有关的某些感情上的灌输联系在一起。道德被看作非常伪善的东西。"②

道德教育具有弥散性，与知识学习不同，道德学习是一种全时空的学习，充斥在学习者生活的每一个角落。因此，完整的德育课程应该是涵盖学习者全部时空的网络式课程——学习者的生存空间延伸到哪里，道德学习活动指向哪里，德育课程就应该覆盖到哪里。也就是

---

①　研究者所观察的乡镇学校，学生只能在下午 4 点 30 分到 5 点 40 分这段时间里自由活动，除此之外，都要由教师安排教学。当研究者问及中午学生们为什么也坐在教室里上自习时，校长的回答是，因为怕学生自由时间太多而导致校园脏乱，且不便管理学生。而在县城学校，班主任在早上 6 点 20 分和中午 1 点就已经走进教室巡视学生们的自习情况了。他们晚自习结束的时间分别是晚上 10 点和 10 点 30 分。

②　杜威：《学校与社会·明日之学校》，赵祥麟等译，人民教育出版社 1994 年版，第 158 页。

说，我们所呈现给学生的物质化的德育课程的文本、活动和图像，以及支撑这种课程运行的社会道德文化、道德境域、道德精神都构成了德育课程实施的重要载体。

在现代德育理论中，德育课程的概念不断被重构，包含了越来越丰富的内容。中学德育课通常被称为直接德育课程或显性德育课程，它是德育课程系统中的一个要素，只能影响学习者道德发展的某个层面、某些片断，不可能带来人的整个道德面貌的变化。仅仅依靠中学德育课的自身改革来达到道德教育的目的是不现实的，还需要借助于德育课程系统中的其他要素，让过去孤立封闭在学校和课堂里的道德教育变成一种全息开放的道德教育。在学校教育中，中学德育课程实施与学校的其他德育疏离，课堂德育自说自话、孤立无援。因此，"重建与其他课程和教育活动之间的联系""重建与儿童生活的联系"，突破文本式的"德育小课程"，走向一种重视境域、生成和复杂性的全景式"德育大课程"，将中学德育课与隐性德育课程、活动性德育课程相结合，把生活作为道德教育的来源和主体，让一种以知识教育为主的道德教育走向强调知识、能力、情感态度价值观整合的，并以感受体验为基础的道德教育，让既往的单向灌输式的道德教育走向一种讨论性的、对话性的、分享性的道德教育，是我国德育课程改革的基本路向。

当前教育实践中提出了"三线一面"的学校德育改革思路，即将思想品德、思想政治等课程视为一条线，将共青团、少先队、班集体的组织与活动视为一条线，将校园文化建设与社会实践视为一条线，将在学科教学中渗透德育视为一个面，通过"三线一面"的共同作用对学生进行思想品德教育。学校德育工作要获得整体效应，就必须关注德育各个途径的渗透和结合。中学德育课与其他"线""面"的区别是进行比较系统的思想品德教育，要充分发挥其德育功能，就要找准它与学校其他德育途径的结合点[①]，构建一体化的学校德育系统。

需要强调的是，中学德育课与其他德育活动的贯通需要有制度上

---

① 肖川：《〈义务教育思想品德课程标准（2011年）〉解读》，湖北教育出版社2012年版，第18页。

的保障，否则，一体化的德育系统便成了一句空话，德育的效果就会落空。例如，要将中学德育课教学与班团队活动、学校日常德育活动进行整合与统一规划；要提供丰富多彩的文化资源，在学校保持一种宽松开放的课程改革气氛，使德育课教师可以自主决定选取哪些道德教育内容解决学生的思想发展困惑，其他学科教师可以与德育课教师共同协商解决一些突出的道德教育难题等。

五 加强教师培训，提高德育课师资队伍水平，使课程发展成为教师专业发展的过程

教师是课程方案的执行者，对课程实施的重要意义不言而喻。新课程改革"成也教师，败也教师"，师资水平直接影响乃至决定着课程实施的方向、质量和深度。担负德育课重任的教师，在新课程改革中面临着巨大挑战，课程的综合化打破了学科体系构建的传统模式，展现了不同的学习视角和问题视角，预留了较多的可供学生探究、交流讨论和自我表现的空间，这无疑对教师的专业要求更高；同时，德育课教师始终要做好学生道德的引领者角色，尤其是在受到各种社会复杂因素的影响下，更要凸显课程的德育功能，以自己深刻的人生阅历和思考，捕捉学生心灵震颤的瞬间，激发其道德提升的内在动机，实现对学生的道德引领，这一点更体现了德育课教师的专业素养，不仅要求在高超的充满智慧的教学中拨动教育对象的心弦，"更为重要的是教师自身的道德水平直接成为一种课程资源，影响着这门课程是否能够取得好的效果。换言之，教师本身对课程中所传递的种种伦理道德和价值观信与不信、行与不行以及自身的道德修养就成为构成教师的学科基础的重要方面，这正是思想品德课教师与其他学科教师在专业化内容上的根本差异"[①]。

从本书的结果中也能看出，西北地区中学德育课教师，特别是农村地区教师在教学上生搬硬套，以传统的知识讲授为主，教师在新课程方面的设计能力、理解能力、课程资源的开发能力等明显不足，而

[①] 刘黔敏、王彦力:《中小学思想品德课教师专业化探析》，《课程与教学》2004年第2期。

且对自身专业角色即德育工作者角色的认识更是停留在较低水平上。因此,亟须加强对西北地区中学德育课教师的培训,提升其能力素质水平和对新课程的驾驭能力。

在培训内容上,首先要从教师的观念入手,提升教师对德育专业理念的认识和师德水平。从新课程改革的进展来看,教师所持有的新课程理念难以突破现实的壁垒,难以在教学实践中得到真正落实,这是目前新课程改革深入实施的主要障碍,也是本书所展示的困惑所在,即教师观念上的转变并没有带来行为上的实质性变化。因此,对西北地区尤其是农村的德育课教师加强新课程理念的培训,使其进一步深刻理解和内化新理念,加深对新理念的评价和认同,并在实践基础上达到个人信念化的程度。只有这样,教师"倡导的理论"才能成为真正对实践起指导作用的"运用的理论",最后在不断的创造性实践中实现观念的更新和行为的质的改善。通过培训,帮助教师树立新的课程观和新的教师角色意识,特别要帮助教师树立"大德育课程"观,使德育课教师认识到,德育目标的实现需要与其他学科教师、家长和社会人士积极配合,从简单的知识层面的灌输走向真正关注每一个学生的心灵世界,需要深刻理解"以人为本"理念在道德教育中的本体性价值和意义。

其次,在教师的专业知识方面,要加强对课程所涉及的法学、经济学、心理学、哲学、伦理学、政治学和社会主义发展史等专业学科知识的培训。本书研究也发现,专业学科知识深厚的教师,不仅能在看似综合性的、浅显的生活常识对话中传递出深厚的知识意蕴,体现出他们的"道德智慧"和教学深度,而且对本学科的专业认同感更强,向学生所传递出的对社会主义核心价值理念的认同感也更强。有关教育教学知识、学生发展知识以及教学能力等方面的学习也是重要的内容。根据城乡教师不同的专业知识和能力水平,培训内容要有所区别,城市教师侧重在学科专业知识、课程发展的理论和教师反思、科研的理论和技能,以及对课程标准的解读和教材认识上;农村教师特别是乡镇中学教师由于其学科教学法知识和教学的实践经验都比较缺乏,因此他们应当以中学德育课的基础知识、学科教学法知识和基本的教学实践能力为侧重点。

❖ 第十章 研究的结论与政策建议 ❖

最后,新课程提出的教学设计能力、科研能力、现代信息技术能力、课程资源开发与利用能力以及评价能力等都应当成为西北地区教师培训必不可少的内容。尤其是对新课程所提出的合作、探究、自主学习等新的教与学方式,一定要给德育课教师以"临床式"的指导,特别是对那些西北偏远地区的农村教师而言,对这些新事物,他们根本就不知道该怎么办,也根本没有人带领示范过,他们受制于自身的能力水平,需要专家直接给出"处方",而不是天花乱坠的新名词。当然,城市教师也同样面临着不知如何具体操作的难题。对德育课堂教学模式、方法和策略及其相关案例的培训需求也十分强烈,在培训中一定不能忽视教师的需求。

在培训形式上,要通过在职培训、专题研修、教学研究、远程教育、送教下乡、观摩示范等多样化的形式来提高教师的业务能力。培训的组织要严密,培训的模式要多样,方法要灵活,既要根据培训内容来确定培训的模式、方法,还要根据参加培训教师的具体情况和现实需要,如第一次培训还是第二次培训等,来选择模式、方法和内容等。西北地区各级地方政府要抓住课程改革的机遇,建立和完善新的教师培训机制,尽可能为西北地区的中学德育课教师创造出更多的培训机会,让更多的教师能够接受培训。各级政府要采取有效措施,切实提高农村中小学教师的待遇,使教师安心工作,努力钻研业务,提供专门的进修机会,采取一切办法,为教师排忧解难,从而不断提高教师教育教学水平,以更好地促进贫困地区的基础教育发展。①

当前,要特别重视校本培训和校本教研。根据西北地区中小学的现实,上级教研部门限于经费短缺,对教师的培训和指导有限,中学德育课教师,特别是农村教师外出学习培训的机会较少,因此应以岗位培训、校本培训为主。学校必须大力支持校本教研和培训,提高培训的针对性和实效性,培训活动要体现"为了学校""在学校中"和"基于学校"三个基本方面,要以学校为主体,以学校的实际需求确定教研和培训的内容和形式,充分发挥校本教研和培训的应对性,采

---

① 王嘉毅、常宝宁、王慧:《西北地区农村基础教育课程改革研究》,教育科学出版社2009年版,第223页。

取经验交流、案例分析和课堂研讨多样化的方式进行,其中要特别注重发挥骨干教师的带头和示范作用。开展校本培训,建立以校为本的教研机制,形成良好的教研氛围,是教师专业发展的必然要求,将有利于形成教师间相互关爱、互相帮助、互相切磋交流的校园文化,使学校真正成为学生健康成长和教师专业发展的场所。[①]

另外,对校长的培训也是非常重要的。校长不仅是校本教研的组织者,其自身也需要参与到教师培训和学习的过程中。因为,如果校长观念保守,对课程改革的背景、理念和意义理解不到位,或者因改革方案过分抽象、笼统而缺乏操作性,那么校长就不会积极领导改革的实施。为了使改革切实得到落实,首要的任务是使校长理解、接受改革计划,从而使改革得以进入学校、进入课堂。很多学校的校长在接受了国家培训之后在校内对教师进行有关新课程的培训,校长成为培训者,因此,校长对新课程的理解、领会在很大程度上决定着教师对新课程的理解。从这个意义上讲,校长——培训者的培训就更重要了。此外,教师的专业成长不能仅局限于校内,还应当建立教师学科专业组织或者专门的网站,为交往范围比较狭窄的中学德育课教师提供一个交流的空间和舞台,促进不同学校、不同社区之间教师在教学、教材、教法等方面的经验交流,解决教育问题,开拓新的教育观念,从多种渠道促进教师素质能力的提升。

六 建立有效的课程实施监控和评议机制,及时诊断和解决课程实施中的问题

课程实施是一个复杂、持久的过程,应该对课程实施的进程进行及时有效的监控和评议,即通过对课程变革监督、调控、指导和问责,以减少课程运行实际值与期望值之间的偏差,使课程改革朝着预定的方向运行。当前,在西北地区推进基础教育课程改革的过程中,一些学校把改革停留在表面上、肤浅层面的现象仍然比较普遍,例如,在课题申报和研修活动中追求花样翻新,流于形式;在促进教师

[①] 王嘉毅、常宝宁、王慧:《西北地区农村基础教育课程改革研究》,教育科学出版社2009年版,第223页。

第十章 研究的结论与政策建议

专业发展、学生全面发展的校本评价改革中,仅仅满足于为教师和学生设计成长档案袋以及构建一些表面化的措施;有的教师会引用很多改革术语,但是在实际课堂上,却看不到他们所宣称的改变。他们之所以热衷于做表面的工作,一方面是因为学校和教师受到自己能力和经验的局限,没有在人才培养模式的变革、影响课堂教学效果的支持环境、学科教学知识等方面进行持续、深入的校本探索。另一方面是因为学校教师没有重视设计和推行与改革理念相一致的评价标准与制度,缺乏相应的课程实施的监控和评议机制。

监控和评议的主要目的是及时发现和反馈问题,为学校和教师提供改进的信息,解决课程实施中不断涌现的问题。课程实施监控和评议不是一个单一的、孤立的活动,它需要政府、教育行政部门、当地教研机构甚至非官方的专业中介组织多管齐下,同时立足于学校扎实的校本探索和自我反思评议水平的提升上。政府和教育行政部门要加强专业领导,提供制度保障,如对现行课程政策进行全面梳理,通过广泛的调研,对政策中不适合于新课程的内容进行及时调整,出台基础教育质量监测方面的政策、专项的学科课程实施检测项目,定期提供并公布课程施行报告,建立问责制度等。教研机构应发挥自己的专业优势和资源优势,立足于课程改革中的真实问题情境,以促进每一个个体的自我转变为着眼点,为每一所学校和每一位教师提供服务支持。其中,"教研员的职能行使过程就是提供公共服务的过程;教研员实施的服务必须是学校、家庭和学生等社会公共空间所直接需求的,必须能使他们在获得直接满足的同时,也从中感到享受(服务的本质就是使人感到享受)"[①]。课程实施监控和评议机制的高效运作,需要一套科学的运作规范予以保证,各部门各司其职,各负其责,协调运转,有效制衡。需要强调的是,应对课程实施的全过程进行跟踪监控,而不是仅着眼于课程方案落实之初,或者仅仅着眼于结果的验收;而且,必须加强课程问责,强化其责任追究制度,对违规、不作为和执行不力等行为要追究有关组织和人员的责任。要通过课程听证和课程报告等手段,对新课程的落实情况,对各种组织任务的完成情

---

① 王培峰:《教研员职能转变的定位与路径》,《中国教育学刊》2009 年第 2 期。

况、权力的使用状况和工作的努力程度等进行问责,并建立奖赏和惩戒制度,制定奖优惩庸标准,从而保证课程改革目标的达成。

在课程变革过程中进行及时有效的评价需要具备以下几个条件:(1)评议新课程必须基于课程改革的目标,对课程改革的评议最根本的就是看新课程是否达到课程改革为新课程所设定的目标。(2)课程改革本身就是一个基于专业对话的系统工程,也是一种共同体的事业,作为一种共同体事业的新课程必须由共同体中所有成员在一个专业的平台上通过参与辩论、争鸣、协商来解决。(3)基于权威的信息。权威信息的缺位会导致个人化的观点或感想的滋生与盛行,从而模糊实践者对课程变革的认识。权威不是来源于身份或者地位,而是来源于专业性,即专业组织或机构定期发布权威的评价信息或统计结果,特别是关于课程变革推进的整体状况的数据,这不仅有利于利用主流声音以正视听,而且有助于实践的改进。(4)基于变革的知识基础。要认识到课程变革是一个持续的、持久的过程,课程的发展没有终点,总是处在一个持续改善的过程中。因此,对课程改革的评议需要历史,需要责任,需要专业,更需要心态。①

七 加强中学德育课文件课程的分析研究,不断修订、调整文件课程,使之更符合西北地区的实际

课程改革是一个不断调适的过程,课程改革的目标在转化为具体目标时是有一定弹性和空间的,在不影响课程改革目标的前提下,可以对课程目标进行局部的调整。《义务教育思想品德课程标准(2011年)》是指导课程改革的纲领性文件,它的制定本身就是一个不断调适和修正的过程。我国城乡之间、地区之间差距较大,西北地区,特别是其农村地区、少数民族地区师资水平和教育发展水平相对落后,为了将课程理想与现实结合起来,找到二者的最佳结合点,必须加强对课程标准的分析研究,不断对其进行修订、调整,使之更符合西北地区的实际。

《义务教育思想品德课程标准(2011年)》是重要的国家课程文

---

① 崔允漷、王少非:《关于新课程的评议:一种视角》,《教育发展研究》2005年第5期。

❖ 第十章 研究的结论与政策建议 ❖

件,国家课程是面向全国的,不是专门为某个地区开发的,国家课程将保证所有学生都享有在一定领域内的学校权利,都有权获得知识、发展智力、形成将来作为一个积极的有责任感的公民实现自我价值和自身发展所必需的技能和态度,而不管学生的社会背景、文化、种族、性别和能力等有何不同,以及是否残疾等。一般来说,国家课程的标准不宜过高,通常是中等偏下,这样就能保证绝大多数学生都达到国家标准。[①] 课程标准只提供一些课程理念、原则和范围,大致给出学生学习和发展的一些描述,而不提供相对具体的课程清单和操作建议,看似增加了课程的适应性,有利于全国各地的教师结合本地区及学生的实际情况,因地制宜地实施新课程,实质上大大增加了课程对于教师在专业能力和知识方面的挑战,增加了学校和教师实施课程的难度。

根据教师的实用伦理,教师在实践有关改革的原则和理想时,必须有操作性的、程序性的知识加以落实,否则,就不可能真正影响教师的教学。[②] 西北地区师资水平较低,尤其是农村地区、少数民族地区更低,课程的设计者必须考虑到这样一个现实问题,即课程标准所体现的弹性,本意是为教师提供创造性的空间,但是,教师根本没有能力去创造,结果反倒模糊了对课程标准的理解,增加了教师的困惑和焦虑。在西北地区中学德育课程实施中,如果要降低学校和教师的课程实施难度,提高学校和教师实施课程的水平,确保预期课程目标的实现,课程设计者需要及时为西北地区的学校和教师提供和配套推出更加适应于西北地区水平的课程标准解读。

"课程方案的不确定性和复杂性给学校和教师都带来巨大的挑战,这种挑战会激发学校内部变革的斗志,也会消解斗志甚至会转化为变革的阻力……当教师很难适应或难于做出合理的调适时,就会增长对

---

① 许洁英:《试论国家课程的作用与特点——以英格兰国家课程为例》,《西北师大学报》2003 年第 2 期。
② W. Doyle, & G. A. Ponder, "The Practicality Ethic in Teacher Decision-Making," *Interchange*, 1977, 8 (3): 1 – 12.

课程的不认同感。"① 从现实来看,《义务教育思想品德课程标准（2011年）》在西北地区的适应性不高,对教师参与课程改革的指导作用不强,在被调查的教师中,只有1/3的教师研读过课程标准,大部分教师只是粗略地看过或根本没有看,而教师主要是依赖于教参或现成的教案来开展教学活动,《义务教育思想品德课程标准（2011年）》作为重要的指导文件,被"束之高阁",成了"摆设",这说明它确实对西北地区教师的指导作用与实践意义不强。当前应重视研究《义务教育思想品德课程标准（2011年）》在西北地区的适应性问题,在坚持课改目标的前提下,积极对具体课程标准进行调整,使课程改革更加适合西北地区中学的实际。

中学德育课教材是教师教学的重要凭借,也是学生学习的重要途径。本书研究结果表明,教材的适应性有待进一步改进,最突出的问题是,教材内容的选择、情境设计以及活动的设计具有明显的"城市化"倾向,从而给农村学生造成阅读与理解障碍,也给农村教师的教学带来许多困扰。一方面,在访谈中,农村教师非常急切地希望能够为农村学生专门配备一本和教材教学内容相关的"乡村版"补充阅读材料。另一方面,按照新课程的理念,教师应当"用教材",灵活地、创造性地使用教材,但是,对于西北地区大多数农村中学德育课教师来说,能够把教材的内容顺利地讲解下来,已经很不容易了,要创造性地使用教材,他们深感有心无力,更何谈开发校本教材了。因此,当前有关部门应立即组织人员开发一些适应西北地区,尤其是农村地区的中学德育课教材,这些教材既要能够达到《义务教育思想品德课程标准（2011年）》的质量要求,又要使西北农村学校的教师好教、学生好学,以增强这些教材对西北农村地区的适应性。教材的研发者还要研究创造适合农村的教学方法。现阶段比较可行的做法是在修订教材的过程中,在教师教学用书中加入适合农村的教育素材以及适合农村的教学设计,起码要做一个引导性的提示,供教师灵活选用,为教师的教和学生的学提供帮助。否则,在现有评价制度不变的

---

① 谢月光：《普通高中信息技术课程实施个案研究——学校水平的特征与归因》,博士学位论文,东北师范大学,2007年。

情况下,农村学生将面临极为不利的处境,因为根据《义务教育思想品德课程标准(2011年)》的要求,中考的主观性试题比例大幅度增加,而且趋向于对学生综合能力的考察,但是现有的中学德育课教材对农村学生而言显得生硬、难理解,他们只会机械地记忆一些知识点,在面临全省统一考试时,农村学生的成绩越来越不理想,与城市学生的差距越拉越大。因此,增强中学德育课教材对农村的适应性,从促进教育公平的角度来说是责无旁贷的。

当前,在教材编写方面,必须加强教材编写队伍建设,教材编写者既要具有较高的理论修养,又应该兼备城乡教学经验,从而保障教材的前瞻性和普适性。在教材编写队伍中,还要特别鼓励多元主体的加入,例如,西北地区地方教研部门、教材开发机构、中小学优秀教师和师范院校的专业人员参与开发或独立开发适应西北地区的教材,这一方面有利于增加教材的适应性,另一方面有利于培养西北地区本土化的课程开发队伍,提高课程开发水平。这对于促进当地创造性地开展教育教学改革,提高西北地区课程管理的水平均有重要意义。

八 深化德育课程评价制度改革

课程改革的顺利实施和全面推进是以与课程改革理念相一致的评价改革为前提的,评价制度及其价值取向对学校改革和课程实施的成效具有重要影响。随着课程改革的推进,教育评价制度、教育管理制度、考试与升学制度以及校长的领导方式都要随之改变,要适应新课程的要求,如果只要求教师改,而其他诸如教育行政部门对学校的领导方式、学校的管理制度、上级对学校和教师的评价、考试与升学制度,甚至年终教师的评优和考核方法等不改,会使学校、校长和教师无所适从,改革也难以持续。例如,一位德育课教师的遭遇是,在尝试新课程理念的过程中,学生的成绩下降,当年中考排在全县倒数第三名,按照教育局的文件规定,从县城的一所初级中学被无条件地"发配"到一所不通公共汽车、离县城约20公里的农村中学工作。[①]

---

① 安富海:《新课程改革与"穿新鞋走老路":教师视角》,《中国教育学刊》2011年第12期。

在我国这场由行政主导的、自上而下的改革中，教师的行为被强大的行政力量所控制。教育行政部门、学校领导一方面号召教师参与课程改革、推行新课程，另一方面，又按照过去的、与新课程不一致的方法要求教师、评价教师的工作，教师也只能回到"老路"上去，新课程的施行也被教师形容为戴着镣铐跳舞。

现实中教育行政部门或学校追求评价的客观性和精准性，并以此作为教师评职实施奖惩依据的做法，虽然简单、易行、高效，但却不适合中学德育课。甚至可以这样认为，在我们这个有着非常顽固的考试传统和异常坚固的考试习惯的国家，评价方法不配套，其他方面的改革最终都不会有好结果，特别是中学德育课程改革，因其本身的特殊性和复杂性而使得评价问题显得格外突出。

当代哲学和伦理学已经揭示出，人的品德不单是理性的，还是情感的，甚至有非理性和潜意识的成分。这说明了人的品德非常复杂，我们对品德的认识和理解只是"冰山一角"，远没有达到能够得出确定结论的水平。我们所能精确测量的仍然只能是人的道德认知水平，但对人的情感、品行、理想、信念等非认知领域没有行之有效的评估方法。而通过考试来评价学生的道德发展水平，这种评价导向只能使得教学变成知识传授，学习变成死记硬背，对思想品德而言，容易考的只是蕴含道德原理的概念、知识，而真正旨在培养学生良好的个性、情感、态度、价值观方面的内容却被忽略了。

从这一点上说，中学德育课的评价改革更加迫切，需要大胆创新。建立与新课程改革相适应的发展性评价体系，是实现课程改革目标的必要条件之一，即评价不是简单地进行优劣高下的区分（事实上对学生的品德分等和进行比较也是有悖于道德和公正的），其根本目的在于促进学生发展和教师提高。根据发展性评价的观点，对中学德育课的评价应从常模参照评价（norm-referenced evaluation）转变为标准参照评价（criterion-referenced evaluation）。标准参照评价是指判断学生是否达到了教学目标的要求，评价的"参照标准"是教学目标。常模参照评价由关注个体学生的表现与教学目标的关系转向关注学生之间的对比，评价参照的标准一般是学生的平均表现。这种评价优势在于可以清楚地说明每一个学生在班级或学校里所处的位置，但并不能直接说明某个学生的学习表现与教学目标的关系。因为中学德育课的教学不仅涉及认知领域，还涉及情感、品格与信念等非认知领域，促进每一个学生在自身已有基础上向前发展是最主要的任务。所以，从理论上讲，中学德育课的教学评价应该多用标准参照评价，少用或不用常模参照评价。

进一步说，教师的教学效果受到多种与品德发展相关因素的影响，那么，应当将评价的重心由"评学"转移到"评教"上，高德胜称之为"只问耕耘，不问收获"的方式，例如，在其他一些国家开设的社会性教育课程的评价上，就采用了这种方式，即检查各学校是否踏踏实实地进行了"道德和品行教育"，对人员配备、课程设置、学校重视程度等方面予以重点检查，至于教育和教学效果则基本不予深究。这种评价策略的突出特点是对学生的道德品行的学习效果采取了模糊性策略，评价的重点是学校和教师的教，即学校是否开足了课时，是否为课程的实施创造了应有的条件，教师是否真正备课、踏踏实实地实施教学等。至于学生学习的效果，因为思想品德教育的特殊性，而不作为评价的重心。[①]

尽管如此，学生的发展是根本，这仍是新的评价体系的立足之本，也是所有工作的落脚点。这就意味着"评学"的原则和方法需要改变，最重要的是发展性原则的确立。首先，促进学生思想道德发展是教学评价的出发点。其次，促进学生思想道德发展是教学评价的归宿。最后，教学评价不是目的，它只是促进学生发展的手段。在评价方法上，既要运用科学的、定量的方法进行评价，也要运用人文的、定性的方法进行评价，将二者结合起来使用，发挥各自的优势，克服各自的不足。

"当前，德育的根本困境仍在于德育知识化的干扰……德育知识化是一个涉及德育本质问题，是一个方向性问题，对其不是完善，而是批评与放弃。"[②]《义务教育思想品德课程标准（2011年）》强调指

[①] 高德胜：《不是什么都能考的——对"思想品德"课考试的思考》，《思想理论教育》2007年第1期。

[②] 成尚荣：《生活德育的坚守与困境的摆脱》，人大《复印报刊资料：思想政治教育》2013年第1期。

出："鼓励学校教师结合本校实际，积极探索独具特色、符合本课程特性和学生发展实际情况的有效评价方式。""不能用单一的知识性考试作为对学生思想品德课程学习质量评价的唯一方式，警惕应试倾向的评价方式，避免评价方式偏离本课程的目标和理念。"这种弹性化的规定也给各级地方政府和教育行政部门提供了评价改革方面大胆创新的空间，这就需要各级教育行政部门、招生考试部门以及学校教师在设计中学德育课评价方案时，花大力气革除以考试为主的传统课程评价的积弊，为课程设置专门的考评制度，建立符合德育规律的评价体系。尽可能淡化评价的考试选拔功能，而立足于通过评价过程让学生体验道德、思考道德、践行道德，使评价过程本身成为促进学生道德学习的过程，"使评价成为促进教师教学、学生思想品德发展与提高的有效手段"。

九　加强课程资源建设，提升中学德育课教学的有效性

有效的课堂教学不能仅仅依靠教师观念的转变，甚至仅仅依靠教师教学方式的转变，课程资源带给师生时空观念的变化，极大地影响着教师的教学行为。"课程资源开发的最大价值在于引导教师和学生真正从基于教科书的教与学走向基于资源的教与学……教学空间和课程资源一旦拓展，教师和学生就很难延续课堂原有的教与学的方式，需要根据不同的资源，寻找最佳的学习与教学方式。课程资源的性质和现状直接影响着教与学的开展。"[①]

课程资源的缺乏特别是素材性课程资源的缺乏，严重制约着西北地区中学德育课教师教学活动的开展，导致课堂教学单调、沉闷，难以促使学生产生真实体验和情感共鸣，德育课教学中最具灵魂的要素没有被挖掘出来。因此，在西北地区中学德育课的实施过程中，应当高度重视课程资源建设，以此推动课堂教学发生变革。相关部门和学校领导要将课程资源建设作为推动课程改革的一项重要任务，组织专人和团队，建立长效的课程资源开发机制，通过多种途径和方法，使学校、家长、社区以及其他相关部门建立密切联系，形成纵向上基层

[①] 张廷凯：《基于课程资源的有效教学研究》，《课程·教材·教法》2012年第5期。

学校到地方教育部门、教学科研部门、课程研究中心,横向上教育内部相交于外部的交错相连的课程资源开发网络,形成课程资源开发的整体效应和优势。建议在学校设立"教师教研中心",以此为依托开展校内课程资源的开发与共享;建立地区性的"课程资源开发中心",集中地区的力量,实现课程资源的共享,由政府提供专项基金,做到教师对资源的免费使用。

在西北地区的中学德育课程资源建设中,要紧紧与学生的生活相联系,从学生的生活中攫取和利用西北当地极富特色的丰富的课程资源,西北地区可以挖掘的德育资源主要有三类:

第一类是自然性课程资源。西北地区地域辽阔,地貌复杂,气候多样,形成了复杂的自然环境和景观。西北地区的矿藏、能源资源极其丰富,例如新疆的石油储量占全国的40%,西北地区煤炭储量占全国的40%。著名的甘肃金川镍都、兰州石化、酒泉钢铁,青海李家峡等大中型水电站,新疆的"三大油田""九大煤田"等国有大中型企业都可以成为激发学生兴趣,了解我国经济社会发展的概貌与历程,深刻领会以公有制为基础、多种所有制经济共同发展的基本经济制度,培养学生的爱好与特长,增强爱国、爱乡、爱家的情感等方面的课程资源。

第二类是民族性课程资源。西北地区是我国少数民族集中聚居的地区,是世界上少有的多族群、多文化共生地带,譬如,新疆文化是由伊斯兰文化、阿拉伯文化、地中海文化、中原汉文化和其他文化因子融合而成的。不同民族的宗教信仰、语言文字、礼仪节庆、科学艺术、民俗生活、历史典籍等是中华历史文化宝库的重要组成部分,其中蕴含的深厚的伦理道德养分是教育中学生取之不尽的重要素材。

第三类是乡村性课程资源。西北农村地区的乡土文化、自然风光、传统活动、民风习俗、手工技艺是民间教养活动的主题内容。农村社会的婚丧嫁娶、盖迁新房、春节端午庆祝等乡情风俗,把长幼有序的风俗礼仪传授给后辈们,在潜移默化中传承了尊老爱幼、邻里和睦、互帮互助、相亲相爱的传统美德。淳厚的民风、农民辛勤的劳作,山清水秀的自然风光,谷粒饱满、硕果累累的田园,家禽花鸟与人的和谐共处,都是培养农村青少年形成善恶观念的生动形象的教育资源。

参考文献

艾伦·C.奥思斯坦、费朗西斯·P.汉金斯：《课程：基础、原理与问题》，柯森主译，江苏教育出版社2004年版。

安富海：《新课程改革与"穿新鞋走老路"：教师视角》，《中国教育学刊》2011年第12期。

班华：《现代德育论》，安徽人民出版社2001年版。

操太圣、卢乃桂：《抗拒与合作：课程改革情境下的教师改变》，《课程·教材·教法》2003年第1期。

陈光全、杜时忠：《德育课程改革十年：反思与前瞻》，《课程·教材·教法》2012年第5期。

陈桂生：《我国基础教育中的"思想道德课程"问题》，《北京大学教育评论》2006年第10期。

陈回花：《1980中小学德育课程标准（或大纲）的比较研究》，硕士学位论文，华中师范大学，2006年。

陈少娟、吴慧珠：《思想品德课的课堂教学模式》，《课程·教材·教法》2000年第5期。

陈侠：《课程论》，人民教育出版社1989年版。

陈向明：《质的研究方法与社会科学研究》，教育科学出版社2000年版。

成尚荣：《生活德育的坚守与困境的摆脱》，人大《复印报刊资料：思想政治教育》2013年第1期。

崔允漷：《课程实施的新取向：基于课程标准的教学》，《教育研究》2009年第1期。

崔允漷、王少非：《关于新课程的评议：一种视角》，《教育发展研究》2005 年第 5 期。

戴建华：《试论初中思想品德课堂教学设计现存的问题及应对策略》，《课程·教材·教法》2010 年第 1 期。

丁克贤、王嘉毅：《西北少数民族地区代课教师现状调查与政策建议——以甘肃省临夏州积石山县为个案》，《西北成人教育学报》2008 年第 1 期。

杜威：《民主主义与教育》，王承绪译，人民教育出版社 1990 年版。

——，《我们怎样思维——经验与教育》，姜文闵译，人民教育出版社 1991 年版。

——，《学校与社会·明日之学校》，赵祥麟等译，人民教育出版社 1994 年版。

范树成、周淑萍、于玲军：《思想品德新旧课程标准比较》，人民教育出版社 2010 年版。

冯生尧、李子建：《香港课程实施影响因素之分析》，《全球教育展望》2001 年第 5 期。

冯增俊：《美国小学德育课程模式历史转型及启示》，《教育研究》2003 年第 12 期。

付娟娟：《初中思想品德教科书中心理教育内容研究》，硕士学位论文，上海师范大学，2010 年。

高德胜：《不是什么都能考的——对"思想品德"课考试的思考》，《思想理论教育》2007 年第 1 期。

——，《对话与灌输：道德教育的视角》，《全球教育展望》2010 年第 3 期。

——，《〈思想品德〉教材理念的革新》，《课程·教材·教法》2006 年第 6 期。

高凌飚、王晶：《教师的教学观——一个重要而崭新的研究领域》，《学科教育》2003 年第 7 期。

高凌飚：《新课程背景下教师教学观初探》，《华南师范大学学报》（社会科学版）2004 年第 1 期。

郭元祥：《课程观的转向》，《课程·教材·教法》2001 年第 6 期。

韩震：《改善中学思想品德和思想政治课教育》，《思想政治课教学》

2006 年第 1 期。

郝琦蕾：《初中综合课程的实施》，博士学位论文，西北师范大学，2009 年。

胡德海：《教育学原理》，甘肃教育出版社 1998 年版。

胡天庚：《新理念：思想政治（品德）教学论》，北京大学出版社 2009 年版。

黄阿明：《思想品德教学中的愉快教学法》，《教学与管理》2010 年第 10 期。

黄甫全：《大课程论初探：兼论课程论与教学论的关系》，《课程·教材·教法》2000 年第 5 期。

——，《课程与教学论》，高等教育出版社 2003 年版。

黄政杰：《多元社会课程取向》，台北：师大书苑有限公司 1995 年版。

——，《课程设计》，台北：太旺东华书局 1991 年版。

霍尔等：《实施变革：模式、原则与困境》，吴晓玲译，浙江教育出版社 2004 年版。

吉标、吴霞：《课程实施：理解、对话与意义》，《西南师范大学学报》（人文社会科学版）2005 年第 1 期。

简楚瑛：《课程发展理论与实践》，教育科学出版社 2010 年版。

江山野主编：《简明国家教育百科全书·课程》，教育科学出版社 1991 年版。

姜荣华、马云鹏：《课程实施评定典范：方法论与方法》，《教育理论与实践》2009 年第 9 期。

蒋永贵：《初中科学新课程实施的现状、影响因素及环境研究——兼论课程实施的若干理论问题》，博士学位论文，上海师范大学，2008 年。

教育部思想品德课程标准研制组：《思想品德课程标准解读》，北京师范大学出版社 2003 年版。

金利：《对中学德育课程课堂教学评价问题的分析》，《思想政治课教学》2006 年第 2 期。

靳玉乐：《课程实施现状、问题与展望》，《山东教育科研》2001 年第

11 期。

——,《现代课程论》,西南师范大学出版社 1995 年版。

赖俊明:《基于教师视角的新课程实施程度评价模式研究——"关注为本采纳模式"的探索与应用》,《教育测量与评价》2010 年第 2 期。

李臣之:《课程实施:意义与本质》,《课程·教材·教法》2001 年第 9 期。

——,《浅谈影响课程实施的六大因素》,《教育导刊》2001 年第 12 期。

李定仁、徐继存:《课程论研究二十年》,人民教育出版社 2004 年版。

李海燕、张莉:《论教师观念及其成因》,《现代教育科学》2007 年第 3 期。

李敏、朱小蔓:《德育进步与教育改革引领下的初中思想品德课程发展》,《当代教育科学》2011 年第 22 期。

李子建、黄显华:《课程:范式、取向与设计》,香港中文大学出版社 1996 年版。

李子建、尹弘飚:《后现代视野中的课程实施》,《华东师范大学学报》(教育科学版)2003 年第 1 期。

联合国教科文组织总部:《教育——财富蕴藏其中》,中文科译,教育科学出版社 1996 年版。

梁明月、班建武:《学校德育课程的问题、原因及对策》,《教育科学研究》2010 年第 11 期。

林震岩:《多变量分析——SPSS 的操作与应用》,北京大学出版社 2007 年版。

刘建德:《思想品德课"引领—尝试"教学模式的研究与实践》,《思想政治教学》2007 年第 8 期。

刘黔敏:《德育学科课程:从理念到运行》,博士学位论文,南京师范大学,2005 年。

刘黔敏、王彦力:《中小学思想品德课教师专业化探析》,《课程与教学》2004 年第 2 期。

刘强：《思想政治学科教学新论》，高等教育出版社 2003 年版。

刘淑萍：《思想品德评估量化的可行性及其意义》，《南京政治学院学报》2005 年第 6 期。

刘燕平：《论〈思想品德〉课中的体验性教学》，硕士学位论文，内蒙古师范大学，2010 年。

刘源：《大陆与香港初中德育课程标准的比较与启示》，《教育科学研究》2012 年第 11 期。

鲁洁：《道德教育的当代论域》，人民教育出版社 2005 年版。

——，《回归生活——"品德与生活"、"品德与社会"课程与教材探寻》，《课程·教材·教法》2003 年第 9 期。

——，《生活·道德·道德教育》，《教育研究》2006 年第 10 期。

吕国光：《教师信念及其影响因素研究》，博士学位论文，西北师范大学，2004 年。

马丽燕、王嘉毅：《西北地区教师培训的问题与建议——以"县域教师支持服务体系"建设为视角》，《民族教育研究》2009 年第 2 期。

马云鹏：《课程实施及其在课程改革中的作用》，《课程·教材·教法》2001 年第 9 期。

——，《课程实施探索——小学数学课程实施的个案研究》，东北师范大学出版社 2001 年版。

迈克尔·富兰：《变革的力量——深度变革》，教育科学出版社 2004 年版。

——，《变革的力量——透视教育改革》，教育科学出版社 2004 年版。

——，《教育变革新意义》，教育科学出版社 2005 年版。

牛金成、魏鋆：《构建生活化德育课程体系》，《黑龙江高教研究》2007 年第 2 期。

欧用生：《课程实施的叙说研究》，《全球教育展望》2006 年第 10 期。

潘洪建：《课程改革的知识观透析》，《教育科学》2004 年第 3 期。

裴云：《美日德育和社会课程对我国思想政治课程改革的借鉴意义》，《内蒙古师范大学》（教育科学版）2008 年第 12 期。

任凤超：《课内活动教学促进学生自主性学习的研究——以初中思想品德新课程改革实践为例》，硕士学位论文，天津师范大学，

2007 年。

佘双好：《当代西方道德教育流派德育课程理论的特征与局限》，《清华大学教育研究》2000 年第 3 期。

——，《现代德育课程论》，中国社会科学出版社 2003 年版。

施良方：《课程理论——课程的基础、原理与问题》，教育科学出版社 1996 年版。

宋德云、李森：《教师教学计划决策现状的调查与分析》，《教师教育研究》2011 年第 7 期。

宋冬冬：《初中思想品德教科书中的榜样人物研究》，硕士学位论文，西南大学，2010 年。

宋笑丽：《初中生思想品德成长记录袋评价的实施状况研究——以金华十五中为例》，硕士学位论文，浙江师范大学，2009 年。

唐丽芳、马云鹏：《教师发展与课程改革：美国兰德研究对新课程实施的启示》，《当代教育科学》2004 年第 11 期。

屠莉娅：《影响课程实施的内源性矛盾分析——新教材使用中产生的问题与思考》，《教育发展研究》2007 年第 3 期。

汪霞：《课程实施：一个值得关注的问题》，《教育科学研究》2002 年第 12 期。

王嘉毅、常宝宁、王慧：《西北地区农村基础教育课程改革研究》，教育科学出版社 2009 年版。

王嘉毅、李颖：《西部地区农村学校义务教育教学质量研究》，《教育研究》2008 年第 2 期。

王嘉毅：《教学研究方法论》，甘肃文化出版社 1997 年版。

——，《农村教师与农村基础教育课程改革》，《基础教育课程》2005 年第 5 期。

——，《农村中小学实施素质教育的困难与对策》，《教育研究》2006 年第 11 期。

——，《认识农村素质教育的实践基础》，《中国教师》2006 年第 1 期。

——，《完善政策，提高农村教师队伍的整体素质》，《中国德育》2011 年第 10 期。

王嘉毅、王利：《西部地区农村基础教育课程改革面临的问题与对策》，《西北师大学报》（社会科学版）2007 年第 2 期。

王嘉毅、赵明仁、吕国光：《透过行动研究培养课程领导能力——在西北贫困地区农村学校的探索》，《教育科学研究》2005 年第 1 期。

王嘉毅、赵志纯：《我国农村基础教育课程改革：问题与对策》，《教育研究》2010 年第 11 期。

王鉴：《课堂研究概论》，人民教育出版社 2007 年版。

——，《西北民族地区多元文化与教育问题研究》，《当代教育与文化》2009 年第 1 期。

王娟、王嘉毅：《教师专业发展中校长的影响作用——以三个农村小学校长为个案》，《西北师大学报》（社会科学版）2008 年第 3 期。

王娟：《西北地区中小学教师课程取向研究》，博士学位论文，西北师范大学，2011 年。

王培峰：《教研员职能转变的定位与路径》，《中国教育学刊》2009 年第 2 期。

威廉·维尔斯曼：《教育研究方法导论》，袁振国译，教育科学出版社 2010 年版。

吴忠才、潘洪建：《试论知识观变革对教学革新的意义》，《大理学院学报》2007 年第 9 期。

夏雪梅：《四十年来西方教师课程实施程度研究的回顾与评论》，《全球教育展望》2010 年第 1 期。

肖川：《〈义务教育思想品德课程标准（2011 年）〉解读》，湖北教育出版社 2012 年版。

谢月光：《普通高中信息技术课程实施个案研究——学校水平的特征与归因》，博士学位论文，东北师范大学，2007 年。

熊丽：《初中思想品德课程改革的问题及对策研究》，硕士学位论文，东北师范大学，2008 年。

许洁英：《试论国家课程的作用与特点——以英格兰国家课程为例》，《西北师大学报》2003 年第 2 期。

叶建华：《初中思想品德课呼唤生活化教学》，《教学与管理》2005 年第 5 期。

易连云：《德育课程论：理念与文化》，人民教育出版社 2001 年版。

尹泓飚：《课程改革中教师关注阶段理论的研究述评》，《比较教育研究》2004 年第 8 期。

尹泓飚、李子建：《基础教育新课程实施的影响因素分析——重庆北碚实验区的个案》，《南京师大学报》（社会科学版）2004 年第 2 期。

——，《课程实施与教师心理变化》，《全球教育展望》2006 年第 10 期。

——，《再论课程实施取向》，《高等教育研究》2005 年第 1 期。

余文森：《论个体知识的课程论意义》，《教育研究》2008 年第 12 期。

曾竞、王玲：《德育新课程教学实施探寻》，《教学与管理》2007 年第 5 期。

张华：《课程与教学论》，上海教育出版社 2000 年版。

张慧玲：《思想品德课程实施中存在的问题及改进对策》，《内蒙古师范大学学报》（教育科学版）2005 年第 4 期。

张善培：《课程实施程度的测量》，《教育学报》1998 年第 26 卷第 1 期。

张淑清：《贫困山区教师教学行为调查与分析》，《中国教育学刊》2009 年第 1 期。

张廷凯：《基于课程资源的有效教学研究》，《课程·教材·教法》2012 年第 5 期。

张同印：《反思历史，总结经验，开创中学思想政治课的新局面——40 年的回顾与展望》，《北京师范学院学报》（社会科学版）1989 年第 5 期。

张新海：《新课程实施中的教师阻抗研究》，博士学位论文，西北师范大学，2008 年。

张治升：《风物长宜放眼量：对中考取消思想品德课的几点思考》，《中学政治教学参考》2011 年第 14 期。

植薇：《初中思想品德教科书中道德教育内容研究》，硕士学位论文，上海师范大学，2011 年。

钟启泉、崔允漷、张华：《为了中华民族的复兴，为了每位学生的发展——〈基础教育课程改革纲要（试行）〉解读》，华东师范大学出版社 2001 年版。

钟启泉：《中国课程改革——挑战与反思》，《教育发展研究》2005 年第 12 期。

朱慕菊：《走进新课程——与课程实施者对话》，北京师范大学出版社 2002 年版。

朱小蔓：《当前中国中学道德教育课程标准及其创新方式》，《全球教育展望》2004 年第 4 期。

Doyle, W. & Ponder, G. A. "The Practicality Ethic in Teacher Decision-Making." *Interchange*, Vol. 8, No. 3, 1977.

Fullan, M., Pomfre, A. "Research on Curriculum and Instruction Implementation." *Review of Education Research*, Winter, 1977.

Fullan, M. G. "Curriculum Implementation." In A. Lewy. *The International Encyclopedia of Curriculum*, 1991.

Fullan, M. & Pomfret, A. "Research on Curriculum and Instruction Implementation." *Review of Educational Research*, 1977, Vol. 47, No. 1.

Goodlad, J. I. "The Scope of Curriculum Field." In Goodlad, J. I. et al., *Curriculum Inquiry: The Study of Curriculum Practice*, New York: McGraw-Hill, 1979.

Goodson, I. "Social Histories of Educational Change." *Journal of Educational Change*, 2001.

Hall, R. T., *Moral Education: A Handbook for Teachers*. Winston Press, Inc., 1979.

Lesley Kuhn. "Complexity and Education Research: A Critical Reflection." Mark Mason. *Complexity Theory and the Philosophy of Education*. West Sussex: John Wiley & Sons Ltd., 2008.

Mauritz Johnson. Appropriate Research Directions in Curriculum and Instruction. *Curriculum Theory Network*, 6 (Winter 1970 – 1971), p. 25.

Snyder, J., Bolin, F. & Zumwalt, K. "Curriculum Implementation." In P. W. Jackson (ed.). *Handbook of Research on Curriculum*. New

York: Macmillan Pub. Co., 1992.

Travers, K. J. & Westbury, I. *The IEA Study of Mathematics I: Analysis of Mathematics Curricula*. Oxford, Pergamon Press, 1989.

附　录

一　调查问卷

尊敬的老师：

您好！为了解您对中学德育课程改革的看法、感受以及在实施过程中遇到的问题与困难，希望您能认真、如实填写问卷。本问卷仅供研究之用，采取匿名方式，不会对您的个人能力和工作情况进行评价。

衷心感谢您的支持与合作！

西北师范大学教育学院

请在符合您情况的选项上划"√"

1. 您的学校所在地：
①省会城市　　②地级市　　③县城　　④乡镇
2. 性别：　　①男　　②女
3. 民族：
①汉族　　②回族　　③藏族　　④维吾尔族
⑤其他（请填写____）
4. 年龄：
①20—25 岁　②26—30 岁　③31—40 岁　④41—50 岁
⑤51 岁及以上
5. 教龄：
①1—5 年　　②6—10 年　　③11—15 年　　④16—20 年
⑤21 年及以上

6. 职称：

①中教高级　　　②中教一级　　　③中教二级　　　④中教三级

⑤中教特级　　　⑥未定

7. 最高学历：

①初中　　　②高中　　　③中师　　　④大专

⑤本科　　　⑥硕士及以上

8. 最高学历获取方式：

①全国统一高考　　②函授　　　③成人高考　　　④脱产进修

⑤在职进修　　　⑥自考　　　⑦其他

9. 是否骨干教师或获得其他教学能力表彰：

①是　　　②否

（若是，请选择）　A 乡级　　　B 县（区）级

　　　　　　　　　C 地（市）级　D 省级以上

10. 毕业专业：

①师范类的思政教育或相近专业

②师范类的非思政教育专业

③非师范类的思政教育或相近专业

④其他（请填写____）

11. 除承担德育课教学外，是否还担任其他工作：①是　②否（若选择"是"，请填写____）

　　A 学校管理工作　　　B 后勤辅助　　　C 教学辅助

　　D 其他学科教学　　　E 班主任工作　　F 其他（请填写____）

12. 您认为本次新课程改革的目标能否达到：

①完全能达到　　②大部分能达到　　③小部分能达到

④根本达不到　　⑤说不清楚

13. 您的教学反思是（请单选）：

①几乎不反思　　②偶尔为之　　③有时进行

④较多　　　　　⑤几乎每节课后都反思

14. 您关于自己中学德育课教学的反思内容，主要有哪些方面（可多选）：

①教学方法的选择与运用是否恰当　　②教学内容是否讲清楚

③教学设计是否合理　　　　　　　　④教学目标是否达到
⑤学生的反应是否积极　　　　　　　⑥其他（请填写）____

15. 您对《义务教育思想品德课程标准》的阅读状况是：
①认真研读过　　　　　　　　　　②粗略看过
③培训时听过，但自己没学过　　　④没有学习过

16. 贵校每学期组织教研活动的次数是：____次，对您的帮助：
①很小　　　　②一般　　　　③很大

17. 近3年来，您所接受培训的次数是：____次，对您的帮助：
①很小　　　　②一般　　　　③很大

A部分：教师观念

	请您根据自己的看法与认识，在最符合的数字上画"√"，从"1"至"5"程度依次提升	非常不赞同	不赞同	一般	赞同	非常赞同
1	德育课基础知识学习的目的是提升道德修养，学会做人做事	1	2	3	4	5
2	知识是随着时代不断发展变化的	1	2	3	4	5
3	德育课的学习主要是掌握课本知识	1	2	3	4	5
4	学生应参加多种活动，在活动中获得多方面的知识	1	2	3	4	5
5	教师应给予学生较多的思考机会，而非一味地背诵及练习	1	2	3	4	5
6	让学生发挥主体性，会让我的教学任务难以完成	1	2	3	4	5
7	教师教学主要应该激发学生的内在学习动机	1	2	3	4	5
8	教师"怎么教"比学生"如何学"重要	1	2	3	4	5
9	教师应该完全按照学校的课程进度表来进行教学活动	1	2	3	4	5
10	如果脱离了实践活动，教师"讲"得再好也没用	1	2	3	4	5
11	当教师时间长了，教学变成了习惯性的重复	1	2	3	4	5
12	离开了情感的投入，德育课的教学是低效的	1	2	3	4	5
13	德育课无真正的实用价值。如果不为考试，我赞成取消德育课	1	2	3	4	5

续表

请您根据自己的看法与认识，在最符合的数字上画"√"，从"1"至"5"程度依次提升		非常不赞同	不赞同	一般	赞同	非常赞同
14	德育课对学生品德发展的影响很大	1	2	3	4	5
15	课程改革对我原有的教育理念有很大触动	1	2	3	4	5
16	课程实施中我只需要按照课程编制者的意图执行就行了	1	2	3	4	5
17	只要能够提高学生学习成绩的老师就是"好老师"	1	2	3	4	5
18	教师是学生学习的组织者、引导者和促进者	1	2	3	4	5
19	我乐意告诉别人我所教的学科	1	2	3	4	5
20	如果让我选择，我不会再让自己成为政治教师	1	2	3	4	5
21	科研是不必要的，是教师的额外负担	1	2	3	4	5
22	管教学生应抱持"爱的教育"的态度	1	2	3	4	5
23	教师应鼓励学生自我管理，培养其自主性	1	2	3	4	5
24	教师与学生之间应保持距离，以维护教师威严	1	2	3	4	5
25	教育学生，体罚是不可避免的	1	2	3	4	5
26	多一把衡量的尺子，就会多一批好学生	1	2	3	4	5
27	新课程对教师的要求太高，教师不能实现	1	2	3	4	5
28	在新课改中，对我校在德育课实施中的支持措施，我感到满意	1	2	3	4	5

B 部分：教学行为

		从不	偶尔	一般	经常	总是
请您根据自己的实际教学情况，在最符合的数字上画"√"，需要您对每一选项都做选择，从"1"至"5"程度依次提升						
1	在确定德育课教学目标的时候，您是根据：					
A	学生的知识和能力基础来确定	1	2	3	4	5
B	学生的兴趣、好奇心和需要来确定	1	2	3	4	5
C	相关教材、"课程标准"中的目标和要求来确定	1	2	3	4	5
2	在教学目标的落实中，您首先关注的是：					
A	教材中的概念、原理的基础知识的掌握	1	2	3	4	5
B	学生辩证分析个人成长和社会事物的能力	1	2	3	4	5
C	学生思想、观念、道德素质养成目标的达成	1	2	3	4	5
3	教学实施过程中，对教学内容，您会：					
A	适当增减教学内容、调整顺序	1	2	3	4	5
B	补充与学生成长相关的实例、社会热点问题等内容	1	2	3	4	5
C	补充与教学内容相关的练习题	1	2	3	4	5
D	用一定课时指导学生完成每单元的探究活动	1	2	3	4	5
4	您的教学方式的使用情况是：					
A	课堂讨论或辩论	1	2	3	4	5
B	小组合作	1	2	3	4	5
C	讲授	1	2	3	4	5
D	向学生提开放性问题	1	2	3	4	5
E	学生自主、探究学习	1	2	3	4	5
F	组织外出实践活动	1	2	3	4	5
G	多媒体演示	1	2	3	4	5
5	您在德育课教学活动的评价过程中					
A	制定了较详细和可行的评价指标体系，知道从哪些具体方面评价学生的思想现状	1	2	3	4	5
B	在对评价结果进行综合分析的基础上设计自己下一步的教学	1	2	3	4	5
C	以纸笔测验的形式来完成对教学效果的评估	1	2	3	4	5

C 部分：主要困难

	请您根据自己在教学过程中的感受以及实际情况，在最符合的数字上画"√"，需要您对每一选项都做选择，从"1"至"5"程度依次提升	完全不符合	不符合	说不清楚	符合	完全符合
	您在教育教学中遇到的主要困难是：					
1	本人的知识体系陈旧，得不到进修	1	2	3	4	5
2	教育教学方法欠缺	1	2	3	4	5
3	可用到的课程资源太少，备课难度大	1	2	3	4	5
4	信息闭塞，很难接触到新的思想观念	1	2	3	4	5
5	参加过培训，但没有实质性的帮助	1	2	3	4	5
6	班级规模太大，不利于新课程教学	1	2	3	4	5
7	学生基础差，不能与我的教学呼应	1	2	3	4	5
8	学校不重视德育课及其教师的发展	1	2	3	4	5
9	面对难点和问题，总是自己一个人摸索	1	2	3	4	5
10	教材不适宜当地社会和学生实际，也没有开发校本课程	1	2	3	4	5
11	有些教学内容板块安排不流畅，不好授课	1	2	3	4	5
12	教科书中的案例陈旧、不实用	1	2	3	4	5
13	教学内容涵量大，课时不够	1	2	3	4	5
14	只用分数来评价，评价体系落后，制约了新课程的开展	1	2	3	4	5
15	家长和学生都不重视、不配合德育课教学	1	2	3	4	5

D 部分：影响因素

	此部分考察下列因素对中学德育课程实施的影响程度大小，请您根据自己的体会在最符合的数字上画"√"，从"1"至"5"影响程度依次提升	很小	小	一般	大	很大
1	教师的教学知识（指教学法、心理学、教育技术等）	1	2	3	4	5
2	教师的学科知识（指政治、哲学、道德、法律知识等）	1	2	3	4	5
3	教师的实践性知识（指教学机智、教育情境知识等）	1	2	3	4	5

续表

此部分考察下列因素对中学德育课程实施的影响程度大小，请您根据自己的体会在最符合的数字上画"√"，从"1"至"5"影响程度依次提升		很小	小	一般	大	很大
4	教师的心理（指对德育课教学的情感、动机、态度等）	1	2	3	4	5
5	课程标准（指对其理念的认同，是否目标明确，有明确具体的实施建议等）	1	2	3	4	5
6	教材（指教材内容选择、呈现方式等方面的适宜性）	1	2	3	4	5
7	教学参考书（指内容、设计、附录教案等的影响）	1	2	3	4	5
8	课程资源（指实验设备、图书、活动材料、大众媒体、公园、博物馆等）	1	2	3	4	5
9	校长的因素（指其领导风格、性格、学科背景等）	1	2	3	4	5
10	教育教学评价机制（指对教师、学生、课程等的评价）	1	2	3	4	5
11	学校文化（指办学理念、教研活动、备课模式、对教师的关照等）	1	2	3	4	5
12	学生的因素（指学生的差异、课堂反应、班级规模等）	1	2	3	4	5
13	社会教科研活动（指校外教研机构开展的专题研究、教学评比、专家讲座等）	1	2	3	4	5
14	教育行政部门出台的支持性政策和措施	1	2	3	4	5
15	学生家长（指学生家长的支持程度、与学校的互动等）	1	2	3	4	5

开放式问题：自中学德育课课程改革以来，贵校的德育课教研组或者您本人最大的创新或改变是什么？对您而言，最主要通过什么样的方式或途径来促进自己的专业发展？

二 教师访谈提纲

（一）基本信息

访谈时间：_____　　学校：_____　　地点：_____

被访者性别：_____　　教龄：_____　　学历：_____

职称：_____　　任教年级：_____　　兼任情况：_____

（二）访谈内容

1. 您这一节或这一单元的教学目标是什么？您是如何确定的？您达到目标了吗，为什么？

2. 您教学的内容是否与教科书一致，为什么？您平时如何建立自己的课程资源库？

3. 在德育教学中，您常用的教学方法是什么？为什么？您是怎样开展德育课中的探究活动的？

4. 您是如何评价学生德育课的学习情况的？

5. 您对现行教科书和教参等满意吗？为什么？

6. 您是怎样对教学活动进行反思的？（重视程度、反思形式与内容）

7. 请谈谈贵校德育课教研组活动和德育课教师之间交流与合作的情况（交流的频率，主要内容、形式等）。

8. 请谈谈德育课教师接受培训的请况及您对培训的建议。

9. 在您的教学中，目前存在的最大困难是什么？为什么？

10. 请谈谈您对中学德育课和德育课教师角色的看法。

11. 新课程实施以来您觉得发生了哪些变化？如何将德育课教学和学生的生活紧密地联系在一起？

三 校长访谈提纲

（一）基本信息

访谈时间：_____　　学校：_____　　地点：_____

被访者性别：_____　　教龄：_____　　学历：_____

专业：_____　　　　简单的工作经历：_____

（二）访谈内容

1. 您认为，贵校的德育课师资水平是否能够满足新课程实施的要求？
2. 请介绍一下学校教研活动开展的情况。
3. 学校采取了哪些措施来推动德育课程实施？
4. 贵校如何评价德育课的教学情况？
5. 学校的日常德育管理工作和德育活动是如何开展的？
6. 您如何看待新课程理念？新课程改革后发生了哪些变化？存在着哪些制约因素？为什么？

四　课堂观察记录表

学校名称：_____　　听课班级：_____　　学生人数：_____
时间：_____　　授课教师姓名：_____　性别：_____
授课题目：_____

教师教学过程记录

时间	教师	学生	重要事件或感受